第四辑

群雄逐鹿

2012年
全国象棋甲级联赛对局解析

刘锦祺　赵冬　编著

兵　马　帅　炮

经济管理出版社
ECONOMY & MANAGEMENT PUBLISHING HOUSE

图书在版编目（CIP）数据

群雄逐鹿．第四辑/刘锦祺，赵冬编著．—北京：经济管理出版社，2013.2
ISBN 978-7-5096-2325-1

Ⅰ.①群… Ⅱ.①刘… ②赵… Ⅲ.①中国象棋-对局（棋类运动） Ⅳ.①G891.2

中国版本图书馆 CIP 数据核字（2013）第 030172 号

组稿编辑：张　达
责任编辑：张　达
责任印制：黄　铄
责任校对：陈　颖

出版发行：经济管理出版社
　　　　　（北京市海淀区北蜂窝 8 号中雅大厦 A 座 11 层　100038）
网　　址：www.E-mp.com.cn
电　　话：(010) 51915602
印　　刷：保定金石印刷有限公司
经　　销：新华书店
开　　本：720mm×1000mm/16
印　　张：16.25
字　　数：300 千字
版　　次：2013 年 3 月第 1 版　2013 年 3 月第 1 次印刷
书　　号：ISBN 978-7-5096-2325-1
定　　价：31.00 元

前　言

作为中国古老文化的一部分，象棋有着悠久的历史和良好的群众基础，是有益于身心健康的运动。全国象棋甲级联赛会聚了中国象棋界顶级大师，他们将上演精彩绝伦的棋艺大赛，为广大棋迷近距离接触象棋大师搭建了交流平台，对推动象棋事业进一步发展、弘扬传统文化有着现实意义，这也是我们坚持出版这一系列象甲对局精选的意义所在。

2012 年是中国象棋协会成立 50 周年，同时也迎来了象甲联赛 10 周年。本届比赛共有北京、浙江、广东、湖北、黑龙江、江苏、四川、上海、山东、河北、广西和河南 12 支队伍参赛。比赛沿用了上赛季赛会制与主客场相结合的方式，首尾各 5 轮采用赛会制，其余 12 轮进行主客场比赛。

本届象甲联赛赛制对比 2011 年有所改革，主、客两队在慢棋比赛中场分打平，要立即进行快棋加赛。主客队互相抽取对方一名加赛棋手进行加赛。快棋用时为每方基本用时 10 分钟，每走一步加 10 秒。加赛由主队执红先走，如果分出胜负，当场比赛结束，获胜方团体场分记 2 分，负方记 0 分。如果弈和则加赛第二局快棋，此时已下过首局快棋的棋手不能再上场，余下三人按照快棋抽签规则，每队各抽出一人出战。第二局快棋还是由主队执红先走，获胜方团体场分记 2 分，负方 0 分，如果再度战和，则直接判客队胜出，也就是客队记 2 分。因此，本届象甲的对抗性较前九届更强，赛事竞争更加激烈。

本书在编写的过程中，每轮选择五局精彩对局，共计 110 局的特级大师和大师的精彩对局。在评注上和以前三辑有所不同，既在评注时采用多图制的评注方法，在每局棋开局阶段的重点变例的讲解时加一个棋图，在中残局的关键点的评注时加一个棋图，这样既可以方便读者记忆，又可以帮助读者了解棋局的胜负关键点在哪里。

本书仍然保留了竞赛规程、最终排名等内容，便于读者作为资料保存。

在本书的评注过程中，赵庆阁大师负责全书的审核，赵冬大师和刘锦祺以及李晓春等负责对局评注，霍文会、张忠元、宋玉斌、陈广、林彩喜、李志刚、王静等棋友为本书提供了很多的帮助，在此一并感谢。

由于编者水平有限，加之时间仓促，如有疏漏之处请读者批评指正。

刘锦祺

2013 年 1 月 24 日于锦州

目 录

第一轮　2012年5月8日弈于呼和浩特

第1局　广东吕钦 胜 江苏王斌

2012年象甲联赛第一轮广东队主场与江苏队相遇，慢棋比赛中双方四台全部弈和，加赛的第一盘快棋中广东张学潮与江苏程鸣又弈成和棋，关键的加赛第二局，广东队主教练吕钦亲自上阵，对阵江苏特级大师王斌，请看实战。

1. 兵七进一　卒7进1　　　　**2. 马八进七　马8进7**

3. 炮八平九　……

平边炮，迅速通车攻击黑方尚在原处的右翼子力，着法明快。

3. ……　　马2进3　　　　**4. 车九平八　车1平2**

5. 马二进三　……

先跳正马，待机而变。此时也可先走车八进六伸车过河，借以限制黑方右炮的活动空间。

5. ……　　　　车9进1

先起横车，加快大子出动。此时也可走炮2进4，相三进五，马7进6，仕四进五，炮8平6，黑方易走。

6. 车一进一　车9平6（图1）

在2004年第1届中国灌南汤沟杯象棋大奖赛上吕钦对阵王斌时也曾弈到这个局面，当时王走炮2进4，以下相三进五，象3进5，车一平四，炮8平9，马七进六，红方先手。

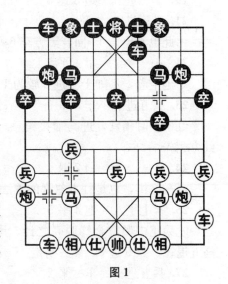

图1

7. 车八进六　……

进车必然，如改走车一平六，则炮2进4，红方阵型不舒展，黑棋满意。

7. ……　　炮8进1

由于双方是快棋的争夺，因此，双方尽量走出先手棋，迫使对方应着，以利于时间的掌握，黑方进炮伏有卒3进1冲卒驱车的手段，在当前局面下也是一个不错的选择。黑方此时也可走车6进3，守住巡河线，双方将进入阵地战的争夺。

8. 相三进五　象3进5　　　　**9.** 车一平六　卒3进1

10. 车八退二　卒3进1　　　　**11.** 车八平七　马3进2

12. 兵三进一　……

双方局势转换以后，局面平稳。红方此时冲兵活马正确。

12. ……　　车6进3

黑方不希望红棋通过兑车实现左车右调的计划，进车巡河坚守。

13. 兵三进一　车6平7　　　　**14.** 马三进四　车7平6

15. 车六平三　炮8进2　　　　**16.** 马四退三　炮8退1

17. 马三进二　车6平4

双方经过一番试探性进攻，仍未打破相持的局面，双方大体均势。不过此时黑方平车改走车6平5更佳。

18. 炮二平四　卒1进1

冲过卒过于随意，不如炮8退3伏有炮8平7的手段，黑方易走。

19. 车三进五　炮8退3　　　　**20.** 马二退三　炮8平7

21. 马三进四　……

由此也看出第17回合黑方车6平4这手棋有欠细腻。

21. ……　　车4平5　　　　**22.** 车三平四　炮7平4

平炮空着，不如士4进5较为工稳。

23. 兵五进一　车5平9　　　　**24.** 马四进五　……

红棋用时稍紧，进马踏兵稍急。宜走车七进二，车9进2，再马四进五，红方稍先。

24. ……　　马2退4

退马好棋，也是红方忽视的着法。

25. 车七平八　炮4平5　　　　**26.** 兵一进一　车9进1

吃兵正中黑方金蝉脱壳之计。黑方宜走车9平7，车四进三，马7退6，马五退三，象5进7，黑方易走。

27. 兵五进一　车9平2　　　　**28.** 马七进八　马7进5

29. 炮四平二　……

吕钦见已经掌握局面，并不急于吃死马，平炮准备沉底叫杀，凶悍。

29. …… 马4进5

30. 炮二进七 前马进4（图2）

败着，黑马叫将以后，并没有后续子力跟进，这样反帮助红方顺势调整将位。黑方应走炮5平2，车四进三，将5进1，兵五进一，后炮进4，仕四进五，象5进3，黑方尚可周旋。

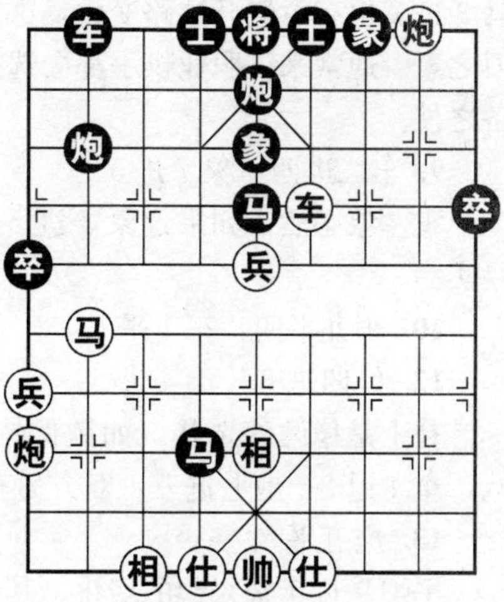

31. 帅五进一 炮5平6

32. 兵五进一 ……

冲兵先手，黑依然要调整。

32. …… 炮6进1

33. 兵五进一 炮2平1

34. 车四退二 炮6进2

35. 车四进一

图2

黑方失子败定，吕钦凭借这盘棋的胜利，广东队战胜了江苏队。

第2局 黑龙江郝继超 胜 湖北柳大华

这是本届象甲第一轮，黑龙江队与湖北队第三台的一盘对局。

1. 炮二平五 马8进7　　2. 马二进三 车9平8

3. 车一平二 马2进3　　4. 兵三进一 卒3进1

5. 马八进九 卒1进1

6. 车九进一 卒1进1

7. 兵九进一 车1进5

8. 炮八平七 马3进2（图3）

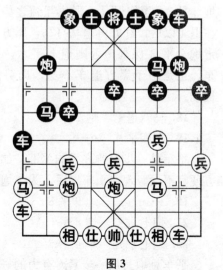

双方以五七炮进三兵对屏风马开局，临场柳大华特级大师思考再三，决定选择马3进2的变化，还原成经典的五七炮进三兵对屏风马挺3卒的阵型。这个局面下黑方如果选择车1平7则双方易形成尖锐的对攻局面，试演一例：车1平7，车九平八，马3进4，车二进三，士6进5，兵五进一，炮2平3，车八进六，炮3平6，马九进八，红方先手。这里柳特选择

图3

马3进2也有意避开这路变化，这里也担心如选择车1平7会误中郝大师的飞刀之意。通常来讲职业棋手都会选择自己最擅长和有准备的布局，不会打无准备之仗。

9. 车二进四　象7进5

飞左象必然，如果走象3进5则黑方的右翼显得薄弱，不如飞左象阵型厚实。

10. 车九平四　车1平4　　　　**11. 车四进三　车4进1**

12. 仕四进五　士4进5

补士是稳健的选择，如欲保持局面的复杂性，可以走马2进3，马九进八，车4退3，炮七进三，双方另有攻守。

13. 炮五平六　……

平炮是近年来兴起的变化，其作用有三：一是限制黑车；二是封锁黑方将门，控制肋道；三是调整阵型结构。

13. ……　　炮8平9　　　**14. 车二进五　马7退8**

15. 相三进五　马8进7　　　**16. 炮七退一　……**

退炮是一步逼着，迫使黑方表态。

16. ……　　马2进3

17. 马九进八　车4退4（图4）

退车士角可以策应右翼，习惯性思维方法。严格这手棋是一步败着。黑方应走车4退5，红棋如仍走马八退七，则炮2平3，黑炮保马，形成互缠之势，现在退4以后，红方再退马打马，黑方无法走炮2平3保马，否则炮七平六，打死车。正是由于黑方退车不当，局势陷入被动。

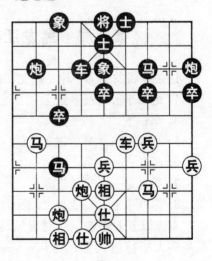

图4

18. 马八退七　炮2平1

19. 车四平八　……

平车是一步保持先手的关键。如炮七进二，车4进4，黑方吃回失子，红方便宜不大。现在平车以后，为红炮得子后找到一条安全转移的道路，正确。

19. ……　　炮9平8　　　**20. 马三进四　炮8进3**

21. 炮七进二　炮8平6　　　**22. 车八平四　车4进4**

23. 炮七平九　车4平3　　　**24. 车四平九　……**

平车兑炮又是一步紧凑有力的好棋。

24. ……　　　炮1平2

黑方如车3进1，则炮九进四，象3进1，车九进三，黑方中象难逃。无论黑方如何应走，红方再吃去中象以后，黑马受攻，红棋将大占优势。

25. 马七退九	**车3平5**	**26. 炮六进六**	**……**

进车点穴，红方准备发动攻击。

26. ……	**车5平4**	**27. 炮六平八**	**炮2平4**
28. 炮八退五	**车4退3**	**29. 马九进七**	**……**

先退马打车，再调整边马的位置，红方走得不温不火，恰到好处。

29. ……	**卒5进1**	**30. 炮八进二**	**卒7进1**
31. 兵三进一	**象5进7**	**32. 车九进五**	**象7退5**
33. 炮八平五	**车4平5**	**34. 炮五进二**	**……**

一炮换双象，入局非常"干净"。

34. ……	**车5退1**	**35. 车九平七**	**炮4退2**
36. 马七进六	**马7进5**	**37. 炮九平二**	**……**

平炮叫杀逼退黑马。

37. ……	**马5退7**	**38. 马六进七**	**车5进4**
39. 炮二进五	**……**		

进炮掩左马卧槽，红方胜定。

39. ……	**车5平4**	**40. 马七进九**	

黑方不能支士，否则炮二平九，红方三子归边胜定。至此，黑方认负。

第3局　黑龙江聂铁文 负 湖北洪智

本届象棋联赛第一轮，黑龙江队与湖北队相遇，第一台、第二台相继成和，第三台黑龙江郝继超大师先手战胜湖北柳大华，湖北队危在旦夕，好在洪智特级大师力挽狂澜，后手战胜聂铁文大师，两队激战成和。

1. 炮二平五	**马8进7**	**2. 马二进三**	**车9平8**
3. 车一平二	**卒7进1**	**4. 车二进六**	**马2进3**
5. 炮八平六	**……**		

面对以攻杀见长的洪智特级大师，聂铁文选择五六炮阵势，这种阵势虽然有稳健灵活的特点，但是攻击力并不强大。

5. ……	**卒3进1**	**6. 马八进九**	**炮8退1**（图5）

退炮准备左炮右移，这是洪智比较喜欢的下法。当然黑方也可走炮2进1，以下车二退二，炮8平9，车二进五，马7退8，车九平八，车1平2，车

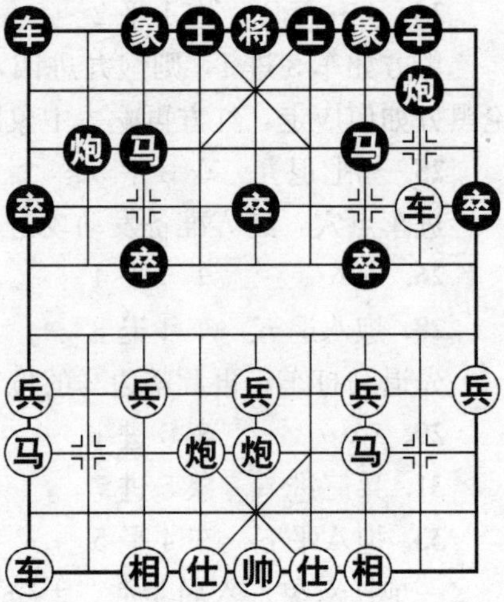

八进四，象 3 进 5，双方平稳。而实战洪智选择退炮，则易引起复杂的变化，这正是洪智所擅长的局面。

7. 车九平八　车 1 进 2

进车保炮是退炮的后续手段。

8. 车八进四　卒 3 进 1

9. 车八退三　……

正着，如随手兵七进一，炮 8 平 2，车八进三（车二进三，马 7 退 8，红棋左车被打死。红方败势），车 1 平 2，车二平四，马 3 进 4，黑大优。

9. ……　　　马 3 进 4

10. 兵七进一　炮 2 平 3

11. 仕六进五　马 4 进 6　　**12.** 兵三进一　……

弃兵代价过大，不如车八退一待机而动稳健。

12. ……　　　卒 7 进 1　　**13.** 马三进四　卒 7 平 6

14. 炮五平三　炮 3 进 7　　**15.** 炮三进七　……

打底炮后双方陷入乱战，这是洪智最希望走到局面。

15. ……　　　士 6 进 5　　**16.** 车八退一　炮 3 退 2

17. 车八进五　马 7 退 9

退马踏车保持局面的复杂，如车 8 平 7，车二进二，车 1 平 3，双方较为平稳。

18. 炮三平六　士 5 退 4　　**19.** 车二平五　炮 8 平 5

20. 车五平六　炮 5 平 7　　**21.** 炮六进七　……

至此，红方一炮换双士希望利用双车灵活的优势，快速打开局面。

21. ……　　　马 9 进 7　　**22.** 相三进五　车 8 进 4

23. 车八进一　车 8 平 5　　**24.** 炮六退一　车 5 退 2

退车形成霸王车，攻守两利。

25. 兵七进一　车 1 平 2　　**26.** 车八进一　车 5 平 2

兑车以后，黑方已经化解了红棋的攻势。

27. 马九进七　炮 3 退 3　　**28.** 马七进六　炮 7 平 5

29. 帅五平六（图 6）　……

无奈，如改走马六退四，车 2 进 3，车六平七，象 3 进 1，马四进三，炮 5 平 6，仕五进四，炮 3 平 5，黑方大优。

图 5

29. ……　　　马7进6

30. 车六平一　将5平4

出将好棋，黑方快速入局。

31. 马六进四　马6进4

32. 马四进五　车2进7

33. 帅六进一　车2退1

34. 帅六退一　马4进3

35. 帅六平五　将4进1

黑方得子胜定。

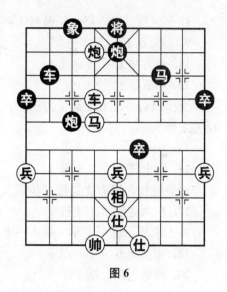

图6

第4局　河北李智屏 负 四川郑一泓

湖北名将李智屏大师于2012年转会到河北队，代表河北队出战象甲联赛。本届赛事第1轮与四川队的郑一泓特级大师相遇，请看实战。

1. 兵七进一　象3进5

以飞象应仙人指路易于形成散手布局，双方都侧重于先巩固阵地，后发制人。

2. 马八进七　卒7进1　　**3. 炮二平六**　……

右炮过宫将子力集结一翼，对黑方右翼施加压力。

3. ……　　　马8进7

4. 马二进三　车9进1

5. 车一平二　马7进6

左马盘河，着法明快。

6. 车二进四　炮8平6

7. 炮八平九　车9平4

8. 车九平八　车4进5（图7）

在2011年第2届全国智力运动会上，郑一泓后手应河北陈翀大师时曾走炮2平3，以下兵九进一，马2进1，炮九进四，车1平2，车八进九，马1退2，炮九平

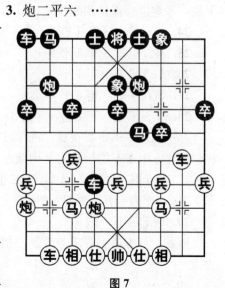

图7

五，红方满意。所以郑一泓面对陈翀队友李智屏大师时，抢先变着。

9. 马三退五　车4平3　　　　**10. 炮九退一　马6进5**

11. 炮九平七　马5进3　　　　**12. 车八进二　车3平7**

13. 马五进七　……

交换以后，红方左翼子力壅塞，不如黑方灵活，布局至此，黑方已经取得反先之势。

13. ……　　　卒7进1　　　　**14. 车二进二　马2进4**

15. 马七进六　车1进1　　　　**16. 车二平三　车7进3**

顺势吃相，黑方优势进一步扩大。

17. 车八进三　士4进5

补士求稳，也可走车7退3占据兵线要着。

18. 相七进五　车7退3　　　　**19. 炮七平六　炮2退2**

20. 前炮进六　炮2平4　　　　**21. 马六进四　……**

红方进马失策，应走车八进四，盯住底炮。

21. ……　　　车7平4

黑方顺势捉双，重新掌握局势。

22. 马四进二　炮6平8　　　　**23. 仕四进五　车4退5**

24. 炮六平八　……

临场李智屏观察到黑方子力位置较低，所以没有选择炮六进八简化局面的下法，平炮继续保持纠缠。

24. ……　　　车4进5

25. 马二退三　车4平7

26. 车八平二　车1平2

27. 炮八平七　炮8平6

28. 车三平五　车2进6（图8）

郑一泓这手棋走得很稳，进车盯住中相，使红方中车不能轻易离开中线。如炮6进4，车五退三，车7退1，车二平四，车7退2，车四平五，黑方无便宜。

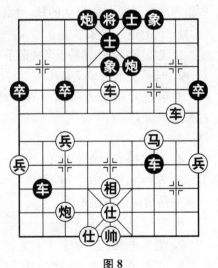

图 8

29. 炮七进五　炮4平1　　　　**30. 马三进二　……**

败着，红方进马寻求对攻是一相情愿的想法，应走车五退三兑车简化局面为宜。

30. ……　　　炮1进6

炮打边兵，紧凑，黑方吹响反击的号角。

31. 车五平四　车2平5

平车杀相叫杀，红方已经很难应对。

32. 马二进四　士5进6　　33. 车二平八　象5退3

退象先守一着，稳健，不给红方可乘之机。

34. 车八退五　炮1平9　　35. 车四退六　车7进2

以下黑方伏有炮9平5的凶着，红方败定。

第5局　河南黄丹青 负 浙江赵鑫鑫

本届象甲第一轮河南队与上届亚军浙江队相遇。这场比赛中河南队发挥相当出色，在第一台黄丹青不敌赵鑫鑫的情况下，第二台金波大师战胜黄竹风大师；第4台李晓辉战胜于幼华特级大师，凭借这两盘棋的胜利，河南队爆冷战胜浙江队。

1. 炮二平五　马8进7　　2. 马二进三　车9平8

3. 车一平二　马2进3　　4. 兵三进一　卒3进1

5. 马八进九　象7进5　　6. 车九进一　车1进1

黑方起横车有意思避开流行的五七炮进三兵对屏风马的阵势，这也是赵鑫鑫特级大师比较喜欢的变例。

7. 车九平六　……

红方这里不宜再走炮八平七还原成五七炮布局，如炮八平七，马3进2，车二进六，车1平4，车九平四，马2进1，炮七退一，炮2进1，双方大体均势。黑方右翼子力灵活，黑方满意。

7. ……　　炮8进4

进炮封车是很关键的一步棋，既可限制红右车的活动空间，又可策应右翼。

8. 车六进五　车1平8

平车继续保持对红方右翼的封锁，这是黑方既定着法。

9. 兵七进一（图9）　……

冲七兵先弃后取，局面相对平衡。从近年实战的成绩来看，兵七进一以后红方的成绩并不理想，因此，红方多会

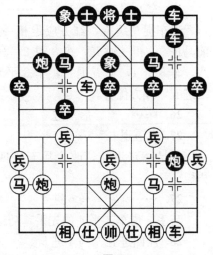

图9

选择炮八进四的走法，以攻对攻。试演一例：炮八进四，炮8平7，车六平七，前车进8，马三退二，车8进9，车七进一，炮2退1，炮五平四，双方对攻，形势复杂。

9. ……	卒 3 进 1	10. 车六平七	马 3 退 5
11. 车七退二	炮 8 平 7	12. 车二平一	……

避兑正确，如车二进八，炮7进3，仕四进五，车8进1，红方右翼受攻。黑方易走。

12. ……	前车进 3	13. 炮八平七	卒 7 进 1
14. 相三进一	卒 7 进 1	15. 车一进一	前车平 4
16. 车一平八	炮 2 平 1	17. 车八进七	马 5 退 7
18. 车七平三	车 4 平 3		

平车这手棋走得很严厉，如马7进6保炮，炮七进一，炮1进4，炮七平三，炮1平7，黑方左移以后，攻击力分散。

19. 炮七进七	车 3 退 4	20. 车三退一	炮 1 平 4
21. 兵五进一	……		

面对以攻杀见长的赵鑫鑫特级大师，小将黄丹青毫无惧色，冲起中兵准备从中路发起强攻。

21. ……	车 3 进 9	22. 兵五进一	士 6 进 5
23. 车三平五	象 5 退 3		
24. 兵五进一	前马进 6		
25. 车五进二	马 6 进 7		
26. 车八退五（图 10）	……		

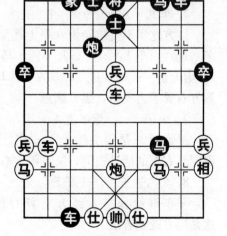

图 10

退车捉马缓着，红方应走相一进三，前马进5，相三退五，车3退2，马九退八，车3退1，车五退二，车3平5，马三进五，红方优势。

26. ……	后马进 6
27. 车五退二	……

又是一步退让，改走兵五平四更为积极。

27. ……	马 6 进 4

巧手，借车3平4的先手，巧运黑马，反映出赵特大灵敏的局面嗅觉。

28. 仕四进五	马 4 进 3	29. 车五平三	马 3 进 4

进马叫将，巧得一子。

30. 帅五平四 马4退2　　　　**31.** 车三平八 车3退2

32. 相一进三 车3平1

黑方得子占势，前景乐观。

33. 兵五平六 炮4平5　　　　**34.** 兵六进一 炮5进2

35. 兵六进一 车1平3　　　　**36.** 车八平六 车8平6

37. 帅四平五 车6进3　　　　**38.** 兵六进一 将5平6

走到这里，黄丹青投子认负。

第二轮　2012年5月9日弈于呼和浩特

第6局　上海谢靖 胜 河北李智屏

象甲比赛第二轮，上海队与河北队相遇。2012年度河北队的阵容略有调整，引进了湖北队主力李智屏大师。双方在四台慢棋比赛中战成平局，加赛的第一局，万春林特级大师与陆伟韬大师战和，加赛的第二盘由上海队谢靖特级大师迎战李智屏大师。

1. 炮二平五　马8进7　　　　　**2.** 兵三进一　车9平8

3. 马二进三　炮8平9　　　　　**4.** 马八进七　……

双方以中炮进三兵对三步虎布阵，红方左马正起，稳健有力，是当前局面下的官着。

4. ……　　　　卒3进1

挺卒制马兼通己方马路，是柔中带刚的应着。

5. 炮八进四　……

红方进炮过河，可伺机平七压马或平三打卒，是当前局面下常用的手段。

5. ……　　　　马2进3　　　　　**6.** 炮八平七　车1平2

7. 车九平八　象3进5　　　　　**8.** 车八进六　……

过河车积极，另车八进四的下法，以下车8进4，炮七平三，双方变化复杂。

8. ……　　　　车8进8

进车下二路是近年流行的下法。其战术用意在利用红方七路马的弱点，制造出一个反击点，把局势引向复杂。

9. 车一进二　炮2平1　　　　　**10.** 车八进三　马3退2

11. 炮七平三　……

平炮扫卒的同时策应右马，是当前局面下红方的主要选择。红方也可走马三进四，车8退4，马四进五，马7进5，炮五进四，士4进5，车一平六，红方先手。

11. ……　　马2进3

12. 兵三进一　马3进4

13. 车一平二　车8退1（图11）

接受兑车正确，如车8平3，马三退五，黑方一时难以展开攻势，红方子力集中在黑方左翼，黑方将承担很重的防守压力。试演一例：车8平3，马三退五，车3平4，炮五平三，马4进3，前炮平二，马7退5，兵三进一，红方先手。

14. 炮五平二　马7退5

15. 兵三平四　炮9平7

16. 炮三平九　炮7进4

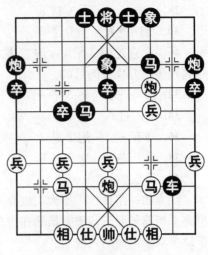

图11

进炮压马稳健。如炮7进7打相对攻，其演变的结果可能是炮7进7，仕四进五，马5进7，相七进五，炮7退1，炮九退一，马4进3，马三进四，炮7平6，兵四平五，卒5进1，炮九平五，士4进5，双方对攻。

17. 兵五进一　……

冲兵以后盘活双马，要着。

17. ……　　马5进7　　　　**18.** 兵五进一　马4进3

进马正着，如马4退3，炮九退一，卒5进1，炮九平五，士4进5，马七进五，红方优势很大。

19. 马三进五　卒5进1　　　　**20.** 兵四平五　马7进8

21. 马五进四　炮1退1

退炮空着，不如士4进5补厚中路。

22. 兵五进一　卒9进1

黑方为什么不走炮1平5呢？原来李智屏大师计算到，炮1平5，马四进六，马3退5，炮九进三（马六退五，象5退3，打死红马），象5退3，马六进七，炮5平4，炮二平五，红方攻势很盛。

23. 仕六进五　炮7退5　　　　**24.** 相七进五　……

红方通过这两个回合的子力调运，补厚阵型，已无后顾之忧。

24. ……　　马3退4　　　　**25.** 炮九退一　马8进6

26. 炮九平六　马6退4　　　　**27.** 炮二平一　马4进6

28. 兵五进一　……

冲兵吃象，计划一兵换双象，削弱黑方防御力量。

28. ……   马6进8   29. 炮一平二   象7进5
30. 马四进五 士6进5   31. 马七进五   士5进6

坏棋，宜走炮7平8，炮二进六，炮1平8，通过子力交换，简化局势，达到延缓红方攻势的目的。

32. 前马进七 将5平6   33. 马七退六   士4进5
34. 马六进八 炮1进2   35. 马八退六   炮1平2
36. 马五进三 炮2进3   37. 兵九进一   炮7平9
38. 兵九进一 炮9进5   39. 兵九平八   卒9进1
40. 兵八平七 ……

红方的一路兵作用不大，放弃一路兵而快速挺进九路兵是红棋的主要作战思路。当前局面下，黑方虽然在进攻子力方面与红方对等，但是防御能力上由于缺少双象，而陷入被动。

40. ……   炮9进3   41. 帅五平六   炮2退6
42. 马六退四 炮2平4   43. 马三进二   卒9进1
44. 马四进三 将6进1   45. 炮二平三   ……

临场红方先平炮避开卒9进1的先手，稳健。红方除此之外也可以考虑兵七进一加快进攻节奏。

45. ……   士5进4
46. 仕五进六 马8退7
47. 炮三退一 马7退5（图12）

退马看似踏双夺势，实则是一步败着，顽强走法可以考虑马7进6，炮三平四，士4退5，帅六平五，卒9平8，马三退四，炮9平8，马四退六，卒8平7，黑方尚可周旋。

48. 炮三平四 马5进6
49. 马三退二

红方得子胜定，黑方投子认负。

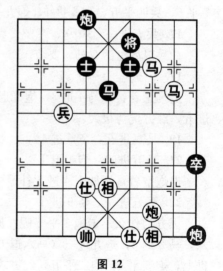

图 12

第7局 江苏徐超 负 黑龙江赵国荣

1. 炮八平四 马2进3   2. 马八进七   车1平2
3. 兵七进一 炮2平1   4. 相三进五   马8进7

5. 兵三进一 卒5进1

双方以过宫炮对起马布阵。由于红方已经挺起三、七兵形成两头蛇阵势，黑方此时挺中卒盘活双马就是当务之急了。

6. 炮二进四 ……

进炮封锁黑方卒林线，正确。如果马二进三，马7进5，车九进一，卒3进1，马七进六，卒3进1，相五进七，炮8平5，黑方满意。

6. …… 车9进1　　　　　**7. 马二进三 车9平6**

8. 仕四进五 车6进5　　　　**9. 车九进一 卒7进1**

冲7卒先弃后取，以达到盘活双马的目标。

10. 兵三进一 马7进5　　　**11. 车一平三 马5进7**

12. 马三进二 车6退3　　　**13. 炮二退一 ……**

退炮保持变化，也可走车三进五，车6平8，车三平五，士4进5，马二进四，车8进1，马七进六，红方略优。

13. …… 象7进9

14. 马二进四 车6平4

15. 炮四退一（图13） ……

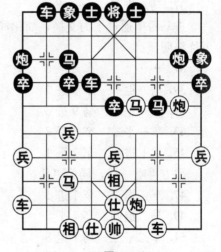

图 13

红方见左车的位置欠佳，退炮准备兑车。不过从实战进程来看，红方这手棋显得有些保守，可以考虑车三进四，车2进4，兵五进一，炮8平7，马四进三，炮1平7，车三平二，红方主动。

15. …… 车2进7

16. 炮二退三 车4平8

17. 炮二进五 炮1平8　　　**18. 车九平八 车2进1**

如车2平3，炮四进一，车3退1，车三进五，车8进6，车三退五，黑方兑不兑车都非常尴尬，红方优势。

19. 炮四平八 车8平6

双方子力交换以后，黑方平车捉马展开反击。

20. 马四退三 炮8平7　　　**21. 炮八进二 车6平4**

22. 车三平四 车4进3　　　**23. 马三进二 车4平2**

24. 马二进三 士4进5

双方再兑一子以后，红方阵型的隐患显现出来：守护兵线的左马位置欠佳，一旦左马离开防守要点，则兵线有被黑方打通的危险，黑棋已然反先。

25. 马七进六 ……

红方见兵林已经无险可守，索性跳马与黑方展开对攻。

25. ……	车 2 平 5	**26.** 马六进七	卒 5 进 1
27. 相五进三	车 5 平 9	**28.** 车四进六	车 9 平 8
29. 马三退一	马 7 进 9		

避兑保持变化，如接受兑马，双方和味较浓。

30. 马一进三	马 9 进 8	**31.** 车四退四	车 8 退 4
32. 马三退四	马 8 退 7	**33.** 车四平三	卒 5 平 6
34. 相七进五	马 7 退 9	**35.** 相五退三	……

退相至弱侧，有利于防守，正确。

35. ……	马 3 进 5	**36.** 马七退六	马 5 进 7
37. 马六进五	……		

进马希望通过子力交换，简化局势，但是交换以后红方子力位置较低，黑方优势明显。

37. ……	车 8 平 6	**38.** 马五退三	车 6 进 2
39. 马三退一	卒 6 进 1	**40.** 车三进五	车 6 进 1
41. 马一退二	马 9 进 8	**42.** 车三平一	车 6 平 7
43. 车一平二	卒 6 平 7	**44.** 兵七进一	车 7 退 1
45. 兵七进一	车 7 平 1	**46.** 车二平三	车 1 进 2

黑方再吃一兵，局势更佳。

47. 车三退三	卒 1 进 1	**48.** 兵七平六	车 1 进 1
49. 马二退四	卒 7 平 6	**50.** 车三平二	马 8 进 7
51. 车二平三	马 7 退 8	**52.** 马四退二	车 1 退 1
53. 马二进一	车 1 平 5	**54.** 帅五平四	……

黑方车马卒形成围攻之势，红方虽然竭力闪展腾挪，仍不能松透局面，红方陷入苦守之中。

54. ……	象 3 进 5	**55.** 马一退三	马 8 退 9
56. 车三平二	车 5 退 2	**57.** 帅四平五	卒 6 进 1
58. 马三进四	车 5 平 6	**59.** 马四进六	车 6 平 7
60. 相三进一	卒 6 进 1	**61.** 车二平四	车 7 进 4
62. 车四平一	车 7 平 8	**63.** 仕五退四	马 9 退 7
64. 仕六进五	……		

补仕正确，把黑方车卒"背"到另一侧，增加黑方进攻的难度。

64. ……	马 7 进 8	**65.** 帅五平六（图 14）	……

出帅速败，给黑方形成一卒换双仕的机会。应走马六退七，车8退1，马七进五，卒6进1，帅五平四，红方尚可周旋。

65. ······ 马8进7

66. 马六退七 车8退1

67. 车一平七 卒6进1

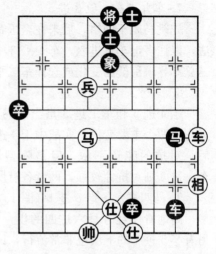

图14

一卒换双仕，削弱红方的防守力量，果断有力。

68. 仕五退四 马7进6

69. 相一退三 车8平4

70. 帅六平五 马6退7

71. 马七进六 车4退1

72. 车七平八 象5退3

73. 车八平七 象3进5

74. 车七平八 车4平1

75. 帅五平六 车1平4

76. 帅六平五 车4平1

77. 帅五平六 车1进3

78. 帅六进一 车1退1

79. 帅六退一 车1进1

80. 帅六进一 车1平7

吃相以后，红方后方唱起"空城计"已经失去抵抗的力量。

81. 兵六平五 象5退3

82. 车八进一 马7退5

83. 帅六平五 车7退1

84. 帅五退一 车7进1

85. 帅五进一 车7退4

86. 马六进七 马5进7

87. 帅五平六 车7平3

以上几个回合中，黑方不急于走卒1进1过河助战，而是利用黑方九宫空虚的弱点，车马频频催杀，占据要点，显示出赵国荣特级大师深厚的功力。

88. 兵五平六 车3进3

89. 帅六退一 车3进1

90. 帅六进一 车3退3

这样黑卒必然顺利过河，红方败定。

第8局 北京王天一 胜 浙江陈卓

1. 炮二平五 马8进7

2. 马二进三 车9平8

3. 车一平二 马2进3

4. 兵三进一 卒3进1

5. 马八进九 卒1进1

6. 炮八平七 马3进2

7. 车九进一　象3进5　　　　**8. 马三进四　……**

先跳马风于网络，后来在全国赛场逐渐流行起来，这是先手创新的一路攻法，以往多走车二进六，车1平3，车九平六，炮8平9，红方或选择车二进三兑车寻求稳健的变化或选择车二平三把局势导向复杂。

8. ……　　　　士4进5

士4进5和车1进3是当前局面下黑方的两个主要变例。实战中士4进5以后，对抗的味道不浓，但是阵型厚实；车1进3则对抗性较强，两者各有所长。

9. 马四进六　炮8进1（图15）

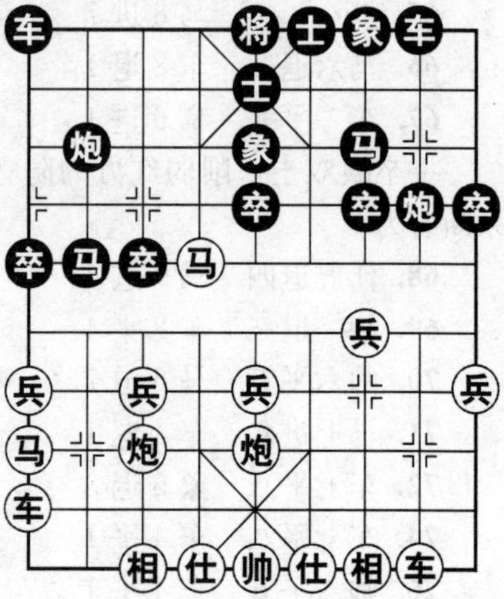

高炮看住红方马六进四的棋，稳健。另有卒5进1的下法也非常流行，试演一例：卒5进1，兵五进一，炮8进4，炮五进三，车1平4，车九平六，炮8退1，双方对峙。

10. 车二进五　炮2进1

进炮，使得以后的棋型不好展开，局面容易受制，不如车1进3较为稳健。

图 15

11. 车九平四　炮2平4

平炮顶马是黑方的后续手段，但是这手棋作用不大，可以考虑马2进1更为积极一些。

12. 炮五平三　卒1进1　　　　**13. 兵三进一　象5进7**

14. 兵九进一　车1进5　　　　**15. 炮七进三　……**

积极的下法，可以看出红方求胜的欲望非常强烈。稳健的下法是车四进三，车1退1，车四平八，马2退3，炮七退一，红优。

15. ……　　　　车1平4　　　　**16. 马六退四　炮4平2**

冷静的选择。如炮4进6打底仕，红炮三进二，车4退3，车四平八，马2退3，车八进六，红方有攻势。

17. 炮七进四　将5平4　　　　**18. 仕四进五　卒9进1**

19. 炮七平八　炮2平3　　　　**20. 相七进五　炮8平9**

兑炮缓手。可以考虑炮3进1，车二退一，炮3平6，炮三平四，炮6平4，双方仍然是一个封闭型局面，相互对峙。

21. 车二进四　马7退8　　　　**22. 兵七进一　象7进5**

23. 车四进二　……

进车兵线很细腻的一着棋，以后通过兵五进一，右车左移，可抢得攻势。

23. ……　　马8进9　　**24. 兵五进一　马2退1**

25. 炮八退五　车4退1　　**26. 车四平九　车4退2**

车退导致局势恶化，应走象5退3护马的同时策应右翼的防守。

27. 炮八进二　炮3退2（图16）

速败，应走将4平5，炮八平五，炮9平5，马四进五，炮3退3，黑方尚可周旋。

28. 兵五进一　　……

冲兵紧着，红方优势扩大。

28. ……　　　炮3平1

29. 车九平八　马1退3

30. 炮八平三　马9进7

31. 车八进六　将4进1

32. 炮三进四

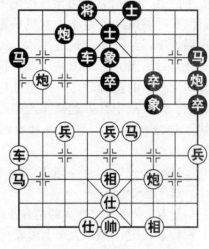

图16

至此红方必得一子，且占据攻势。黑方认负。

第9局　四川孙浩宇 胜 河南李晓晖

首轮的比赛中四川队战胜河北队，河南队战胜浙江队，本轮比赛，四川队主场迎战河南队。双方第一台郑惟桐大师战和金波大师，第二台孙浩宇大师战胜李晓晖；第三台李少庚大师战胜黄丹青，第四台郑一泓战和武俊强。最终四川队以6：2大胜对手。

1. 炮二平五　马8进7　　**2. 兵七进一　　……**

先挺七兵把布局定格在进七兵的体系中，这是一种以我为主的打法，是红棋预先制订的战略。

2. ……　　　卒7进1　　**3. 马二进三　车9平8**

4. 车一平二　马2进3　　**5. 车二进六　炮8平9**

6. 车二平三　炮9退1　　**7. 马八进七　士4进5**

8. 马七进六　炮9平7　　**9. 车三平四　车8进5**

10. 炮八进二　象3进5（图17）

飞象联防，是稳健的应法。近年也有棋手尝试选择卒3进1的攻法，以下马六进五，车8平3，炮八平九，车1平2，马五进七，红方大占先手，黑方进 3 卒的战术失效，因此，这手棋多数棋手会选择象 3 进 5。

11. 车九进一　……

前 10 个回合，双方演成中炮七路马过河车对屏风马平炮车的常见阵型。当前局面下，红方多走炮五平六，卸中炮至仕角封闭黑方右车出路，以后再补中相加强右翼的防御，是一路稳扎稳打战计划。而实战中红方起横车，则明显加快了进攻的节奏，是一路对攻激烈的选择。

11. ……　　　卒 7 进 1

12. 炮八平九　……

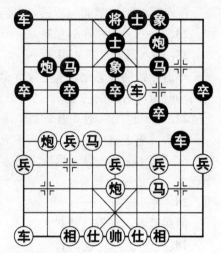

图 17

新着。果然孙浩宇大师是有备而来，这手棋以往实战中多走马六进七，车 1 平 4，兵三进一或车九平七形成互缠之势。

12. ……　　　车 1 平 2　　　**13.** 炮五平八　车 2 平 4

如改走炮 2 平 1，则炮九进三，卒 7 进 1，车九平六，下手有车四进二的手段，黑方防守难度较大。

14. 炮八平六　车 4 平 2　　　**15.** 马六进七　马 7 进 8

16. 车四平三　马 8 退 9

退马稍缓，可以考虑炮 2 退 1 更加灵活多变。以下红方如仍走车三退二，车 8 平 7，炮九平三，炮 2 平 3，黑方易走。

17. 车三退二　车 8 平 7　　　**18.** 炮九平三　炮 2 进 4

19. 炮三进三　炮 2 平 3　　　**20.** 马七退六　炮 7 进 5

21. 相三进五　卒 5 进 1

冲中卒准备开通马路。这里黑方也可选择马 9 进 7。

22. 车九平二　……

平车是一步大局观很强的棋，这手棋主要基于两个原因考虑的：一是黑方边马位置差；二是黑方卒林线已经开放。平车以后，红方这两个攻击目标必得其一。

22. ……　　　车 2 进 3　　　**23.** 车二进六　……

黑方既然占据卒林线，则红方进车蹩马必然。

23. ……　　　马 3 进 2　　　**24.** 兵七进一　象 5 进 3

25. 炮三平一　象 7 进 9　　　**26.** 马六进八　车 2 进 1

27. 车二平一 ……

红方净吃一象，且兵种配置齐全，形势占优。

27. …… 车2退1

28. 车一平三 炮7平6（图18）

败着，放活红马犹如雪上加霜。黑方顽强的走法是车2平5，仕四进五，象3退5，车三退三，炮7平6，马三进四，车5平4，黑方尚可周旋。

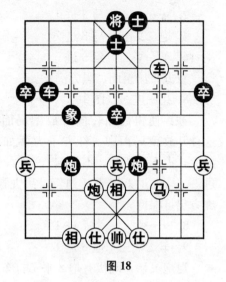

图18

29. 车三退二 车2平5

30. 马三进四 象3退5

31. 马四进五 象5进7

32. 炮六进四 炮3退3

33. 马五退三 ……

再吃一象，黑方形势危急。

33. …… 炮6平1

34. 炮六平二 将5平4

35. 兵一进一 炮1退2

改走炮3进3较为顽强。

36. 炮二进三 将4进1

37. 马三进五 将4进1

38. 马五退七 将4平5

39. 炮二退八 炮1平2

40. 马七退六 炮3平5

41. 炮二平五 将5平6

42. 马六进五 卒9进1

43. 马五进三 卒9进1

44. 炮五平四

红胜。

第10局 广西邓桂林 负 广东许国义

象甲第2轮广西跨世纪主场迎战广东碧桂园队。广西队2012年由于潘振波大师和党斐大师的加盟，实力大涨。本轮对阵广东队，前三台中，黄仕清战和庄玉庭；潘振波战和张学潮；党斐战和许银川，关键的第四台之争中，许国义战胜邓桂林，这样广东小胜广西队。

1. 兵七进一 炮2平3

2. 马八进九 ……

先跳边马从行棋的方向来看是没有问题的，可以避开黑方卒底炮的锋芒，但是这手棋攻击力不足，不能对黑方形成有效的压力，黑方也取得从容布阵的机会。

2. ……　　　马 2 进 1

4. 炮二平五　　马 8 进 7

6. 车一平二　　象 3 进 5

双方布局至此，黑方满意。

8. 兵三进一（图 19）　……

冲兵使得局面转向开放型局面，在
这种开放型局面中，红方子力不如黑方
灵活，占不到便宜。不如炮八平六，车 2
进 9，马九退八，士 4 进 5，兵九进一，
红方仍可保持先手。

8. ……　　　卒 7 进 1

9. 车二平三　　炮 8 退 1

退炮灵活，既伏有炮 8 平 7 打车的手
段，又伏有炮 8 平 5 还架中炮的手段。

10. 车三平二　　车 2 进 4

11. 炮八平六　　车 2 进 5

12. 马九退八　　炮 8 平 5

3. 车九平八　　卒 7 进 1

5. 马二进三　　车 9 平 8

7. 车二进四　　车 1 平 2

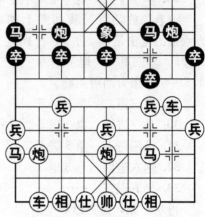

图 19

平车保持变化，但是让出二路线以后，黑车的反击速度更快。这里红方还是
应走车二进五兑车，以下马 7 退 8，马八进七，炮 3 进 3，马七进六，红方先手。

13. 车二平六　……

13. ……　　　炮 5 平 7

15. 马八进七　　车 8 进 8

17. 相七进九　　……

空着。这也是红方失先根源所在。
这里红棋应走车六进一进车骑河，控制
黑马的出路，红方仍然主动。

17. ……　　　马 1 进 2

18. 车六进一　　马 2 进 3

19. 车六退二（图 20）　……

败着，导致局面速度崩溃。这手棋
红方应走相九退七，卒 3 进 1，车六退
一，车 8 退 4，马七退九，红方虽然委
屈，但局势尚可。

19. ……　　　马 3 进 1

20. 帅五平六　　马 1 进 3

14. 相三进一　　士 6 进 5

16. 仕六进五　　卒 1 进 1

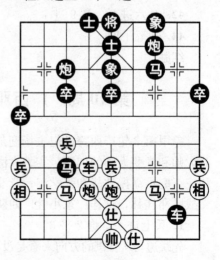

图 20

21. 炮六退一　车8退2　　　　**22.** 马三进四　车8平9

23. 马四进六　……

黑方3路炮对红方牵制力很大，红方进马搏炮，希望能松透局面。

23. ……　炮3退1　　　　**24.** 仕五进四　车9平6

25. 仕四退五　卒3进1　　　　**26.** 车六进一　炮3平4

27. 马六进七　……

如车六平五，马7进6，炮五平二，卒3进1，车五平七，马6进7，黑方也是大优。

27. ……　卒3进1　　　　**28.** 车六退二　卒3进1

29. 炮六进七　炮7平4　　　　**30.** 车六进六　马3退5

退马巧着，黑方入局的关键。

31. 车六退六　车6进3　　　　**32.** 帅六进一　车6平3

至此，红方如车六平五，卒3进1，仕五进六，卒3平4，车五平六，车3退7，黑方得子胜定。红方认负。广东队凭借这盘胜战，战胜广西队。

第三轮　2012年5月10日弈于呼和浩特

第11局　浙江赵鑫鑫 负 四川郑惟桐

象甲第3轮，浙江队主场迎战四川队。双方第二、三、四台相继战和，焦点都集中在第一台，赵鑫鑫与郑惟桐之战。

1. 相三进五　炮2平4

以士角炮应对飞相局，是一种伺机而进的稳健战术。这种布局弹性较大，含蓄，锋芒内敛，内涵深广。它和过宫炮虽然同属寓攻于守型，不同之处是士角炮两翼子力部署比较均衡，阵地战的特点更叫突出。最早见于1982年"上海杯"赛孟立国应战傅光明一局，由于孟在布局阶段出现一步软手，被傅抓住战机，破象夺胜，对于这一路变化当时还没有引起广大棋手的注意。以后，经过辽宁棋队的集体研究和认真估量，大师卜风波，尚威及悍将苗永鹏在1987年的"金菱杯"赛、全国个人赛，第六届全运会、决赛中均祭出这步应手对付飞相局。整个右士角炮战局不多，却引起了人们的注意，很多棋手仿效运用，为象棋理论界研究开局提供了新的信息。

2. 兵七进一　马2进1　　　**3. 马八进七　车1平2**

4. 车九平八　炮8平5

还架中炮，局势顿时紧张起来。

5. 马二进三　马8进7　　　**6. 车一平二　车9平8**

7. 仕四进五　车8进4

高车巡河稳健。如改走车2进6，炮二平一，黑方兑车或者不兑车位置都比较尴尬，红方先手。

8. 兵三进一　卒3进1　　　**9. 炮八进四　卒3进1**

10. 炮八平三　车2进9　　　**11. 炮三进三**（图21）　……

红方改走马七退八吃车较为稳健，以下象7进9，相五进七，红方稍好。现在红方吃象以后，也解放了黑方原本并不活跃的7路马，双方演成互有顾忌的两分局面。

11. ……　　士6进5

12. 马七退八　　车8退4

13. 炮三退一　　马7进6

14. 兵三进一　　马6进4

15. 兵五进一　　……

冲中兵阻止黑方马4进6的先手，但是这手棋也造成阵型虚浮，被黑方利用。红方稳健的选择炮二平一先兑车，以下车8进9，马三退二，马4进6，兵三进一，双方对攻。

15. ……　　炮5进3

16. 炮二进五　　象3进5

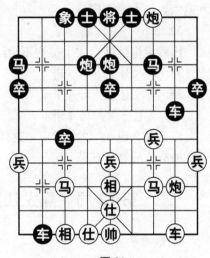

图 21

17. 炮三退一　　车8平7

18. 炮三平六　　士5进4

19. 车二进四　　炮5退1

20. 车二平三　　马1进3

黑方也可选择车7进2捉炮，把底车提起来。

21. 兵三进一　　马4进6

稍缓，可先走车7平6控制红方帅门。

22. 马三进五　　卒3进1

23. 车三平四　　马6进7

24. 帅五平四　　车7进3

吃掉红方三路过河兵，红方局势已经陷入被动。

25. 马五进六　　……

坏棋，改走马八进九较为顽强。

25. ……　　车7进3

26. 车四进五　　将5进1

27. 车四退一　　将5退1

28. 车四进一　　将5进1

29. 车四退一　　将5进1

30. 车四进一　　将5进1

31. 炮二平六　　车7平9

32. 相五退三（图22）　　……

退相速败。红方可以考虑炮六平八，车9平6，车四退六，马7退6，马六退七，炮5平6，仕五进四，马3进4，炮

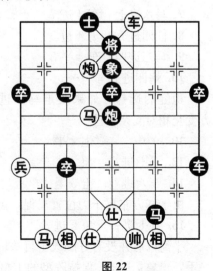

图 22

八退六，红方尚可周旋。

32. ……　　　将5平4

出将捉炮细腻，先手捉炮不给红方过多打将的机会。

33. 炮六退一　车9进3　　**34.** 车四退一　士4进5

35. 马六退七　车9平7　　**36.** 帅四进一　马3进4

37. 马七进六　马4进6　　**38.** 马六退五　马7进9

以下马9退8，红方败定，这样黑方取得最终的胜利。最终四川队以三和一胜的战绩战胜浙江队。

第12局　黑龙江聂铁文 负 广东李鸿嘉

1. 炮二平五　马2进3　　**2.** 马二进三　炮8平6

3. 兵三进一　车9进1　　**4.** 车一平二　马8进9

5. 兵七进一　车9平4

6. 炮五平四（图23）……

双方以中炮对单提马开局。临场聂铁文大师选择炮五平四移步换移，是比较灵活的走法。既保留飞中相照应两头蛇的手段，有可针对黑方4路肋车，策应左翼的防御。

6. ……　　　卒9进1

7. 马八进七　车4进7

8. 仕四进五　士4进5

9. 马三进四　车4平3

10. 炮四进五　……

稳健的选择。如果改走马四进六双方变化相对复杂一些。

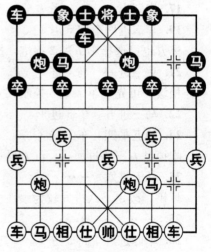

图23

10. ……　　　炮2平6　　**11.** 车二进二　车3平2

12. 马七进八　象3进5　　**13.** 车二平六　车1平4

14. 车六进七　士5退4　　**15.** 车九进二　卒3进1

由于红方左翼子力位置局促，黑方冲卒是很必要的一着棋。

16. 兵七进一　象5进3　　**17.** 兵九进一　炮6平8

平炮以后并没有好的攻击目法，在这种相持的局面下，黑方可以考虑先稳一手，走象7进5，保持阵型的工整。

18. 相三进五 炮8进3   **19.** 马八进六 马3进4

20. 马四进六 ……

双方交换以后，黑车被困右翼，而左炮的位置显然也是不佳，黑方最大的问题是子力分散，不能形成一个有效的合力。

20. …… 士4进5

还应走象7进5，加强双象的联络为宜。

21. 马六进七 士5进4   **22.** 马七退九 象3退1

23. 马九进七 象7进5

黑方仍要走象7进5，由此可见第20回合走士4进5有欠细腻。

24. 兵九进一 士6进5   **25.** 兵九进一 象1进3

26. 兵九平八 炮8退5

顽强的选择，否则红车底线叫将，再炮八平六脱身，红方大优。

27. 兵八平七 马9进8

28. 兵七平六 卒5进1（图24）

冲中卒败着，宜走车2平4，炮八进三，卒5进1，车九平六，车4退1，仕五进六，马8进9，黑方尚可周旋。

29. 兵六进一 士5进4

30. 炮八进三 ……

先冲兵破士，使得黑方中路露出空当，再进炮瞄住中卒，威胁黑方中路，紧凑有力。

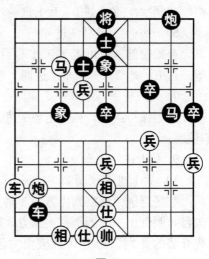

图24

30. …… 士4退5   **31.** 兵三进一 ……

弃兵计算精准，好棋。

31. …… 卒7进1   **32.** 车九进四 ……

红方通过弃兵引离黑卒，实现开放黑方卒林线的目的，为左车右移创造条件。

32. …… 马8进7   **33.** 车九平二 炮8平7

34. 炮八平五 车2退2   **35.** 车二平三 炮7平6

36. 车三进二 车2退5   **37.** 车三退三 马7进6

38. 兵五进一 车2进1   **39.** 马七进五 ……

马踏中士，入局精彩。

39. …… 车2进4   **40.** 车三平四

黑方必失一子，投子认负。

第13局 黑龙江赵国荣 胜 广西黄海林

这是 2012 年第 3 轮比赛的一盘精彩对局。黑龙江主帅赵国荣特级大师对阵 2012 年刚刚由广东队转会到广西队的黄海林大师。

1. 相三进五　卒7进1

黑方以挺卒应付飞相局，是近年发展起来的布局套路。

2. 马八进九　马8进7　　　　**3. 车九进一　马2进3**

4. 马二进四　车1进1　　　　**5. 车一平三……**

平车准备通过兑兵打开三路线，是当前稳健的选择。如炮八平七，马7进6，车九平六，象3进5，兵七进一，车9进1，炮二进三，车9平6，黑方满意。

5. ……　　马7进6　　　　**6. 车九平六　象3进5**

补象稳健。也可走车9进1，兵三进一，炮8平7，炮二平三，卒7进1，炮三进五，炮2平7，车三进四，车1平2，黑方先手。

7. 兵三进一　炮8平7　　　　**8. 炮二平三　炮2进2**

进炮保持纠缠，也可走象7进9静观其变。

9. 兵七进一　车9平8

10. 兵七进一（图25）……

临场赵国荣观察到黑方的 3 路马位置欠佳，制订出一个围绕打击黑方 3 路马抢先夺势的计划。冲七兵打破黑方河口堡垒是实施这一计划的第一步。

10. ……　　卒3进1

11. 兵三进一　车8进2

软着，宜走车1平7，炮三进五，车7进1，兵三进一，车7平6，黑方先手。

12. 炮三进五　车8平7

13. 兵三进一　车7退1　　　　**14. 车六进六　车1进1**

在红方连续打击下，黑棋已经陷入被动，进车保马迫不得已。如马3进4，炮八平六，士6进5，车六平八，红方先手更大。

15. 车三进四　士4进5　　　　**16. 车六进一　炮2退1**

17. 车三平四　炮2平7

这时黄海林大师走得也很强硬，观察到红方拐角马压住相眼的弱点，决定

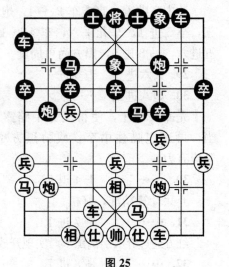

图 25

弃子抢攻。

18. 车四进一　车1平2

先手出车，细腻。

19. 炮八平七　炮7进6　　　　　**20. 仕四进五　车7进7**

21. 兵九进一　……

随手之着。应走车四退二，马3进2，炮七退一，炮7平9，马四进三，车7进1，车四退三，车7退3，车四平一，红方多子稳占优势。

21. ……　　　卒3进1

这时黑方也没能抓住红方的软着，走到最好的应法。此时黑方应走炮7平9，车四退三，车7进1，仕五退四，马3退2，车六退六，车7退1，仕四进五，车2进5，黑棋成功地压制住红方火力。

22. 炮七退一　炮7平9　　　　　**23. 车四退三　车2进2**

24. 车四平一　车7进1　　　　　**25. 仕五退四　车2平6**

这棋走得不够紧凑，黑方应走炮9平6，马四进三，炮6退1，帅五进一，车7退3，帅五平四，卒3平2，黑方有攻势，仍占优势。

26. 帅五进一　……

上将好棋，关键时候，将帅是可以参加战斗的，这一点初中级棋手一定要注意这个思维盲区。

26. ……　　　车7平6

27. 相五进七　马3进4

28. 马四进三　后车平5（图26）

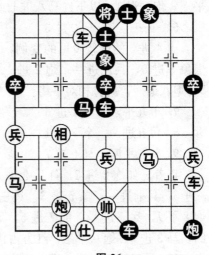

图26

坏棋，本局失利的根源。应走后车进2保持对红方的压迫之势。试演一例：后车进2，马三退四，炮9平7，车六退三，炮7退1，马四进三，后车平7，车一退一，炮7平3，马九退七，车7平5，相七进五，车5平1，黑棋足可抗衡。

29. 车一平八　……

利用黑方进攻放缓之际，平车叫杀，简明有力。

29. ……　　　士5退4　　　　　**30. 相七退五　炮9平4**

31. 车八平六　车5进2　　　　　**32. 马三进四　车5平8**

如改走车6退5，后车退二，马4退3，前车退一，车6平3，炮七进六，士4进5，前车退四，车5平4，车六进三，车3退2，马九进八，红方多子同样占优。

33. 马四进六　马4进6　　　　**34.** 马六进七　……

以下如炮4退8，车六进六，士6进5，车六退三伏车六平四绝杀的手段，黑方认负。

第14局　河南金波 负 上海万春林

本届象甲联赛第3轮河南队主场对阵上海队。第1台武俊强战胜万春林，第2台金波战和孙勇征，第3台李晓辉战和张兰天，第4台李林不敌上海陈泓盛。这样两队打成2比2平，加赛快棋由金波对万春林，万特级能否顶住慢棋失利的压力，赢得这盘决定性的胜利呢？请看实战。

1. 炮二平五　马8进7　　　　**2.** 马二进三　车9平8

3. 车一平二　卒7进1　　　　**4.** 车二进六　卒3进1

5. 马八进七　……

金波选择了稳步推进的双正马阵型，倘若走兵七进一，黑炮8平9，车二平三，炮9退1，以下红马八进七或炮八平六，局势将导向激烈化。

5. ……　　　　马2进3　　　　**6.** 车九进一　士4进5

士4进5的比较少见的变例，常见的走法是炮2进1，以下红车二退二，黑象3进5，兵三进一，炮2进1，兵七进一，炮8进2，车九平六，士4进5，炮八退一，局势相对平稳。

7. 车九平六　马7进6

8. 兵五进一　卒7进1

9. 车二平四　马6进5

正着。如炮2进2，红兵七进一，象3进5，兵七进一，象5进3，兵三进一，炮8平7，兵三进一，炮7进5，炮五进四，马3进5，炮八平三，红方占优。

10. 马三进五　炮2进3（图27）

新着。以往多走马7进5，炮八平五，炮8平7，马五进三，炮7进7，仕四进五，车8进9，双方展开对攻。

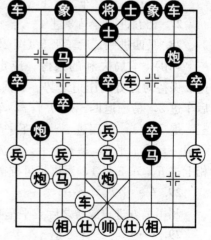

图27

11. 兵五进一　炮2平5

兑炮是炮2进3的后续手段，黑方通过兑车化解红方的中路攻势。

12. 炮五进二　马7退5　　　　**13.** 马五进三　车1平2

14. 炮八平九 炮 8 平 5

还架中炮的同时亮出左车，好棋。黑方子力灵活，双车占据通路，已经取得反先之势。

15. 马七进五 车 8 进 6

16. 仕四进五（图 28） ……

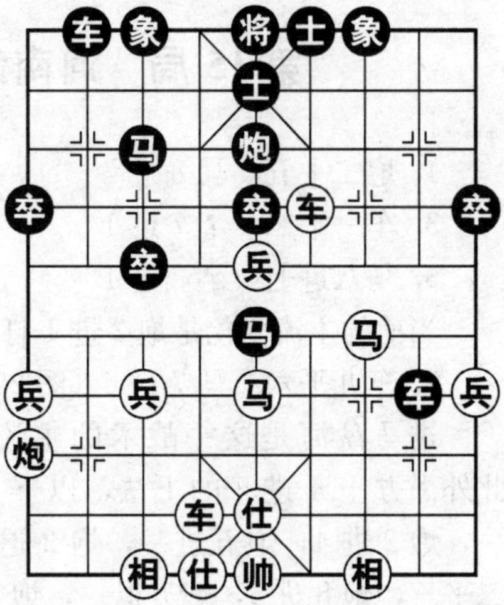

补仕缓着。应走车六进五，马 5 退 7，炮九平五，卒 5 进 1，炮五进三，车 2 进 5，相七进五，车 2 平 5，仕四进五，红方易走。

图 28

16. …… 炮 5 进 2

17. 马三进五 车 8 平 5

18. 车六进七 卒 5 进 1

黑方顺利谋得一子，大占优势。

19. 车四平七 车 5 平 7

弃马准确抓住红方阵型的弱点，好棋。

20. 相七进五 马 3 退 4 **21. 炮九进四 马 5 退 7**

黑方多子多卒，已经掌握了局势的主动权，没必要急于展开攻势，退马调整子力位置，待机而动。

22. 车七平三 象 7 进 5 **23. 炮九平五 马 7 进 5**

兑车巧手，化解红车的牵制。

24. 车三平一 车 7 退 6 **25. 车一进一 车 2 进 2**

26. 车一进一 马 5 退 7 **27. 炮五进二 马 7 退 6**

退马好棋，这手棋成功防住炮五退三的攻击手段。这样红炮打中士后，无法调整，黑方优势进一步扩大。

28. 炮五平四 车 2 进 1 **29. 车一退四 车 7 进 1**

进车牵制红方车炮，准备谋子。

30. 车一进五 车 2 平 7 **31. 仕五退四 卒 5 进 1**

32. 仕六进五 象 5 进 7 **33. 车六平八 前车平 5**

平车准备强行兑车谋炮。

34. 兵七进一 卒 3 进 1 **35. 相五进七 车 5 退 2**

36. 车八平五 将 5 进 1 **37. 车一平四 马 4 进 5**

至此，红炮必失，黑胜定。金波大师投子认负。

第15局 河南武俊强 胜 上海万春林

1. 炮二平五　马8进7　　　　**2.** 马二进三　车9平8

3. 车一平二　卒7进1　　　　**4.** 车二进六　马2进3

5. 马八进七　卒3进1　　　　**6.** 车九进一　象3进5

当前的主流变化是炮2进1打车，飞象是近年来兴起的经典战术。

7. 车九平六　马7进6（图29）

进马盘河是这一战术的主流变化。此外黑方士4进5的下法，以下兵五进一，炮2进4，炮五进一，炮2退2，车二平三，炮8进5，炮五退一，炮8平5，炮八平五，车8进2，红方稍好。由于炮2进4的这个战术，最后黑方要走车8进2保马，从阵型来看，这手棋明显黑方棋型有损，所以士4进5的战术在近期并不多见。

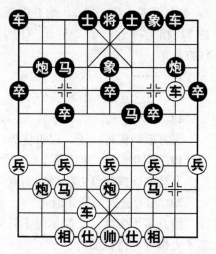

图29

8. 兵五进一　卒7进1

冲卒反击，恰到好处。

9. 车二平四　卒7进1

紧着，如果走马6进7，则马三进五，马7进5，炮八平五，炮8平7，马五进三，红方弃底相，谋求攻势，双方易演成尖锐的对攻局势。

10. 兵五进一　……

冲中兵是一要在中路制造攻势，二是遏制黑方盘河马的效率，要着。

10. ……　　卒7进1　　　　**11.** 兵五进一　……

紧着，如兵五平四，卒7平6，炮五进二，卒6进1，车六平四，士4进5，后车平六，炮8平6，黑方通过弃掉过河卒引离红车，再通过补士稳固阵型，平炮亮出左车，显然这样的结果，黑方是非常满意的。因此，这个局面下，红方多走兵五进一，宁舍一子，勿舍一先。

11. ……　　士4进5　　　　**12.** 车四退一　炮8平7

13. 相三进一　车8进6　　　　**14.** 兵五平六　……

平兵是保留变化的选择，如果欲求稳健，则可以选择炮五进一，以后双方大量兑子，局面简化，和面较大。

14. ……　　车8平3　　　　**15.** 车六平四　将5平4

也可走炮2退2，马七退五，双方互缠。

16. 兵六平七　……

武大师这手棋走得很"鬼"，伏有前车进四的偷杀手段。

16. ……　马3进5　　　**17. 炮八进四　马5进4**

18. 前车平六　将4平5　　**19. 车六退一　车3进1**

20. 车六进四　……

双方交换以后，黑方子力分散，红方取得满意的局势。现在红方进车下二路，走法凶悍。

20. ……　车1平4　　　**21. 车六平八　车3进2**

22. 仕四进五　车3退3　　**23. 炮五进六　……**

进炮打士，是车六进四的后续手段，着法凶悍。

23. ……　卒7进1

由于红方双车都在明处，所以黑方先冲卒，希望能引离红方肋车。

24. 车四进七　车3平8　　**25. 兵七进一　……**

正确的次序，如直接走炮五平六，象5进7，车八退一，车8进3，车四退八，车8平6，帅五平四，车4进1，黑方局势尚可。

25. ……　炮7平3

26. 炮五平六　象5进7

27. 炮八平五　卒7平6（图30）

平卒虽可解燃眉之急，但是弃卒对黑方对红棋全无牵制。这里黑方改走车8退3较为顽强。试演一例：车8退3，炮五退一，卒7平6，车四退七，车4进1，车八退一，炮3退2，黑方子力占据防御要点，尚可周旋。

28. 车四退七　车4进1

29. 车八退一　车4进2

30. 炮五退四　炮3退2

31. 车八进二　炮3平4

32. 车四进七　车8进3　　**33. 仕五退四　车8退2**

34. 相一退三　卒3进1　　**35. 车八退一　……**

退车叫杀，正确。

35. ……　车8平5

无奈只好弃车砍炮，黑方失子失势，败局已定。

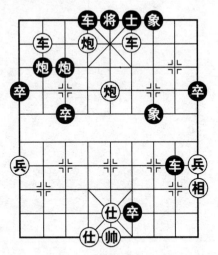

图30

36. 相三进五　车4平5　　37. 仕四进五　卒3平4

38. 相五退七　象7退5　　39. 车八退五　……

退车守住双兵并且阻止黑方进一步下卒，正确。

39. ……　　士6进5　　40. 车八平四　炮4进3

41. 后车平八　炮4退3　　42. 车四退三　卒4平5

43. 车四平八　车5平3　　44. 前车进一　……

兑车强行占据卒林线，简明。

44. ……　　车3进6　　45. 前车平一　卒1进1

46. 车一退一　车3退6　　47. 车一平九　……

吃掉黑方双卒以后，红方胜定。

47. ……　　车3平5　　48. 车九平四

第四轮 2012年5月11日弈于呼和浩特

第16局 上海谢靖 胜 浙江陈卓

象甲第四轮上海队主场对阵浙江队。双方在四台慢棋的比赛中全总弈和，这样双方要加赛一台快棋来决定本场比赛的最终结果。快棋比赛是在上海队谢靖特级大师与浙江陈卓大师之间展开的，最终谢靖大师凭借凌厉的攻势取得胜利。

1. 相三进五　卒7进1　　　　2. 马八进七　马2进1

3. 兵七进一　象7进5　　　　4. 车九进一　车1进1

5. 马二进四　车1平6　　　　6. 车一平三　马8进7

双方此飞相对仙人指路布阵，此时黑方进入布局阶段的"十字路口"除实战的马8进7以外另有士6进5和炮8平7两种应法。实战中陈卓大师考虑到谢靖大师棋风攻守平衡，所以选择较为稳健的马8进7的走法，意图双方展开阵地战。

7. 兵三进一　卒7进1　　　　8. 车三进四　士6进5

9. 马七进六　炮8退1　　　　10. 马六进七　……

马踏3卒先得实惠。也可以选择车三平二避开炮8平7的先手，再作打算。

10. ……　　　炮8平7　　　11. 车三平二　炮2进4

12. 马七退六　……

退马迫使黑炮表态，同时伏有兵七进一的先手。

12. ……　　　炮2平9

如炮2退1，车二进三，炮2平4，车二平三，炮4退3，车三退三，红方先手。

13. 炮二平四　车6退1

退车手棋构思精巧，准备通车车9平8兑车强攻红方左翼底线。

14. 车二进三　炮9进3

15. 仕四进五　车9平8

弃马抢攻，着法凶悍。

16. 车二平三　……

箭在弦上不得不发，如车二进二，车6平8，红方右翼防守薄弱，黑优。

16. ……　　　炮7平9（图31）

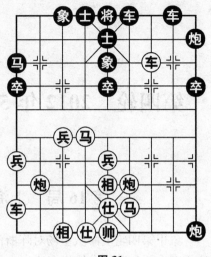

图31

如急于直车8进9，仕五退四，车8退1，车三退七，炮7平9，炮四平一，后炮进6，炮八平一，炮9退1，车三平二，车6进8，车九平四（车二进一，炮9进1！黑方可得回一车，占得先机），车8平6，马六进五，黑方无功而返，红方先手。

17. 车三退六　车8进9　　　**18.** 仕五退四　车8退1

19. 车三退一　车8平7　　　**20.** 车三平二　车6平8

21. 炮四平二　卒9进1

缓着。宜走车8平6，炮二平一，后炮进6，炮八平一，炮9退1，马六进五，炮9平6，黑方足可抗衡。

22. 车九平八　卒9进1

边卒过河以后，不能直接助战，不如车8进6更为简明。

23. 马六退四　……

正是由于黑方连续进边卒，给了红方充足的时间调整阵型，现在红方退马，是解决牵制的好棋。

23. ……　　　车7平8　　　**24.** 车二平三　后车进6

25. 炮八进一　前炮退3　　　**26.** 炮二平一　后车退3

27. 前马退二　后车进4

红方子力本来就非常灵活，上一手红方退马困车对黑方来讲无异于雪上加霜，因此黑方决定通过交换，打破红方的封锁。

28. 马四进二　车8平2　　　**29.** 炮八平一　炮9进5

30. 马二进一　车2平9

交换以后黑方左翼完全暴露在红方的炮火之下，黑方由此陷入苦守。

31. 车三进二　马1进3　　　**32.** 马一进二　炮9平6（图32）

败着。宜走车9平6，车三进一，炮9退2，黑方全力防守，较实战顽强。

33. 炮一进七　炮6退5

34. 车三进七　士5退6

35. 炮一平四　……

打士冷着，红方算准车、马、炮三子归边，已经可以形成杀势。

35. ……　　　炮6平2

36. 车三平二　将5进1

37. 马二退四　车9平7

38. 马四进六　……

进马叫杀，简明有力，红方发动总攻。

38. ……　　　将5平6

39. 兵七进一　马3退1

40. 炮四平五　车7退5

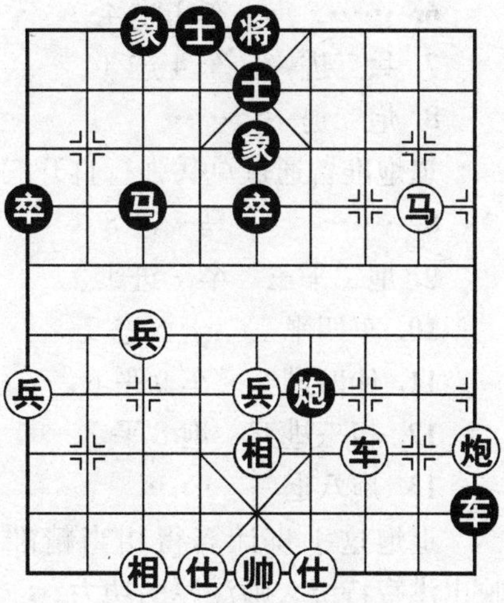

退车守住中卒是当前黑方最顽强的应着。

41. 车二退五　将6退1	42. 车二进五　将6进1
43. 车二退五　将6退1	44. 车二进五　将6进1

45. 车二退二　炮2平1

如仍走将6退1，则炮五平七，象5退3，车二平九，红方大优。

46. 炮五平一　卒5进1

速败，败走车7平6较为顽强。

47. 车二平四

绝杀，红胜。

图32

第17局　湖北洪智 胜 河南武俊强

1. 马二进三　卒7进1	2. 兵七进一　马8进7

3. 马八进七　马2进1

以单提马应红方的屏风马，双方准备一较中残局功力。

4. 车九进一　车1进1	5. 车九平四　象7进5

6. 车四进三（图33）　……

散手布局虽然无常套可循，但对棋手对局面的理解能力和判断能力方面的要求更高一些。红方进车巡河抢占要点，以行伺机兑兵活通右马，正确。此时如走炮二平一，则车9平8，车一平二，车1平4，车二进四，炮8平9，车二进五，马7退8，车四进三，马8进7，黑方阵型工整，红方无便宜。

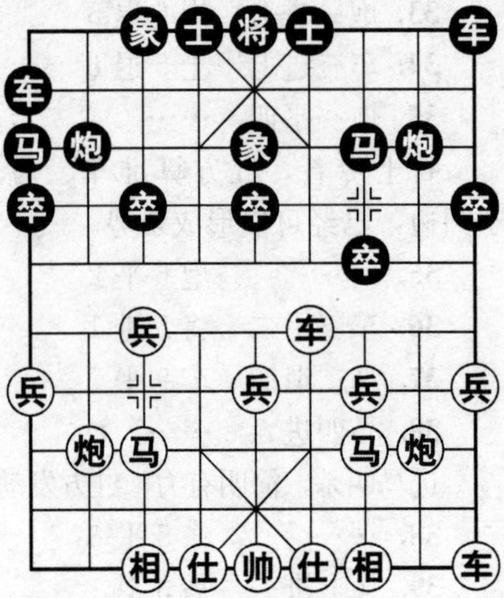

6. …… 车 1 平 4

7. 兵三进一 车 4 进 3

8. 炮二退一 ……

退炮准备通过兑兵强行打开三路线。

8. …… 马 7 进 8

9. 炮二平三 卒 7 进 1

10. 车四平三 士 6 进 5

11. 仕四进五 车 9 平 6

12. 相三进五 炮 8 平 7

13. 炮八退一 ……

退炮这手棋计算得相当精准，也反映出洪智特级大师深厚的功力。

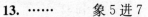

图 33

13. …… 象 5 进 7

14. 马三进四 车 4 平 2

15. 车三平二 炮 2 进 6

16. 炮三平八 车 2 进 4

17. 马四进二 车 6 平 8

18. 马七进六 ……

双方子力交换以后，在体均势。而当红方要解决的主要问题是右翼车马被牵的问题。

18. …… 车 8 进 3

19. 马六进五 炮 7 平 8

20. 车一平三 ……

先弃后取。洪智这几手棋走得非常轻灵。

20. …… 象 3 进 5

21. 马五进三 士 5 进 6

22. 车二平五 车 2 退 4

如误走炮 8 进 2，车三进五黑方立时崩溃。

23. 车三平四 士 4 进 5

24. 马二退三 车 8 平 7

25. 车五平二 车 7 退 1

26. 马三进四 车 7 进 1

27. 车二进三 ……

红方得回失子后，力子战位极佳，黑方陷入被动之中。

27. …… 车 2 平 5

28. 车二进二 象 5 退 7

29. 车四进三 ……

也可走车二退五，车 7 平 6，车二平四，车 6 平 5，兵九进一，象 7 退 5，前车退一，红方仍是优势。

29. …… 马 1 退 3

30. 马四退三 象 7 退 5

31. 车二退五 马 3 进 4

32. 马三退四 卒 3 进 1

33. 兵七进一　车5平3　　　　**34.** 马四进二　车7平5

35. 马二进三　车3平7　　　　**36.** 车四平二　车7退1

退车加强联络，黑方这一段防守可谓是密不透风，红方一时也没有进攻的机会。

37. 马三退四　马4退2　　　　**38.** 前车平七　马2进3

39. 兵五进一　车7进1　　　　**40.** 车二平五　卒1进1

41. 马四进三　车5平1（图34）

由于双方用时都较为紧张，武俊强大师此时没能找到最佳的防守方案，此时应先走马3退4，车七平六，卒9进1，车五平八，象5退3，黑方防守得当，红方没有好的进攻办法。

42. 车五平八　马3退4

黑方此时退马和上一回退马已然发生了本质的区别，黑车双车位置欠佳，攻守都无法发挥更大的作用，红方优势明显。

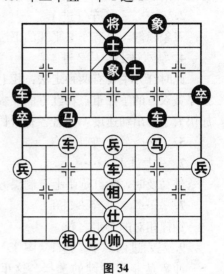

图34

43. 车七平六　象5退3

44. 车八平五　马4进6

可改走车1平5，兵一进一，象3进5，较实战顽强。

45. 马三进五　象7进5　　　　**46.** 车六进四　车7平8

47. 车五平七　车1退3

黑车被逼回，但是仍不能解决双象被切断联络的弱点。

48. 车七进四　将5平6　　　　**49.** 相五退三　……

攻不忘守，稳健。也可走车七平五对杀中红方仍占优势。

49. ……　　车8平7　　　　**50.** 相七进五　马6进5

51. 马五进四　……

进马踏士入局简明。

51. ……　　车7退2　　　　**52.** 车六平五　车7平6

53. 车七平六　象3进1　　　　**54.** 车五平二　车6平7

55. 车六进一

绝杀红胜。

第18局　北京蒋川　负　四川孙浩宇

1. 兵七进一　马8进7　　　　**2.** 兵三进一　……

进三、七兵形成"两头蛇"，活通己马又兼制黑方双马的通头，是目前流行的布阵法。

2. ……　　　车9进1　　　　**3.** 马二进三　象3进5

飞象稳健，另有车9平3的下法，也非常流行。

4. 马八进七　马2进4　　　　**5.** 炮二平一　……

此时红方主要有两种走法：相七进五和炮二平一。相比较而言相七进五阵型厚重双方的争夺重点在红方的左翼；炮二平一则显得轻灵，快速亮出右车，加快大子的出动速度，两者各有所长。

5. ……　　　车1平3　　　　**6.** 车一平二　炮8平9

7. 马七进六　……

进马及时，为红炮平七牵制黑方3路线留出位置。

7. ……　　　卒3进1　　　　**8.** 炮八平七　炮2平3

针锋相对的必走之着。

9. 马六进四　卒7进1（图35）

冲卒是非常关键的选择。这里黑方不能示弱，如果车9平7保马，则车二进六，红方优势；如马7退5，车九平八，红方优势。

10. 马四进三　炮3平7

11. 马三进二　……

跳边马略缓，这里红方应走炮一进四，以下车9平6，车二进六，卒7进1，车二平三，车6进1，相三进五，红方易走。

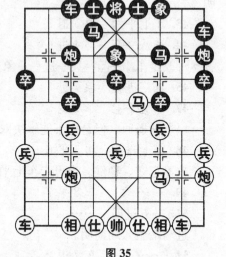

图35

11. ……　　　车9平8

12. 兵三进一　炮7进7　　　　**13.** 仕四进五　车3平2

黑方白赚一相的同时，又快速亮出左车，局势占优。

14. 兵七进一　炮7退1　　　　**15.** 车二进一　车2进5

16. 车二平三　车8进4

兑子以后，黑方双车骑河，占据要点。

17. 车九进二　象 5 进 3　　18. 炮七平四　车 2 平 7

19. 车三进三　车 8 平 7　　20. 车九平六　马 4 进 2

21. 兵三平四　象 3 退 5

双方再次兑子交换以后，局势较为平稳，但是黑方兵种齐全而且红方少相，黑方略好。

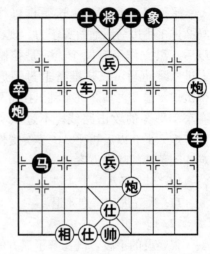

图 36

22. 相七进五　车 7 平 6

23. 车六进三　炮 9 进 4

24. 炮一进四　马 2 进 3

25. 兵四平五　炮 9 平 1

26. 前兵进一　炮 1 退 2

27. 车六进一　马 3 进 2

28. 相五退七　车 6 平 9

29. 前兵进一（图 36）……

在红方走出前兵进一之前，很多人都以为这是一盘和棋。但是关键时候蒋川特级大师形势判断出现错误，贪攻忘守，走出败着。这着棋红方宜走炮一平四，车 9 进 4，仕五退四，车 9 退 3，仕六进五，黑方没有取胜的好办法。

29. ……　　车 9 进 4　　30. 仕五退四　车 9 退 6

白吃一炮，红方认负。

第 19 局　广西李鸿嘉 胜 才溢

1. 兵七进一　炮 2 平 3　　2. 炮二平五　象 3 进 5

3. 相七进九　……

双方以仙人指路对卒底炮开局，红方飞边相是近年兴起的布局新战法。这手棋好于在解放了红方的八路炮，红方可以选择炮八平七对黑方进行反牵制，也可以选择炮八平六，以后保留马八进七跳双正马的手段。

3. ……　　卒 7 进 1　　4. 马二进三　马 8 进 7

5. 车一平二　车 9 平 8　　6. 车二进四　炮 8 平 9

7. 车二进五　马 7 退 8　　8. 炮八平六　……

先走仕角炮是正确的选择，如果走炮五进四，士 4 进 5，马八进七，马 2 进 4，炮五退二，马 4 进 5，仕六进五，炮 9 平 7，黑方大子出动速度明显快于红方，黑方易走。

8. ……　　　马8进7

9. 马八进七　炮3平4（图37）

平炮是一步新着，这手棋以往多走
马2进1跳边马活通右翼子力。现在平炮
以后，黑方作用有两个：一是控制红马
七进六跳肋马，二是准备退过平炮以后
待机炮4退2再马2进4跳出拐角马，留
有车1平3的攻击路线。不过从实战来
看，炮2平3以后再平4，节奏缓慢，很
难达到预期的战术方案。

10. 车九平八　士4进5

11. 兵五进一　炮4退2

12. 炮五退一　……

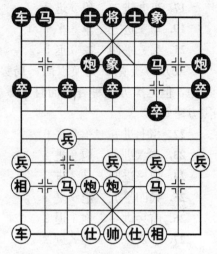

图 37

很轻灵的手段，既瓦解了黑方的战术计划，又伏有炮六平五加强中路攻势
的手段。

12. ……　　　马2进3

14. 车八进六　马3退2

16. 兵五进一　卒5进1

平炮不如马7进8紧凑有力。

18. 兵三进一　卒5进1

19. 前炮进二　马7进5

20. 兵三进一　象5进7（图38）

飞象坏棋，局势落后的根源。应走
马5进7，前炮平三，炮1进6，马五进
四，将5平4，相九退七，卒1进1，黑
方足可抗衡。

21. 马三进四　象7退5

黑方还要回象调整，无形之中损失
了一步棋。

22. 马四进五　马4进5

23. 前炮进三　象7进5

24. 炮五进五　……

得象以后，红方兵种齐全，黑方陷入苦战。

24. ……　　　炮1进6

13. 车八进三　车1平2

15. 炮六平五　马2进4

17. 马七进五　炮4平1

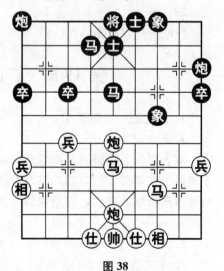

图 38

25. 马五进四　炮9进4

26. 马四进五　炮1平5　　　　**27.** 马五退七　士5进6

28. 炮五退二　炮9退1　　　　**29.** 马七进五

进马叫将红方必得一子，胜定。

第20局　湖北汪洋 胜 河南李林

象甲第四轮，湖北队与河南队相遇。这是第四台，由湖北汪洋大师迎战多届河南省冠军李林的一盘棋。

1. 兵七进一　卒7进1　　　　**2.** 炮二平三　炮8平5

还架左中炮是比较稳健的变化，走炮2平5还架右中炮双方变化较为激烈。

3. 马八进七　马8进7

4. 相七进五　马2进1（图39）

黑马屯边，便于开动右翼子力，也是非常流行的下法。如改走车9平8，炮三进三，马7进6，马二进三，炮2平3，马七进八，红方子力灵活，稍好。

5. 车一进一　士6进5

补士这手棋实战中并不常见，因为补士以后黑方阵型虽然厚实，但是右车开动较为困难，局面略显被动。这手棋多走炮2平3或炮2平4，以后可以车1平2快速亮出右车。

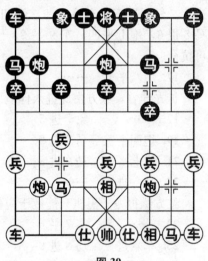

图39

6. 车一平六　炮2平3　　　　**7.** 仕六进五　……

补士是红方发出的一个信号，将集结兵力在黑方的右翼展开进攻。

7. ……　　　　车1平2　　　　**8.** 车九平八　车9平8

9. 马二进一　车8进7　　　　**10.** 炮三平四　车2进4

进车巡河抢占要点，如走被红方抢到炮八进四的这个位置，黑方右翼非常尴尬。布局至此，红方蓄势待发，黑方出子灵活，双方对峙。

11. 车六进二　卒1进1　　　　**12.** 兵一进一　马7进8

13. 马七进六　炮3平4

这里黑方如走车2平4，则炮八平六，红方顺势亮车左车。

14. 兵七进一　车2进1

进车这着棋走得有些过分，可以考虑车2平3，马六退八，车3平6，双方对峙。

15. 马六退八　车 2 平 6

16. 兵七进一　……

红方白过一兵，对黑方威胁很大。

16. ……　　炮 5 平 7（图 40）

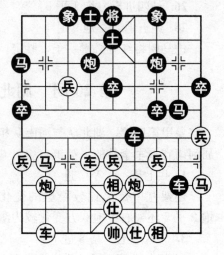

图 40

败着。如果说第 14 回合中黑方车 2
进 1 过于强硬，那么这着炮 5 平 7 则显得
示弱。应走马 1 进 3！车六平七，马 8 进
7，车七进三，马 7 进 8，炮八平七，象 3
进 1，车七平五，车 8 平 9，炮四平二，
马 8 退 6，炮七平四，车 9 平 8，黑方足
可抗衡。

17. 炮八平七　……

扩先佳着，红方由此进入佳境。

17. ……	象 7 进 5	**18. 兵七进一**	马 8 进 7
19. 炮四平三	马 7 退 9	**20. 炮三退一**	车 6 进 3
21. 炮七平二	马 9 进 8	**22. 兵七平六**	车 6 平 7

23. 马一进二　……

红方赚得一子黑棋只能疲于应付。

23. ……	车 7 平 6	**24. 相三进一**	炮 7 平 4
25. 车六进三	马 8 进 9	**26. 马八进七**	马 1 进 3

进马试图引诱红方交换，以简化局面，无奈之举。

27. 相一退三　……

退相是一步关键，为二路马回边，占据防守要点留出位置。

27. ……	车 6 平 8	**28. 马二退一**	……

退边马可以控制黑马卧槽，攻不忘守。

28. ……	车 8 退 1	**29. 车六平七**	象 5 进 3
30. 车七退一	马 9 退 7	**31. 帅五平六**	马 7 退 9

交换以后，黑方残象，败局已定。

32. 相三进一	车 8 平 5	**33. 车八进三**	……

守住双兵，这是红方取胜的资本。

33. ……	象 3 进 5	**34. 车七进一**	卒 5 进 1
35. 车七平五	车 5 平 1	**36. 车五进一**	车 1 进 2
37. 帅六进一	卒 1 进 1	**38. 兵九进一**	车 1 退 4

39. 仕五进四　车1进3　　　　　**40.** 帅六退一　车1进1

41. 帅六进一　车1退1　　　　　**42.** 帅六退一　车1进1

43. 帅六进一　车1退5　　　　　**44.** 车八进三

黑车不能离开河口，否则中卒必失，这样红方又存在着车八平一叫杀的手段，黑棋已经是四面楚歌，投子认负。

第五轮　2012年5月12日弈于呼和浩特

第21局　山东卜凤波 负 广东许银川

象甲第五轮山东队与广东队相遇。在四台慢棋的比赛结果是卜凤波战和许银川、孟辰战胜庄玉庭、张申宏负于张学潮、谢岿战平许国义，这样双方战成平局。加赛的一盘快棋仍在第一台的卜凤波与许银川两位特级大师之间展开。

1. 炮二平五　马8进7　　　　**2.** 马二进三　车9平8

3. 车一平二　马2进3　　　　**4.** 兵三进一　卒3进1

5. 炮八进四　……

素以"凶悍搏杀"著称的卜凤波特级大师近来棋风有所内敛，面对许银川特级大师选择了稳健的五八炮进三兵布局。

5. ……　　　象7进5

6. 马八进七　马3进4

黑进肋着积极，是近年来流行的下法。

7. 炮八平三　炮2平3

8. 车九平八（图41）　……

先出左车正确。如车二进五，马4进3，炮五平四，车1平2，仕六进五，炮8退1，黑不难走。

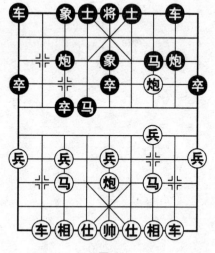

图41

8. ……　　　车1进1

抢出右横车，加快节奏正着。如卒3进1，车二进五，马4进3，马七退五，红方易走。

9. 车八进六　……

挥车过河貌似浑厚有力，其实不如车二进五实惠。

9. …… 炮3进4

简明，如卒3进1，则车八平六，马4进2，马七退五，卒3进1，车二进五，纠缠中红方易走。

10. 马七退五 车1平6　　　11. 车二进五 马4进6

12. 马三进四 车6进4　　　13. 炮五进四 士6进5

14. 炮五平一 炮8进1

进炮打车巧着，通过子力交换，缓解黑方左翼的压力。

15. 炮一进三 ……

必然，如车八退四，车6进3，兵三进一，车8平6，红方受攻。

15. …… 车8平9　　　16. 车二进一 车9平6

17. 炮三平四 前车平7　　　18. 相七进五 车7进1

19. 炮四平九 ……

红方扫卒，希望在残局阶段积累物质优势。

19. …… 马7进6　　　20. 车二平四 车7平5

红方上一手兑车红方有罢兵之意，但是黑方子力位置很好，许银川岂能轻易言和。

21. 车四进三 士5退6　　　22. 马五进七 车5平9

23. 车八退二 车9平4　　　24. 炮九退二 ……

退炮坚守，也是当前红方最好的应对办法。

24. …… 士6进5　　　25. 仕六进五 马6退4

26. 马七退八 马4退6　　　27. 马八进九 炮3进1

28. 车八退二 炮3退2　　　29. 车八进二 ……

不够简明。可走车八平六，车4平1，相五进七，车1退1，相七退五，和势。

29. …… 马6进5　　　30. 炮九平七 卒3进1

31. 车八进一 马5进6　　　32. 车八平四 卒3平4

33. 兵九进一 车4平1　　　34. 相五退七 卒4平5

35. 兵九进一 卒5进1

至此，双方应是一盘和棋，但是本局事关全队的成绩，所以双方仍在耐心地寻找机会。

36. 车四平六 车1退1　　　37. 帅五平六 马6进8

38. 车六退三 马8退6　　　39. 车六平四 车1退1

40. 帅六平五 车1进2　　　41. 仕五退六 马6退7

42. 仕四进五　卒5平6　　　**43.** 车四平二　卒6平7

44. 马九退七　卒7平8　　　**45.** 车二平七　车1平7

46. 相三进一　卒8平9　　　**47.** 马七进五　车7平8

48. 马五进六（图42）……

同样进马，应走马五进四策应相对空虚的右翼，实战的下法，造成局面恶化。试演一例：马五进四，车8平6，车七平四，车6平3，相七进五，马7进6，相一退三，双方和势。

48. ……　　　　　车8进3

49. 仕五退四　车8退4

50. 马六进四　车8平6

51. 马四进六　……

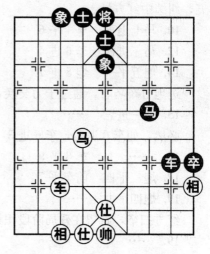

图42

黑方巧妙地把红马逼离防守位置，优势进一步扩大。

51. ……　　　　　马7进8

52. 仕六进五　卒9进1　　　**53.** 帅五平六　卒9进1

54. 车七平二　车6进1　　　**55.** 马六退五　车6平5

56. 马五进四　……

败着，宜走车二平五，车5平2，车五平二，红方尚可周旋。

56. ……　　　　　士5进6　　　**57.** 马四退三　车5平3

58. 相七进九　车3平7　　　**59.** 马三进五　士4进5

60. 车二平一　卒9平8　　　**61.** 马五退七　车7平3

62. 车一平二　卒8平7　　　**63.** 车二平六　……

红车不能离开宫城线，只能死守此线与黑方周旋。

63. ……　　　　　卒7平6　　　**64.** 车六平二　马8退7

65. 车二平四　卒6平7　　　**66.** 帅六平五　马7进5

67. 车四平五　马5退3　　　**68.** 车五平三　卒7平6

69. 车三平四　卒6平7　　　**70.** 车四平五　车3进2

71. 车五平三　卒7平6　　　**72.** 车三平四　卒6平7

73. 车四平三　卒7平6　　　**74.** 车三平四　卒6平7

75. 马七退六　车3退2　　　**76.** 车四进一　车3进1

77. 相九进七　卒7进1

由红车死守肋线，黑冲底卒破仕，这是撕开红方防守的唯一办法。

78. 相七退五　　卒7平6　　　　　　**79.** 帅五平四　……

破仕以后，红方已经难以支撑。

79. ……　　　　马3退5　　　　　**80.** 帅四平五　马5进7

81. 车四平五　车3退4　　　　　　**82.** 相五进三　车3平8

83. 帅五平六　车8进6　　　　　　**84.** 帅六进一　车8平1

85. 马六进四　马7退8　　　　　　**86.** 马四进五　马8进6

87. 仕五进六　……

支仕是当前局面下最为顽强的应着，否则一旦红方中车离线，黑方可以退车抽吃红仕，先支仕等于解放了红方的中车。

87. ……　　　　车1退5　　　　　**88.** 相三退五　车1平4

89. 马五退三　马6退8　　　　　　**90.** 相五退三　马8进7

91. 相三进一　将5平4　　　　　　**92.** 车五退一　车4进1

93. 帅六平五　车4平2　　　　　　**94.** 帅五退一　车2进1

95. 帅五进一　将4平5　　　　　　**96.** 帅五平六　车2退4

97. 帅六平五　马7进5　　　　　　**98.** 车五进一　马5退3

99. 帅五平四　……

面对黑方车马的强攻，卜特大应对稳健，虽处下风，但许银川一时也难以入局。

99. ……　　　　车2平6　　　　　**100.** 马三退四　士5进4

101. 仕六退五　车6平2　　　　　　**102.** 相一进三　士4退5

103. 相三退一　车2进4　　　　　　**104.** 相一进三　车2平7

105. 相三退一　车7平9　　　　　　**106.** 相一进三　马3退4

107. 仕五进六　马4进2　　　　　　**108.** 车五平六　马2进3

109. 车六平七　马3退4　　　　　　**110.** 车七平六　马4进6

111. 车六平四　马6进4　　　　　　**112.** 车四平六　马4进6

113. 车六平四　马6进4　　　　　　**114.** 车四平六　马4退6

115. 车六平四　马6进4　　　　　　**116.** 车四平五　车9平7

117. 车五平六　马4退6　　　　　　**118.** 帅四平五　车7退2

此时，红方用时已经是非常紧张，许银川处理这样局面非常有经验，无须走多复杂的变化，只要占据要点，红方必然超时。

119. 车六平四　马6进4　　　　　　**120.** 车四平六　马4退6

121. 车六平四　马6进4　　　　　　**122.** 车四平六　马4退6

123. 帅五平四　士5进4　　　　　　**124.** 车六平四　马6进4

125. 车四平六　马4退6　　　　　　**126.** 车六平四　马6进4

127. 车四平六　马4退6

就棋而言，黑棋要想赢棋是非常漫长的，但是正如许银川所预期的，卜特大超时作负。

第22局　浙江程吉俊 负 湖北柳大华

象甲第五轮，浙江队主场迎战湖北队。经过一番苦战，浙江黄竹风战和湖北汪洋、浙江赵鑫鑫战和湖北洪智、浙江特级大师于幼华不敌湖北李雪松。关键的第二台之战中，湖北主帅特级大师柳大华战胜浙江程吉俊大师，这样湖北队完胜浙江队。

1. 兵七进一　象3进5

2. 炮八平六　马2进3

3. 马八进七　车1平2

4. 车九平八　卒7进1

5. 炮二平五　马8进7

跳马以后形成屏风马阵型，堂堂正正。

6. 马二进三　马7进6

7. 车一平二　炮8平7

8. 车二进四　车9进1（图43）

起横车灵活。如马6进7，车八进六，卒9进1，马七进六，车9进3，炮六平七，红方易走。

9. 仕四进五　车9平4

10. 车八进三　炮2退1

柳特大这手退炮走得很"精"，计划准备车4进3以后再炮2平5，在兑掉红方位置最好的左车的同时谋求中路攻势。

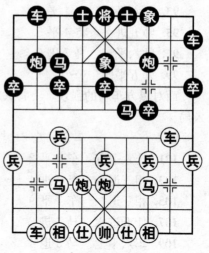

图 43

11. 兵五进一　……

程吉俊大师觉察出柳特大的构思，这手挺中兵非常及时。

11. ……　　　　车4进3

12. 马三进五　马6进5

这时黑方就没有炮2平5的棋了。因为黑方如炮2平5，车八进六，马3退2，兵五进一！红方大优。

13. 车八平五　炮2进3

进炮巡河，不让红方从中路顺利发动攻击。

14. 兵五进一　炮2平5

15. 马七进六　炮5进3

16. 相三进五　车4平5

17. 车五平四　士4进5

至此，双方局面较为平稳，大体均势。

18. 马六进七	车5平4	19. 马七退六	车4平5

20. 相五退三　……

退相准备左炮右移，从侧翼展开攻势。

20. ……	炮7平6	21. 炮六平一	车5平4
22. 炮一进四	车2平4	23. 马六退五	前车进2
24. 车四进三	前车平5		

以上几个回合柳特大通过双车夺马逼退红马，然后再兑车抢占兵线，现在平车压马占据要点，思路清晰连贯。

25. 兵七进一	象5进3	26. 炮一进三	象3退5
27. 车二进四	车4进6	28. 车二平四	将5平4
29. 后车平三	将4进1		

面对程大师的攻势，柳特大沉着冷静，上将有力地缓解红方的攻势。

30. 车三进三（图44）　……

红方久攻不下，心生急躁。进车吃象看似凶悍实则是一步坏棋。双方优劣的天秤瞬间转换过来。红方宜走炮一平二，车5退1，车三进二，炮6进4，炮二平四，炮6平1，车三进一，红方先手。

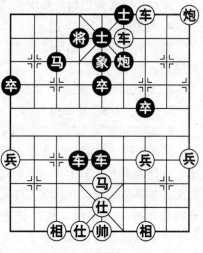

图44

30. …… 马3退4

退马踏车，好棋。黑方由此展开反击。

31. 车四退一	士5进6	32. 车三平四	马4进2

黑方多子占势，已经控制住局面。

33. 车四退二	马2进3	34. 车四进一	将4退1
35. 车四进一	将4进1	36. 车四退一	将4退1
37. 炮一平二	车5退1	38. 炮二退三	马3进2
39. 车四退一	车4退2	40. 车四平五	马2进4
41. 炮二退五	卒7进1	42. 炮二平四	……

无奈，如兵三进一，车5平7，黑方速胜。

42. ……	卒7平6	43. 仕五进六	马4进2
44. 炮四平五	车5平2	45. 炮五平二	车4进3

46. 炮二进一　车4退4

红方投子认负。

第23局　四川李少庚 负 上海谢靖

本届象甲联赛第五轮，四川队主场与上海队相遇。双方具体的对阵（主队人员在前）是第一台李少庚对谢靖、第二台郑一泓对陈泓盛、第三台孙浩宇对孙勇征、第四台郑惟桐对万春林。在第二、三、四台相继成和的情况下，谢靖特级大师发挥神勇，取得关键的胜利，最终上海队战胜四川队。

1. 炮二平六　马8进7　　　　**2. 兵三进一　车9平8**

3. 马二进三　炮8平9

谢靖特级大师以后三步虎迎战过宫炮，节奏明快。

4. 马八进七　卒3进1

挺卒制马正确。如马2进3，则兵七进一。这样黑方阵型虽显厚重，但有欠灵活。

5. 炮八进四　象7进5　　　　**6. 炮八平三　炮2平4**

7. 车九平八　马2进3

8. 相三进五　车1进2（图45）

正着。黑方此时如果走车1进1起横车，则仕四进五，车1平6，车八进六以后黑方3路马受攻，并且红方随时有车一平四兑车抢先的手段，从容扩先。而走车1进2以后可以保留车1平2兑车手段和实战中马3进4再车1平3的手段，黑车的效率大为提高。

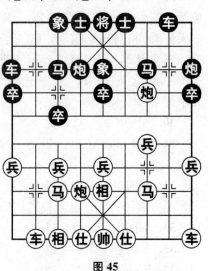

图45

9. 炮六进四　马3进4

10. 仕四进五　车1平3

11. 车八进四　车8进4

12. 车一平四　士6进5

13. 车四进三　炮9退2

退炮灵活，伏炮9平6再士5进6的手段，迫使红棋表态。

14. 兵三进一　车8平7　　　　**15. 马三进二　炮9平6**

16. 车四进五　车7平8　　　　**17. 车八平三　车3平2**

双方经过一阵短兵相接以后，黑方子力通畅，已经明显占优。

18. 兵七进一 ……

失算，被黑方利用。

18. …… 车2进5

当前局面下最大的先手，而这手棋正是红方没有计算到的。红方误以为黑方会走卒3进1，车三平七，红方子力位置有所改善。

19. 马七进六 卒3进1 **20. 相五进七 车2平8**

黑车左调以后，红方右翼的"空门"暴露出来，这也成为黑方以后的主要攻击目标。

21. 马二退三 炮6平9 **22. 马六退四 前车进1**

23. 马四进二 炮9平8 **24. 炮三平二 炮8平7**

25. 车四平三 ……

面对黑方凶悍的攻击，红方只好见着拆着，步步受制，局面非常被动。

25. …… 马7进6 **26. 前车平四 马6退7**

27. 车四平三 马7进6 **28. 前车平四 马6退7**

29. 车四平三 炮7平6

也可走前车平6，红方仍没有好的办法改变颓势。

30. 后车进二（图46） ……

进车让黑方右马顺利跳出，是本局失利的根源。此时红方宜走相七退五，炮6进3，炮二平三，前车退2，炮六平七，炮6平3，炮三平七，马4进5，马三进五，前车平5，马二退三，车5平3，炮七退二，红方尚可周旋。

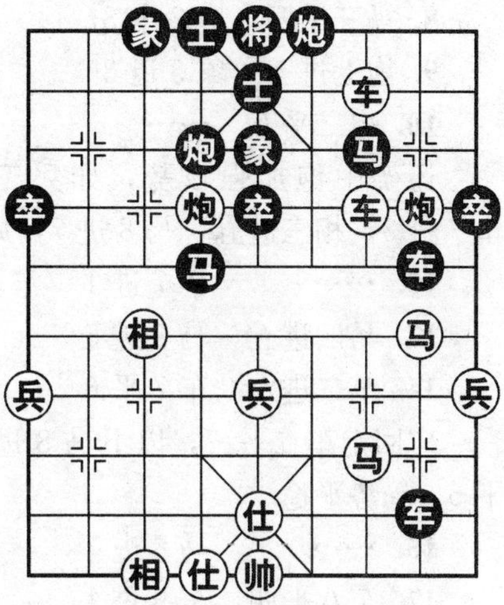

30. …… 马4进6

31. 后车平四 ……

如误走马三进四，则前车进1，仕五退四，前车平6，帅五进一，车6退4，黑方先弃后取大占优势。

图46

31. …… 马6进8 **32. 炮六退五 前车退1**

33. 车四平三 马8退6 **34. 马三进四 前车进2**

35. 仕五退四 前车平6 **36. 帅五进一 车6退4**

37. 马二退三 车6平3 **38. 前车平四 车3进3**

粘死红炮以后，黑方胜定，李少庚大师投子认负。

第24局　河南金波 负 江苏徐超

1. 马八进七　卒3进1　　　　**2.** 兵三进一　马2进3

3. 马二进三　车1进1　　　　**4.** 车九进一　车1平7

5. 炮八进四（图47）　……

进炮打乱黑方的部署，如果按部就
班走马三进四，卒7进1，炮二平三，马
8进9，车一平二，车9平8，车九平六，
象7进5，双方平稳，都没有明显的
弱点。

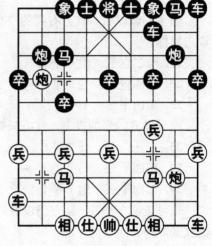

图47

5. ……　　　　　卒7进1

6. 炮八平七　象3进5

7. 车九平八　炮2退2

8. 马三进四　炮2平3

9. 炮七进三　象5退3

10. 炮二平五　……

还架中炮加强攻势，如兵三进一，
车7进3，相三进五，马8进7，局势平稳。

10. ……　　　　卒7进1　　　**11.** 车一平二　炮8平5

12. 马四进五　马3进5　　　　**13.** 炮五进四　士6进5

14. 车二进六　车7平6　　　　**15.** 相七进五　……

应回走车二平三，以下马8进9，车三退二，车6进2，炮五退二，车6
平5，局势平稳。

15. ……　　　　马8进7　　　**16.** 炮五平八　马7进6

17. 车八平四　车9进1

黑方起横车，着法灵活，黑棋反选。

18. 车二平三　马6进4　　　　**19.** 车四平七　车9平7

20. 车三进二　车6平7　　　　**21.** 兵七进一　卒3进1

22. 马七进六　卒3平4

黑方双卒过河，红方残局将陷入被动。

23. 车七进八　车7进2　　　　**24.** 炮八退二　……

退炮稳健的选择。如炮八进三，车7平2，红方子力反而更加受制，黑方
优势明显。

24. ……	士5进6		**25.** 车七退四	士4进5
26. 仕四进五	卒7进1		**27.** 车七退四	士5退4
28. 炮八进五	车7平2		**29.** 炮八平六	卒7平6
30. 炮六平三	将5进1		**31.** 车七退一	将5退1
32. 车七进一	将5进1			
33. 车七退一	将5退1			
34. 车七退一	车2平5			
35. 炮三退八（图48）	……			

退炮坏棋，应走车七平六，炮5进4，炮三平一，炮5平2，仕五退四，炮2平5，仕四进五，黑方一时也没好的攻击手段。

35. ……	卒4进1
36. 兵九进一	士6退5
37. 炮三平一	炮5进4
38. 车七平一	卒6进1
39. 帅五平四	卒6进1

黑方弃卒，入局简明。

40. 帅四进一	车5平6

黑胜。

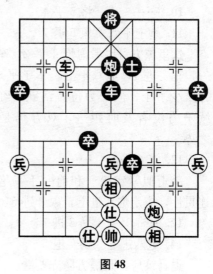

图48

41. 仕五进四　将5平6

第25局　黑龙江陶汉明 负 北京王跃飞

象甲第五轮，黑龙江队主场迎战北京队，在第一、三、四台相继战和的情况下，北京王跃飞大师顶住压力，战胜陶汉明，为北京队客场取胜立下战功。

1. 炮二平六	卒7进1		**2.** 马二进三	马8进7
3. 车一平二	车9平8		**4.** 车二进六	卒3进1
5. 马八进九	炮2平4（图49）			

平炮是一步新着。以往多走马2进3，炮八平七，马3进4，车二平三，象7进5，车九平八，马4进6，车三平四，马6进7，炮七平三，炮2平4，双方大体均势。现在黑方先走士角炮，局势会有微妙的变化。

6. 炮八平七	象7进5		**7.** 车九平八	炮8平9
8. 车二进三	马7退8		**9.** 车八进八	士6进5
10. 炮六进七	……			

进炮打士，击中要害，反映出陶特大敏锐的攻杀感。这里红方如果求稳，也可以选择炮七平八，不过一向擅长乱战的陶特大岂能放过这样的机会呢？

10. ……   将5平4

11. 炮七平八   象5退7

这里黑方可以考虑炮4平2，车八进一，车1进1，炮八平五，车1平3，黑方虽少了士，但子力位置活跃，红方后续子力没有及时跟进，双方仍是两分之势。

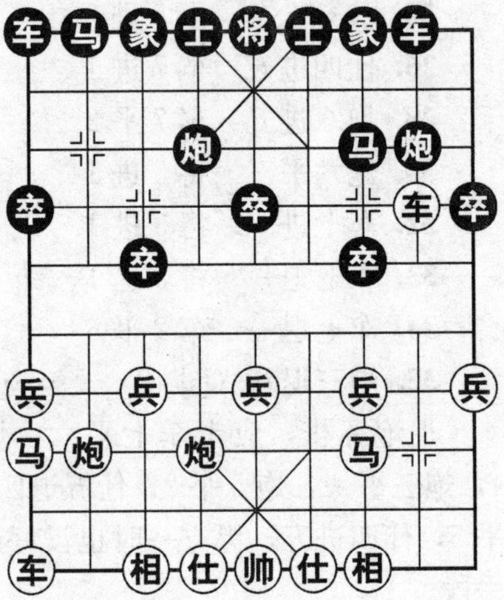

12. 车八平五   ……

杀士似紧实松。和前一手平炮失去连贯性，应走炮八进七，象3进5，兵九进一，红方优势。

图49

12. …… 马8进7		**13. 车五平八 象3进5**
14. 炮八进七 马7退5		

退马策应，是黑方防守要着。

15. 车八退四 炮4平2	**16. 炮八退一 车1进1**
17. 炮八进一 车1退1	**18. 炮八退一 车1进1**
19. 炮八进一 车1退1	**20. 炮八退一 车1进1**
21. 炮八进一 炮2退1	**22. 兵七进一 卒3进1**
23. 车八平七 马5进3	**24. 相三进五 ……**

红方飞相缓着，应改走炮八平三，炮2平3，车七平六，将4平5，炮三退二，炮3进8，仕六进五，车1平2，炮三平七，红方易走。

24. …… 将4平5	**25. 仕四进五 车1进1**
26. 车七平八 车1退1	**27. 车八平七 车1进1**
28. 车七平八 车1退1	**29. 车八平七 车1进1**
30. 车七平八 车1退1	**31. 车八平七 车1进1**
32. 车七平八 车1退1	**33. 炮八平九 ……**

无奈，红方车八平七和车七平八都是捉，黑方进车退车都是闲，红方必须变着。

33. …… 炮2平7	**34. 炮九平八 卒7进1**
35. 相五进三 炮7平2	**36. 炮八平三 象5退7**
37. 相三退五 炮2平7	**38. 车八平三 马3进4**

39. 兵一进一　车1平6

41. 车三进三　车6平4

43. 马三进二　象7进5

44. 车三退一　炮7平5

45. 车三平一　炮3退2

46. 马二进三　象5退7

47. 马三进二（图50）……

败着。应走车一退一，马4进5，车一平七，炮3平4，兵一进一，车4进1，马九进七。黑方缺士，防守困难。

47. ……　　　炮5进1

48. 马二退四　车4平6

49. 马四退三　炮5进4

50. 马三进五　马4进3

51. 马九退七　车6平8

黑胜。

40. 兵九进一　炮9平5

42. 兵三进一　炮5平3

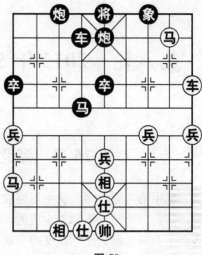

图50

第六轮　2012年5月16日弈于各队主场

第26局　湖北洪智　胜　四川郑一泓

象甲第六轮，湖北队主场迎战四川队。在湖北队主帅柳大华不敌四川郑惟桐，第三台李雪松战和李少庚的不利情况下，汪洋和洪智两将分别擒下四川的孙浩宇和郑一泓为湖北队反败为胜立下战功。特别是第四台的洪智特级大师战胜郑一泓特级大师这盘棋尤为精彩，请看实战。

1. 炮二平五　马8进7　　　　**2.** 兵三进一　卒3进1

3. 马二进三　马2进3　　　　**4.** 车一平二　车9平8

5. 马八进九　卒1进1　　　　**6.** 车九进一　……

先起横车是近年流行的下法，与传统的五七兵进三兵相比较，这路变化一改五七炮进三兵平稳变化，双方易演成对攻之势。

6. ……　　　　卒1进1　　　**7.** 兵九进一　车1进5

8. 炮八平七　车1平7

此时黑方没有必要再走马3进2还原成常见阵势，平车吃兵攻击犀利。

9. 车九平八　马3进4　　　　**10.** 车二进三　……

进车兵线稳健。如车二进六，则炮2平4，车八进三，车7进1，兵七进一，象3进5，红方无趣。

10. ……　　　　士6进5　　　**11.** 兵五进一　炮2平3

如车7平5，则车八进三，马4退6，马三进五，车5平2，马九进八，红优。

12. 车八进六（图51）　……

进车逼炮着法积极。如车八平六，则马4退6，马九进八，卒7进1，马八进六，马6进8，车二平五，马7进6，双方相互纠缠，黑方足可抗衡。

12. ……　　　　炮3平6

稍缓，可以考虑马4退6，马九进八，炮3平5，仕六进五，马6进5，黑方阵型舒展，足可抗衡。

13. 马九进八　马 4 进 6

14. 马三进四　车 7 平 6

15. 车八进二　车 6 平 5

随着红方不断对黑方阵地施加压力，黑方终于走出恶手，这着棋改走象 7 进 5 较为稳健。

16. 炮七平九　炮 8 进 2

进炮准备还架中炮，与红方展开对攻，从实战来看，黑方的这个反击计划并不成功。黑方此时宜走象 3 进 1 不让红炮沉底，以下仕六进五，炮 8 平 9，车二平六，卒 7 进 1，黑方足可抗衡。

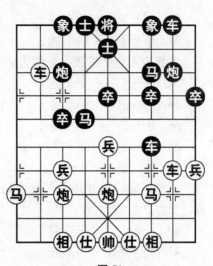

图 51

17. 炮九进七　象 7 进 5　**18. 车二平六　炮 8 平 5**

19. 仕六进五　炮 5 进 3　**20. 相三进五　士 5 进 4**

支士必走之着，否则车六进五压象眼，黑方速败。

21. 马八进九　车 8 进 5　**22. 炮九平七　……**

入局的佳着，红方先弃后取赚得一士一象以后，利用黑方子力不能及时回防的弱点，双车马攻势猛烈。

22. ……　　　象 5 退 3　**23. 车六进四　车 5 平 4**

24. 车六平四　马 7 退 6　**25. 车八平七　……**

棋谚：缺士怕双车。黑方九宫之中仅有一士，红方最佳的子力配置是双车联攻，其次红方也可以选择车马兵的子力配置同样可以有效地攻击黑方。

25. ……　　　车 8 平 6

26. 车四平八　车 4 退 2

27. 马九退七　车 6 平 4

28. 兵七进一（图 52）　……

冲兵稍缓，改走车八平四更为紧凑。试演一例：车八平四，卒 5 进 1，兵七进一，后车退 2，车七退三，士 4 进 5，车四退一，红方大优。

28. ……　　　卒 5 进 1

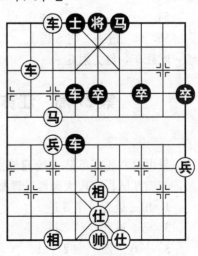

图 52

29. 车七退一　后车退2　　**30.** 车七退一　士4进5

31. 车七平一　后车进2　　**32.** 车一退一　……

洪智也不急于进攻，吃掉边卒，稳步推进。

32. ……　　卒5进1　　**33.** 车八进二　士5退4

34. 车八退六　前车退1　　**35.** 马七进八　后车平5

36. 兵七进一　车4退2　　**37.** 车一退一　车5退1

38. 马八退九　车5平9　　**39.** 兵一进一　车9进2

40. 兵一进一　……

兑车以后，黑方并没有改变局面。而红方车马双兵联攻，稳稳地控制局势，黑方已呈败势。

40. ……　　车4平6　　**41.** 兵一进一　车6进1

42. 兵一平二　马6进5　　**43.** 车八进一　卒5平6

44. 马九进八　卒7进1　　**45.** 兵二进一　车6退1

46. 马八退六　车6平8　　**47.** 车八平四　……

双交换一兵（卒）以后，黑方已经彻底丧失抵抗能力。

47. ……　　士4进5　　**48.** 车四进四　士5进4

49. 兵七进一　马5进7　　**50.** 车四退二　马7退8

51. 兵七进一　车8平5　　**52.** 车四平二　马8退6

53. 车二平三　马6进8　　**54.** 车三进二　……

红方通过对黑马的打击，迫使黑马离开九宫，不能参与到防守中来，老练。

54. ……　　马8进9　　**55.** 兵七平六　车5平4

56. 车三进一　将5进1　　**57.** 车三平六

吃死车，红方胜定。

第 27 局　江苏徐天红 胜 浙江程吉俊

象甲第六轮江苏队主场迎战浙江队，封刀多年的徐天红特级大师重出江湖，与浙江队程吉俊大师展开激战，最终取得胜利。

1. 相三进五　卒3进1　　**2.** 炮八平七　象3进5

3. 马八进九　马2进3　　**4.** 车九平八　车1平2

5. 车八进四　炮2平1　　**6.** 车八平四　……

双方以飞相对仙人指路布阵。红方避兑有两种选择一是车八平四，二是车八平六。通常的理论认为，车八平六可以有效地控制黑方的3路马，所以多数棋手会选择车八平六的下法，实战中一向棋风稳健的徐天红特级大师则选择了变化激烈的车八平四的下法，着实有些出人意料。

6. ……　　马8进9

7. 兵一进一　车9进1（图53）

新着，以往曾出现两种下法：①士4进5，兵九进一，炮8进2，马二进一，卒1进1，车一进一，炮1进3，车一平六，卒7进1，大体均势；②卒1进1，马二进一，士4进5，仕四进五，车2平4，马一进二，炮8平6，炮二平四，车9平8，大体均势。现在黑方在这里做了改进，起横车加快进攻节奏，也是深得棋理的下法。

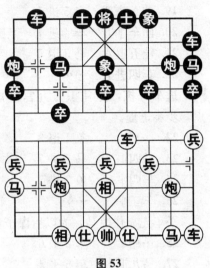

图53

8. 马二进一　车9平4

9. 仕四进五　……

黑方大军集结在红方左翼，此时红方没有贸然进攻，而是选择补仕也是非常稳健的走法。

9. ……　　卒1进1　　　　**10. 马一进二　炮8进5**

11. 炮七平二　士4进5

至少双方各自将兵力集中本方的右翼，形成各攻一翼的态势。这样阵势下，更注重双方的进攻速度及子力的配合，一场大战即将开始。

12. 车一平四　车2进3　　　**13. 马二进一　车4进3**

14. 炮二进五　象5退3

退象坏棋，被红方乘机扩先。黑方应走车2退1，以下前车平二，炮1退2，兵九进一，卒1进1，车二平九，炮1平4，黑方虽然委屈但局势尚可。

15. 炮二平九　象3进1　　　**16. 马一进三　……**

进马叫杀，气势逼人。

16. ……　　将5平4　　　　**17. 马三进四　……**

进马踏士，简明有力。

17. ……　　车4退2（图54）

面对红方一连串的攻势，黑方明显缺乏心理准备，退车士角有些心浮气躁的感觉。此时冷静的下法是车2退1，前车进二，马3进2，黑方尚可周旋。

18. 兵一进一　……

黑车离开巡河要冲，红棋乘势进兵，
不给黑方以喘息的机会。

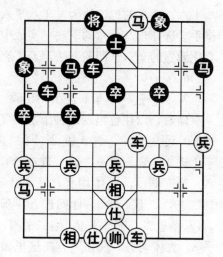

图 54

18. ……	卒 7 进 1
19. 前车进四	卒 5 进 1
20. 前车平五	车 4 进 7
21. 仕五退六	马 3 退 5
22. 车四进七	……

进车好棋，抓住黑方九宫空虚的弱
点，步步进逼。

22. ……	象 1 退 3
23. 马四退三	马 5 进 7
24. 车四平三	象 3 进 5
25. 车三平二	……

平车先靠住黑马，为以后谋子创造条件。

25. ……	车 2 平 6	**26.** 仕六进五	车 6 平 5
27. 马九退七	车 5 平 4	**28.** 马七进八	车 4 平 1
29. 兵七进一	卒 3 进 1	**30.** 相五进七	

黑车不敢离开卒林线，这样红马就可以长驱直入，配合边兵吃死黑马，于
是黑方投子认负。

第 28 局　北京王天一 胜　上海万春林

1. 炮二平五	马 8 进 7	**2.** 马二进三	车 9 平 8
3. 车一平二	卒 7 进 1	**4.** 车二进六	马 2 进 3
5. 马八进七	卒 3 进 1	**6.** 车九进一	……

红方起横车以后，形成经典的中炮直横车对屏风马两头蛇的阵型。双方攻
守变化尖锐，易形成对攻局面。

6. ……	炮 2 进 1	**7.** 车二退二	象 3 进 5
8. 兵三进一	炮 2 进 1	**9.** 兵七进一	炮 8 进 2

第 8、9 回合红方邀兑三、七路兵，黑方相继升起左右炮守河，就形成了
典型的四兵（卒）相见的局。随后，双方的巡河一结，就成为进攻和防守的
焦点。

10. 车九平六　……

平车占肋，控制要道。

10. ……　　士4进5

红方退炮，准备续走炮八平七威胁黑方3路线。

11. ……　　卒7进1

兑7卒，策划弃子反击方案。

12. 车二平三　卒3进1（图55）

黑方过卒弃马，力争主动的走法。如改走马7进6，炮八平七，卒3进1，车三平七，马3进4，马三进四，马4进6，车七平四，红方易走。

13. 车三平七　……

稳健。如车三进三吃马接受挑战，则炮2平3，车三退三，炮3进3，双方攻守复杂。

13. ……　　炮8平3

14. 马七退五　……

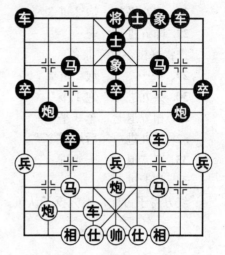

图55

退马窝心是保留变化的下法，这是近年兴起的下法。以往多走车六进七，炮2退4，双方另有攻守。

14. ……　　车8进4　　**15. 车六进二　马3进4**

进马改进之着。在2010年藏谷私藏杯全国象棋个人赛才溢对徐超时，徐超应在车1平3，以下炮五平六，马3进4，车七平九，卒1进1，车九平三，红方先手。

16. 炮五平六　车8平7　　**17. 马三进二　车1平3**

18. 相七进五　马4退6　　**19. 马五进三　炮3退2**

20. 炮六平九　……

平炮稍缓，可走车七进二较为紧凑。

20. ……　　马6进8

进马稳健，但局面缺少变化。不如象5进3，车七平四，马6进8，黑方防御阵地非常协调，较实战要好得多。

21. 炮九进四　炮2进3　　**22. 车七退二　车7平1**

23. 车六进三　炮2退6　　**24. 炮九平五　……**

炮打中卒是非常实惠的一着棋，这样红车控制卒林线，取得多兵的优势。

24. ……　　马7进5　　**25. 车六平五　炮3平1（图56）**

败着。应走车1平4，车五平一，车3平4，仕六进五，炮3平4，黑方阵型稳固，红方一时也没有突破的办法。

26. 车七进七　象5退3

27. 车五平二　车1平3

28. 炮八平二　炮2进8

29. 帅五进一　……

进将好棋，攻守兼备。

29. ……　　　炮1进2

30. 兵九进一　炮1平2

31. 相五退七　车3平4

32. 兵九进一　后炮进3

33. 车二退一　车4进5

34. 相七进五

红方得子占优，黑方投子认负。

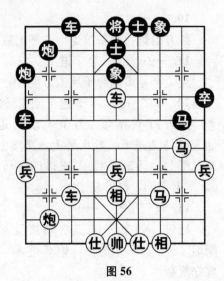

图 56

第 29 局　北京张强 胜 上海陈泓盛

1. 相三进五　卒3进1　　　　　**2.** 炮八平七　……

平炮是很有针对性的下法，利用兵底炮的控制力抢先出子。

2. ……　　　象3进5

飞象降低红方兵底炮的效率，正确。

3. 马八进九　马2进3

4. 车九平八　车1平2

5. 兵三进一　马8进9

6. 马二进三　车9进1

7. 仕四进五　车9平7（图57）

以上双方布局均属正常下法。黑方
平车准备开通7路线不失为一种选择，但
同样给红方让出了四路线，效果不佳。
从双方以后的走势来看，还有应走车9平
6较为稳健。

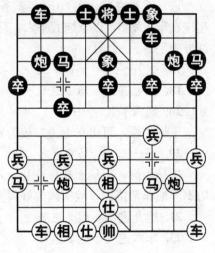

图 57

8. 车一平四　卒7进1

9. 兵三进一　车7进3　　　　**10.** 车八进六　炮8进1

进炮打车似先实后。应走炮2平1，车八进三，马3退2，兵九进一，马2
进3，双方大体均势。

11. 车八退二　士6进5　　　　**12.** 兵九进一　……

挺兵活马，解决盘面唯一的弱点，红方布局满意。

12. ……　　　卒9进1　　　　**13.** 马三进四　车7平5

14. 车八平五　……

稳健，也可走兵七进一，挑起战火。

14. ……　　　炮2进5　　　　**15.** 车五进一　卒5进1

16. 兵七进一　马3进2

跃马强攻似先实后。应走卒3进1，炮七进五，炮2平8，炮七平一，象7进9，车四进二，前炮退2，黑方足可抗衡。

17. 兵七进一　马2进3　　　　**18.** 兵七进一　车2进4

19. 炮二进二　士5进6

坏棋，雪上加霜。应走炮8平6，车四平三，炮6退3，仕五退四，士5进6，黑方足可抗衡。

20. 车四平三　士4进5　　　　**21.** 兵七平六　炮8平9

22. 车三进三　马3进1　　　　**23.** 炮七平九　炮2退1

24. 车三进四　炮9进3

25. 兵六平五　……

平中兵，红方已然发动攻势。

25. ……　　　炮2进3（图58）

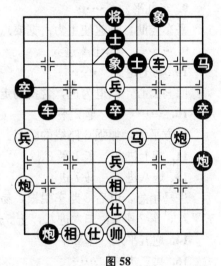

图58

败着。改走炮9退1较为顽强。以下炮二退二，卒5进1，后兵进一，车2平6，马四退二，炮2平5，黑方尚可周旋。

26. 炮九进四　炮9退1

27. 炮二进四　卒5进1

28. 后兵进一　车2平6

29. 炮二平四　车6平4

30. 马四退三　车4进1

31. 前兵进一　车4平5

32. 马三进四　士5退6　　　　**33.** 车三平四　……

吃士稳健，更为迅速入局的手段是炮九平五，士6退5，车三退二，以下车三平八，红方速胜。

33. ……　　　炮2退7　　　　**34.** 炮九平五

行棋至此，黑方认负。因为以下黑方只能走车5退2，马四进五，炮2平6，兵五平四，形成马炮双兵仕相全对马炮卒单士象的残局，黑方也是败定。

第30局 黑龙江聂铁文 胜 山东卜凤波

1. 炮二平五	马8进7	2. 马二进三	卒7进1
3. 车一平二	车9平8	4. 车二进六	马2进3
5. 马八进七	卒3进1	6. 车九进一	炮2进1
7. 车二退二	象3进5	8. 兵七进一	……

双方形成中炮直横车对屏风马两头蛇的阵势，红兑七兵活通左马是这个局面下的主要变例。

8. ……　　　炮8进2（图59）

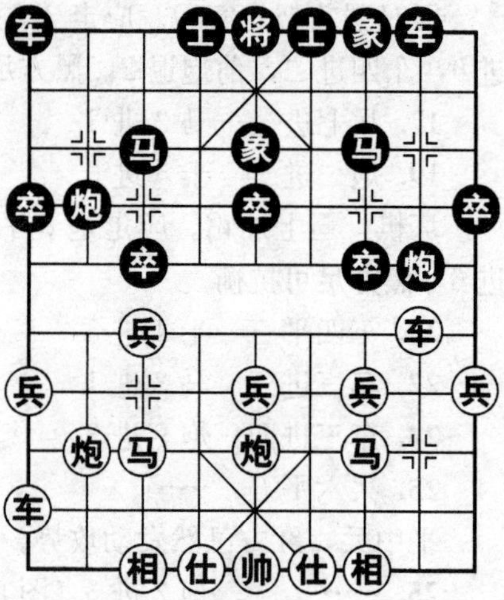

黑方进炮守河护卒，稳健的走法。如改走炮2平3，则马七进八，炮3进2，相七进九，炮3进1，兵三进一，红方易走。

9. 车九平六　……

平车控肋，迅速使主力占据要点。

9. ……　　　士4进5

10. 马七退五　……

回马窝心，以退为进，含蓄的走法。

10. ……　　　炮2平3

黑方平炮，加强3路线的防范。稳健。

图59

11. 相七进九	车1平2	12. 兵七进一	象5进3
13. 炮八进二	马7进6		

进马稍急，以后8路车脱根，易为红方乘。这里黑方还应走象3退5，炮五平八，车2平4，车六进八，士5退4，黑方阵型工整，双方大体均势。

14. 炮五平八	车2平4	15. 车六进八	士5退4
16. 兵三进一	……		

冲兵打破僵局，主动，也可选择马五进六。

16. ……	卒7进1	17. 车二平三	象7进5
18. 车三平四	马6退7	19. 马五进六	炮8进3

临场卜特大感觉红方进攻速度较快，所以选择进炮兑炮的下法，一是希望能通过兑子延缓红方的攻击速度；二是拓展黑方8路车的空间。

20. 后炮平五	士6进5	21. 车四平六	炮8平5

22. 相三进五　马7进6

23. 车六进一　车8平6

24. 炮八进二　马3退1（图60）

坏棋，马退边路以后不好调整，这里应走马3退2，炮八平五，车6进3，车六平七，马6进5，马三进五，车6平5，车七平五，车5进1，马六进五，炮3平5，后马进四，象5退3，黑方虽然少象，但马炮的子力配置要优红方的双马，而且黑方消平红方中兵以后，红方已经没有取胜的办法，双方局面平稳，和意较浓。

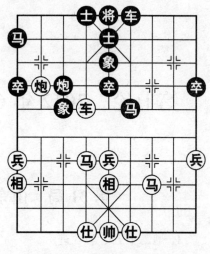

图60

25. 炮八平五　车6进3

26. 车六平七　车6平5

实战中的交换结果，红方胜算很大。

27. ……　　　炮3进4

27. 车七平四　……

28. 马三进四　马1进3

29. 马六进五　……

进马好棋，黑方陷入困境不能自拔。

29. ……　　　炮3退3

30. 马五退七　马3进2

31. 车四平七

红方得子占势，黑方认负。

· 67 ·

第七轮 2012年6月6日弈于各队主场

第31局 山东孟辰 负 北京蒋川

1. 炮二平五 马8进7	2. 马二进三 车9平8
3. 车一平二 卒7进1	4. 车二进六 马2进3
5. 兵七进一 马7进6	

蒋川选择了以左马盘河应对红方的中炮过河车进七兵的着法，黑方的这种下法，进攻性强，变化复杂，是攻击型棋手常采用的变化。从阵型特点上看，黑左马盘河以后，伏有进7卒的反击手段，借以摆脱车炮受牵，但中卒只有一马看守，中防较弱而易受到攻击。

6. 马八进七　象7进5

冲中兵直取黑方薄弱的中路，这是红方常见的攻着。

7. ……　　卒7进1

8. 车二平四　马6进7

9. 马三进五（图61）　……

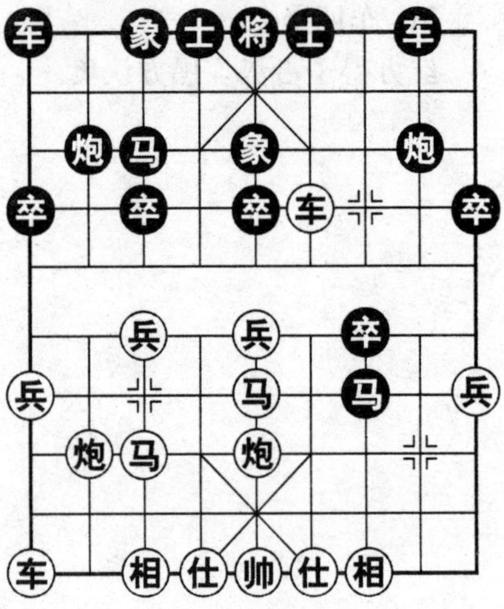

此时红方布局进入一个"十字路口"，除实战中的马三进五以后，红方另有兵五进一的下法，以下卒5进1，马三进五，卒5进1，马五进三，炮8平7，车四退三，车8进5，炮五平三，卒5平6，车四进一，马3进5，车四退一，车1进1，双方互缠。

9. ……　　炮8进7

利用红方右马盘头而上的机会，左炮沉底，正着。

10. 车九进一　……

7. 兵五进一　……

图61

起横车支援左翼必然。如兵五进一，炮8平9，炮八进二，车8进9，炮八平三，马7进6，马五退三，马6退4，帅五进一，车8退1，车四退五，车8平6，帅五平四，车1进1，红帅位不安，还要进行必要的调整，黑方反先。

10. ……	炮8平9	**11.** 车九平三	车8进9
12. 兵五进一	炮9平7	**13.** 帅五进一	车1进1
14. 兵五进一	……		

冲兵似急实缓。可以走马五进三，马7进5，炮八平五，炮2进6，兵五进一，士4进5（如炮2平7，则兵五进一，红方弃车有攻势），兵五进一，象3进5，帅五平四，将5平4，车四平六，车1平4，车六进二，将4进1，车三进二，双方对攻。

14. ……	车1平8	**15.** 兵五进一	炮2平5
16. 炮五进五	前车退1	**17.** 车三平二	车8进7
18. 马五退四	象3进5		

双方子力交换以后，黑方四子归边，红方防守已经非常困难。

19. 马七进五	士4进5	**20.** 炮八平五	炮7平9
21. 炮五进五	士5进6	**22.** 炮五退二	炮9退1

当前虽属于对攻的局面，但是黑方进攻的速度明显快于红方。

23. 帅五退一	炮9平6	**24.** 车四平五	将5平4
25. 车五平六	将4平5		
26. 车六平五	将5平4		
27. 车五平六	将4平5		
28. 马五进四（图62）	……		

败着，红方改走马五进三较为顽强。

试演一例：马五进三，车8退4，炮五退二，炮6平9，马三进五，士6进5，马五退四，士5退4，车六平五，将5平6，车五进一，局势仍不明朗。

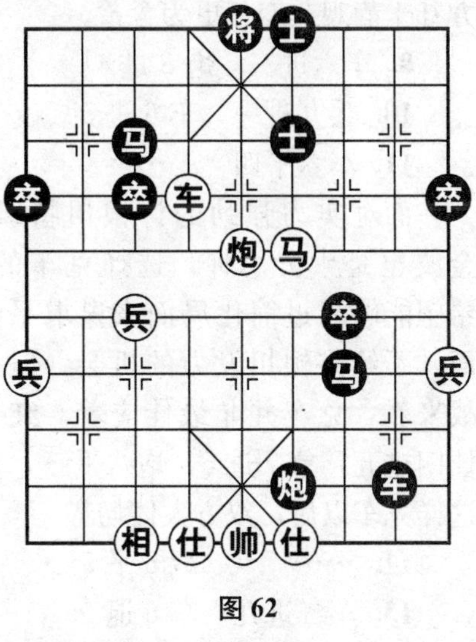

28. ……	车8退4
29. 车六平五	将5平4
30. 马四进五	士6进5
31. 车五平六	将4平5
32. 车六退一	卒7平6

33. 马五退七　将5平6

出将稳定后防，红方已经没有任何反扑的机会。

图62

34. 车六退二　车 8 平 7

保马以后，伏炮 6 平 9 的手段，黑方多子占势，红方认负。

第 32 局　河南金波 负 广东许银川

2012 年第七轮河南队与广东队相遇。第一台金波与许银川相遇，这盘棋许银川利用深厚的中残局功力迫使金波超时作负。

1. 炮二平五　马 8 进 7　　　**2. 马二进三　车 9 平 8**

3. 车一平二　马 2 进 3　　　**4. 兵三进一　卒 3 进 1**

5. 马八进九　车 1 进 1

起横车避开红方选择五七炮的变化。

6. 炮八进四　……

红方如仍走炮八平七，马 3 进 2，马三进四，车 1 平 6，马四进五，马 7 进 5，炮五进四，炮 8 进 4，黑方反先。

6. ……　　　马 3 进 2　　　**7. 车九进一　车 1 平 6**

8. 车九平六　士 6 进 5（图 63）

新着。以往曾出现车 6 进 3 的下法，以下炮八平三，象 7 进 5，车二进六，卒 1 进 1，炮三平一，红方先手。实战中黑方补士静观其变，更为含蓄。

9. 车六进三　炮 8 进 4

10. 兵九进一　车 6 进 5

11. 车六平四　……

面对实力强劲的许银川特级大师，金波也是十分忌惮，选择兑车的下法，希望能够通过简化局面来谋求平稳的局面，不给许银川发力的机会。但是从实战来看，兑车并非最佳应着，红方宜走

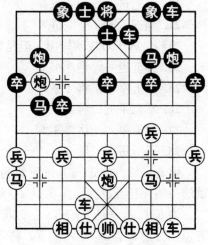

图 63

仕四进五，象 7 进 5，炮八平三，车 8 进 4，相三进一，车 8 平 6，车二平四，这样兑车以后，双方大体均势。

11. ……　　　炮 8 平 5　　　**12. 仕六进五　车 6 退 1**

13. 车二进九　车 6 退 5　　　**14. 车二退六　炮 5 退 1**

15. 炮八平三　马 2 退 3

黑方也可走象 7 进 5，车二平五，炮 5 进 2，相三进五，马 2 退 3，双方大

体均势。

16. 兵七进一 卒 3 进 1   **17.** 马三进五 ……

进马坏棋，仍应走车二平五，炮 5 进 2，相三进五，大体均势。

17. …… 卒 3 平 4   **18.** 炮五进二 卒 5 进 1

冲卒紧着，由此可以见，第 17 回合红方进马的计划是不成立的。

19. 炮五平四 车 6 进 5   **20.** 炮三进三 卒 5 进 1

21. 马五退三 车 6 退 4

逼迫红马以后再退车回援后方，稳健。

22. 马九进八 象 3 进 5   **23.** 相七进五 车 6 进 3

24. 炮三平一 车 6 平 8   **25.** 车二进二 马 7 进 8

兑车以后，黑方更易控制局势，至此，许银川牢牢地控制局势，金波大师想要谋和势比登天。

26. 马八进七 士 5 进 6   **27.** 炮一平二 马 3 进 5

28. 炮二退三 士 4 进 5

攻不忘守，通过调整双士的方向先稳住后防，再徐图进取，这正是许氏的风格。

29. 马三进二 炮 2 进 1

30. 兵一进一 卒 5 平 6

31. 马二退三（图 64）……

退马造成局势恶化，红方应走炮二进一，象 5 进 3，炮二退一，卒 6 平 7，相五进三，卒 4 平 3，相三退一，红方局势尚可。

31. …… 卒 4 平 5

32. 仕五进六 马 8 进 7

33. 炮二退三 ……

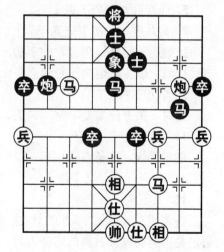

图 64

可改走炮二平四，卒 6 进 1，仕六退五，象 5 进 3，兵三进一，炮 2 进 2，相五进七，卒 5 进 1，兵三进一，较实战顽强。

33. …… 炮 2 进 4   **34.** 炮二平一 卒 6 平 7

35. 炮一进三 马 7 退 9   **36.** 马三退五 卒 7 平 6

这一着许银川下得不急不缓，仍对红棋形成围困之势。

37. 马五退七 炮 2 退 1   **38.** 仕六退五 马 9 退 7

39. 炮一退三 炮 2 平 8   **40.** 后马进八 炮 8 退 3

41. 马七退八　马7进8　　**42.** 前马进六　马5进4

金波大师超时，作负，不过就棋而论，金波大师也是难以挽回败势，这盘棋许银川再次展现出过人的局面掌控能力，非常值得我们学习。

第33局　河南黄丹青 负 广东许银川

联赛第七轮河南队主场迎战广东队，在慢棋比赛中许银川后手战胜金波大师，为广东队赚得一分，但是在双方第三台的一盘较量中河南武俊强大师战胜了广东庄玉庭特级大师，双方以1胜1负2和的成绩打成平手。这样双方不得不加赛快棋，在这盘快棋的较量中，许银川特级大师战胜河南黄丹青，为广东取得宝贵的1分。

1. 炮二平五　马8进7　　**2.** 马二进三　车9平8

3. 车一平二　马2进3　　**4.** 兵三进一　卒3进1

5. 马八进九　卒1进1　　**6.** 车九进一　卒1进1

7. 兵九进一　车1进5　　**8.** 炮八平七　炮8进2

进炮巡河是许银川喜欢的下法。黑方的战术意图是通过车1平7吃掉红方三兵以后，以8路炮为纽带建立一个"河头堡垒"，策应双马活通。

9. 车九平六　车1平7　　**10.** 车六进七　卒7进1

此时，黑方阵型是非常协调的。

11. 车二进三　……

进车兵线，准备右车左移。

11. ……　　　　　马7进6

12. 兵五进一　车7进1

进车邀兑，打破红方的计划。同时通过兑车削弱红方右翼的防守力量。

13. 车二平三　马6进7

14. 兵七进一　车8进2

15. 仕六进五（图65）　……

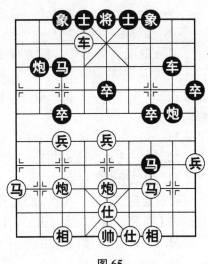

图65

补仕稍缓。宜走炮七进三，车8平4，车六退一，炮2平4，炮七平二（炮七进四，士4进5，黑方子力活跃，易走），马7退8，马三进四，马8退7，大体均势。

15. ……　　　　　卒3进1

由于红方补仕放缓了节奏，黑方得以从容过卒。

16. 马三进五　卒 3 进 1　　　**17.** 马九进七　炮 8 进 2

18. 车六平八　……

宜走车六平七较为紧凑，以下炮 8 平 5，车七退一，车 8 平 3，炮七进五，红方足以抗衡。

18. ……　　炮 2 平 1　　　**19.** 车八退一　炮 8 平 5

20. 马七进六　……

临场红方形势判断有误，误以为可以利用黑方车马被牵制的弱点，进马踏双谋得攻势。其实红方此时还应走车八平七兑车简化局势较为顽强。

20. ……　　炮 1 进 7

面对红方的失误，许银川毫不手软，沉底炮叫将，展开攻击。

21. 相七进九　马 7 进 5

22. 相三进五　炮 5 平 2（图 66）

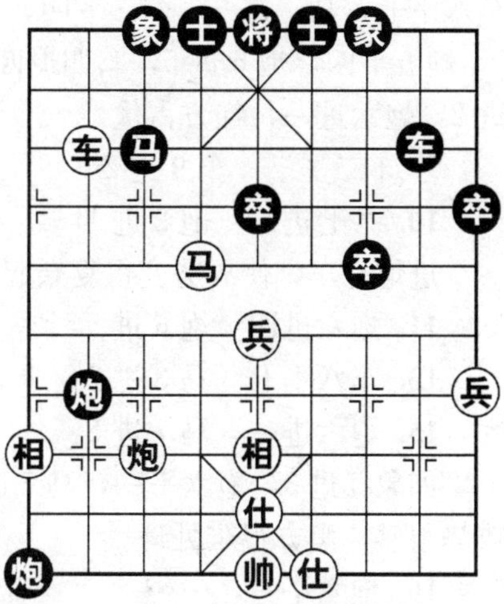

献炮冷着，红方如退车吃炮，则马 3 进 4，黑方多子占优。又如炮七进七，士 4 进 5，炮七平九，炮 1 退 9，马六进七，炮 1 平 4，黑车反牵住红方车马。

23. 炮七平八　……

黄丹青思索一会儿，决定平炮拦炮，从气势上已经输了一筹。

23. ……　　车 8 平 4

24. 马六进七　炮 1 平 2

平炮精妙，这样红方车马炮被牵死。

图 66

25. 兵一进一　象 7 进 5　　　**26.** 炮八退一　卒 7 进 1

27. 仕五进四　卒 7 平 6

黑车牵死红方车马，然后平卒吃掉中兵，以后再中卒过河，红方胜定。

第 34 局　浙江赵鑫鑫 负 广西黄仕清

象甲第七轮，浙江队主场迎战升班马广西队。六轮过后浙江队六战全负，排名垫底，形势不容乐观；广西队取得了两胜四负的成绩，排名第七。

1. 炮二平五　马 2 进 3　　　**2.** 马二进三　炮 8 平 6

3. 车一平二　马 8 进 7　　　**4.** 炮八平六　卒 3 进 1

5. 马八进七　车 1 平 2　　　**6.** 车九平八　卒 7 进 1

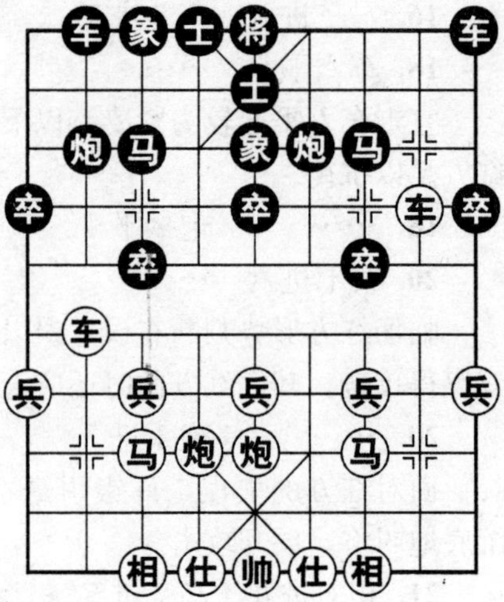

双方以五六炮对反宫马开局，黑方选择较为少见的两头蛇阵势应战，想来黄大师是有备而来。

7. 车八进四　　象7进5

8. 车二进六　　士6进5（图67）

补士稳健。在去年联赛中，广东李鸿嘉大师对阵赵鑫鑫特级大师时，李曾走车9进2，以下兵七进一，卒3进1，车八平七，马7进6，车二平四，马6进7，炮五平四，炮6进5，车四退四，马3进2，炮六进一，红方占优。

9. 车二平三　　车9进2

10. 兵七进一　　炮2进1

进炮打车，使局势变得复杂起来。

图 67

11. 炮六进四　　炮6进5　　　**12.** 炮五退一　　卒3进1

13. 车八平七　　马3进2　　　**14.** 车七进一　　卒5进1

15. 炮六进一　　马7进5

如象5进3，炮六平一，马7退9，车三平四，炮6平4，马七进六，红方攻势很盛，黑方很难处理。

16. 炮六平一　　……

此时红方交换黑车失误，错失战机。应炮六退一，黑方只能炮6退3，车七进一，炮2平4，车三平五，炮6退4，车五平四，红方占优。

16. ……　　　　炮2平7　　　**17.** 车七平五　　马5退7

18. 炮五平二　　……

平炮失先，应走炮一进二，炮6进1，车五退一，炮7进3，马三退一，车2进3，车五平二，红方先手。

18. ……　　　　马2进3　　　**19.** 炮二进六　　炮7进3

20. 炮一进二　　将5平6　　　**21.** 仕四进五　　炮6进1

22. 炮二进二　　将6进1　　　**23.** 炮二平七（图68）　　……

贪攻忘守，败着。应走马三退一，车2进4，车五平八，马3退2，炮二退七，马2进3，炮一平三，炮6平8，仕五退四，红方足可抗衡。

23. ……　　　　炮7进3　　　**24.** 炮七退一　　士5进4

25. 仕五进四　　车2进8

进车紧凑，伏有炮7平9再炮6平8的手段，红方已经很难抵挡。

26. 车五进二　炮7平9
27. 仕六进五　……
改走炮七退四较为顽强。
27. ……　　　炮6平8
28. 帅五平四　车2退5
29. 炮七退四　炮8进1
30. 帅四进一　车2平8
31. 炮七平二　炮8退3
应走马7进6更为紧凑有力，黑方速胜。
32. 仕五进六　炮8平7
33. 炮二平八　车8进5
34. 帅四退一　车8平7
35. 炮一退二　炮7平8
37. 炮八平一　炮9平7
黑胜。

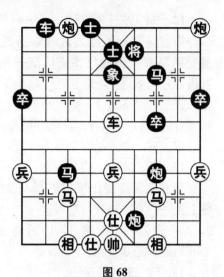

图68

36. 车五平四　将6平5

第35局　浙江于幼华 胜 广西李鸿嘉

象甲第七轮浙江队与升班马广西队相遇，在第一台赵鑫鑫不敌黄仕清大师的情况下，浙江队三军用命，第二台黄竹风战胜党斐、第三台程吉俊战胜潘振波，第四台于幼华特级大师宝刀不老战胜了广西李鸿嘉大师。

1. 炮二平五　马8进7　　　2. 马二进三　车9平8
3. 车一平二　马2进3　　　4. 兵三进一　卒3进1
5. 马八进九　卒1进1　　　6. 炮八平七　马3进2
7. 车九进一　象3进5　　　8. 车九平六　车1进3
9. 车二进六　炮8平9　　　10. 车二进三　……
双方形成五七炮进三兵对屏风马常见阵型。此时红方兑车是较稳健的变化，红方较易控制局面。如车二平三避兑，则炮9退1，双方变化复杂，黑方在反击中多个反先手段，红方先手不易掌握。

10. ……　　　马7退8　　　11. 马三进四　士6进5
补士稳健，另有马8进7的下法，以下马四进三，士6进5，炮五平二，卒5进1，马三进一，象7进9，炮七平五，车1平8，炮二平三，马7进6，炮五进三，红方先手。

12. 马四进三（图69） ······

当前局面如果红方选择炮五进四将遭受到黑方凌厉的反击。试演一例：炮五进四，马8进7，炮五退一，车1平6，车六进三，卒3进1，炮七平四，马2进4，炮四进四，卒3平2，黑方反先。

12. ······ 炮9平7

13. 相三进一 马8进9

黑方欲保持变化可以选择马2进1，炮七退一，卒1进1，车六进一，马8进9，马三退四，卒5进1，以后通过车1平6对红方形成反击。

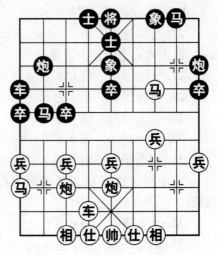

图 69

14. 马三退四 ······

退马保持变化，如马三进一，象7进9，兵五进一，象9退7，黑方阵型稳固，足可坚守。

14. ······ 马2进1 　　**15. 炮七退一 卒1进1**

16. 兵三进一

红方通过弃兵准备在黑方7路线上制造出一个反击线路。

16. ······ 象5进7 　　**17. 马四进五 象7退5**

18. 车六平三 ······

这就是弃兵后的后续手段。

18. ······ 炮7退1 　　**19. 炮七平四 车1平4**

20. 炮四进五 车4进1 　　**21. 炮四退四 炮2进4**

22. 兵五进一 卒3进1 　　**23. 炮四进二 卒3平2**

平卒虽然稳健，但是马炮双卒的位置欠佳，形成"愚形"。此时黑方宜走炮2退1，炮四平一，炮2平5，仕四进五，马1进3，黑方攻击手段丰富。

24. 仕四进五 卒9进1 　　**25. 炮四退二 车4平8**

26. 马九退七 炮2平9 　　**27. 车三进二 卒9进1**

黑方三卒过河，占据很大的优势，但是黑方子力位置缺少层次感，黑方如何展开攻势呢？

28. 马七进六 车8进5

稍急，可以考虑炮9平4，车三平六，马9进7，黑方攻势更易展开。

29. 炮四退二 炮9平4 　　**30. 车三平六 车8退4**

31. 炮四进五 ······

进炮待机炮四平五，对黑方形成牵制。

31. ……　　　车8进4

32. 仕五退四　车8退5

33. 炮四平五　车8平6（图70）

平车被红方利用，黑方辛苦积累起来的优势拱手葬送，殊为可惜。黑方应走马9进7，以下马五进七，马7进5，炮五进三，将5平6，车六平四，炮7平6，炮五平八，车8进1，炮八进四，象5退3，马七进九，车8平5，仕四进五，炮6进1，马九进七，将6进1，黑方足可抗衡。

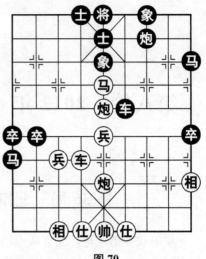

图70

34. 马五进七　……

进马叫杀，红方发动攻势。

34. ……　　　将5平6

35. 仕六进五　炮7进1

36. 马七退五　车6退1

37. 前炮平四　车6平7

38. 炮四平八　炮7平8

平炮对攻，坏棋。黑方冷静的下法是士5进4，马五进三，车7退1，车六进四，士4进5，车六平八，车7进2，黑方尚可周旋。

39. 车六平二　炮8进3

40. 炮八进四　象5退3

41. 马五进七　象7进5

马踏中士，入局的巧着。

42. 马七进五　……

42. ……　　　马9进8

43. 车二平四　炮8平6

44. 车四平六　炮6平8

速败，改走车7平3较为顽强。

45. 马五退七　马8退7

46. 车六进六　将6进1

47. 车六退一

黑方认负。

第八轮 2012年6月20日弈于各队主场

第36局 北京蒋川 胜 湖北柳大华

象甲联赛第八轮，北京队主场迎战湖北队，近来状态回勇的蒋川特级大师与宝刀不老的柳大华特级大师在第二台相遇，请看实战。

1. 炮二平五　　马8进7
2. 马二进三　　车9平8
3. 车一平二　　卒7进1
4. 车二进六　　马2进3
5. 马八进七　　卒3进1
6. 车九进一　　象3进5（图71）

双方形成中炮直横车对屏风马两头蛇的阵型，飞象是流行下法。近期也曾出现士4进5的下法。试演一例：士4进5，车九平六，马7进6，兵五进一，卒7进1，车二平四，马6进7，马三进五，马7进5！炮八平五，炮8平7，马五进三，炮7进7，仕四进五，车8进9，兵五进一，双方对攻，变化激烈。

7. 车九平六　　……

红方抢占肋道应该是目前的"官着"。

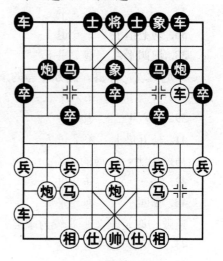

图71

7. ……　　　　马7进6

跃马盘河，双方大战一触即发，也体现出黑方与红方一决高下的决心。

8. 兵五进一　　……

蒋川选择兵五进一的目的有两个：一是从中路展开攻势，二是为双马开通道路。

8. ……　　　　卒7进1

冲7卒，挑起战火。

9. 车二平四　　卒7进1
10. 兵五进一　　……

78

直冲中兵也是一种变化。如改走车四退一，则卒 7 进 1，车四平二，车 8 进 1，马七进五，车 1 进 1，黑方足可一战。

10. ……　　　卒 7 进 1　　　**11. 兵五进一　……**

再冲兵导致激烈的变化。红方也可走车四退一，炮 8 平 7，相三进一，车 8 进 6，兵五进一，士 4 进 5，炮五进一，红方足可一战。

11. ……　　　士 4 进 5　　　**12. 车四退一　炮 8 平 7**

13. 相三进一　车 8 进 6

黑方进车占据道，同时又控制了红马的出路。

14. 兵五平六　车 8 平 3　　　**15. 车六平四　炮 2 退 2**

16. 马七退五　车 3 平 4

平车正着。如卒 7 进 1，后车进三，车 3 平 7，炮八进四，马 3 进 2，前车平七，红方先手。

17. 前车平三　车 4 进 2（图 72）

弃子抢攻，凶悍。不过从实际情况来看，黑方弃子的时机并不当。黑方可走车 4 进 1，车三进二，车 4 平 2，车三退五，车 2 平 4，车四进五，炮 2 进 3，兵六进一，车 1 平 4，车三平四，炮 2 平 5，前车平五，后车进 2，马五进七，前车平 3，黑方先弃后取，仍占主动。

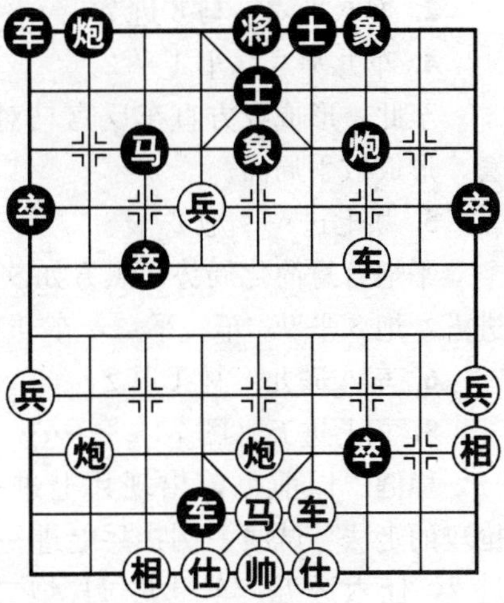

18. 车三进二　炮 2 平 4

19. 兵六平七　卒 7 进 1　　　**20. 车四进七　炮 4 进 1**

21. 车四退二　……

稍缓，改走炮五平三更紧凑。

21. ……　　　车 1 平 2　　　**22. 车三进二　……**

吃象，迫使黑炮回防，好棋。

22. ……　　　炮 4 退 1

23. 兵七平八　马 3 进 2

24. 车三退三　炮 4 进 5　　　**25. 车四平五　……**

平车捉象严厉。黑方已经很难抵抗。

25. ……　　　卒 3 进 1　　　**26. 炮五进五　将 5 平 4**

27. 马五进四　炮 4 平 8　　　**28. 仕四进五　炮 8 进 4**

29. 马四退三

黑方失子失势，投子认负。

图 72

第37局 广东庄玉庭 胜 浙江于幼华

象甲第八轮广东队与浙江队相遇。经过苦战，广东的第二台和第四台的两位特级大师庄玉庭、许银川建功，战胜对手。广东队以2胜2和的成绩完胜浙江队。

1. 马二进三　卒7进1

第二台庄玉庭特级大师与于幼华特级大师相遇，面对实力强劲的于特大，庄玉庭选择了柔性的起马局布阵，于特大应以挺7卒，双方由此拉开战线。

2. 炮八平六　马8进7　　　3. 马八进七　马2进1

4. 车九平八　车1平2

至此，形成红方直车反宫马对黑方的直车单提马阵势，双方已经脱离常套，形成散手局面。

5. 兵七进一　炮2平3

平炮有意简化局势。黑方如欲保持复杂的变化，可以选择炮2进4，相三进五，炮8平9，车一平二，车9平8，炮二进六，马7进6，双方变化复杂。

6. 车八进九　马1退2　　　7. 马七进六　卒3进1

8. 相七进五（图73）　……

稳健。以前也曾出现兵七进一弃相抢攻的走法。试演一例：兵七进一，炮3进7，仕六进五，车9进1！炮二平一，炮8进2，兵七进一，车9平2！车一平二，炮3平1，红方受攻，黑棋满意。正因为如此，兵七进一的下法被束之高阁，近年来很少有棋手采用。

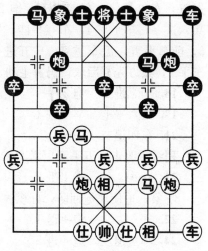

图73

8. ……　　　卒3进1

9. 相五进七　车9进1

10. 车一进一　……

此时红方也可走相七退五，保持阵型的工整。现在红方起横车加强大子力的出动速度，对攻的意味更为明显。

10. ……　　　车9平2　　11. 车一平四　象3进5

12. 车四进三　炮8退1　　13. 相七退五　……

正确，如炮六平五，则炮3平2，相九退七，车2平3，黑方易走。

13. ……　　　炮8平4　　　　**14.** 马三退五　……

退马含蓄，以后可以伺机马五进七策应左翼，或考再马五进三策应右翼，窝心马的位置明显好于马在三路的位置。此时如炮六进六，车2平4，马三退五，车4进3，马五进七，炮3进4，黑方阵型协调，非常有反弹力。正是基于上述着法的考虑，庄特大选择了退马的下法。

14. ……　　　炮4进6　　　　**15.** 炮二平六　马2进4

16. 兵三进一　卒7进1　　　　**17.** 车四平三　马4进2

18. 马六进八　炮3退2　　　　**19.** 炮六平八　马7进6

20. 车三平七　……

可以考虑车三平九，卒1进1，车九平七，红方通过一个顿挫，巧妙限制了黑方2路马的腾挪空间，优势更大。

20. ……　　　炮3进4　　　　**21.** 车七平四　马6退4

22. 马八进七　车2平3　　　　**23.** 车四平六　……

第一感觉是马七退五红马跳回来，但是黑方炮3平2，炮八进五，马4退2，车四平八，马2进4，后马进三，车3进5，红方车双马的配置明显弱于黑方车马炮子力配置，所以红方选择平车捉马，双方交换。

23. ……　　　车3进1　　　　**24.** 车六进二　炮3进4

25. 车六平八　炮3平2　　　　**26.** 炮八进五　炮2退6

27. 兵九进一　……

细腻，先控制黑方边卒，再徐图进取。如车八平五，车3进4，车五平八，炮2平1，车八平九，炮1进4，兵五进一，炮1平9，双方均势，和味较浓。

27. ……　　　士6进5　　　　**28.** 马五进三　象5退3

29. 仕六进五　车3平7　　　　**30.** 马三进四　车7平6

31. 马四进六　车6进2　　　　**32.** 马六进七　卒9进1

诱着，如红方不察误走车八进一，车6退2牵制死红方车马，和定。

33. 兵五进一　炮2平1　　　　**34.** 车八平九　卒5进1

35. 车九退一　车6退2　　　　**36.** 马七退八　卒5进1

37. 马八进六　车6进3　　　　**38.** 车九平一　炮1平9

39. 兵九进一　卒5进1　　　　**40.** 车一进一　炮9平7

41. 兵九平八　象3进5　　　　**42.** 兵一进一　车6平2

43. 仕五退六　士5进6　　　　**44.** 兵八进一　士4进5

45. 兵八进一　……

红方虽然多一兵，但是不足以形成胜势，黑方只要防守得当，谋和的希望很大。

45. ······	将5平6	46. 兵八平七	炮4退2
47. 马六退四	车2平6	48. 马四进三	将6平5
49. 兵七进一	车6平4	50. 仕四进五	车4退1
51. 车一平四	炮4平1	52. 车四平九	炮1平4
53. 车九进二	车4平7	54. 马三退一	车7平8
55. 兵七平六	车8退1	56. 兵一进一	象7进9
57. 车九退五	卒5进1	58. 相三进五	车8进6
59. 仕五退四	车8平9	60. 马一进三	车9退5

吃掉红兵，黑方谋和的机会大增。

61. 车九进五	士5进4	62. 车九退一	车9平5
63. 兵六进一	将5平4	64. 车九平六	将4平5
65. 车六平八	车5进3	66. 仕六进五	车5退3

至此，形成车马双仕对车单缺士的残局，从理论上讲，这是一盘和棋。红方巧胜也有一种可能，就是车马联攻黑方一翼，伺机破士或者破象取胜。庄玉庭特级大师能够找到这样巧胜的机会吗？

67. 车八进二	将5进1	68. 车八平四	象5退7
69. 马三进一	车5平3	70. 帅五平六	车3平4
71. 帅六平五	车4平6	72. 车四平八	车6平1
73. 帅五平六	车1平4	74. 帅六平五	车4平1
75. 帅五平六	车1平4	76. 帅六平五	车4平1
77. 帅五平六	车1平4	78. 帅六平五	车4平7

黑方一将一杀必须变着，平车7路守护底象这是黑方最顽强的应法。

79. 车八退一	将5退1	80. 车八退一	士6退5
81. 马一退三	车7平5	82. 车八退一	车5退2
83. 马三退四	车5平4	84. 仕五进四	将5平6

出将稳健，黑方双象联络很好，不能破坏阵型结构，出将是唯一的选择。

85. 马四进二	车4平5	86. 仕四进五	车5平8
87. 马二退三	车8平7	88. 马三进五	车7平3
89. 车八进三	将6进1	90. 马五进三	车3平7
91. 车八退三	将6退1	92. 仕五退四	象7进5
93. 马三退四	象5退7		

黑方顶住了红方第一波攻击，红方没有找到进攻的办法。

94. 马四进六	车7平4	95. 马六进四	车4平5
96. 仕四进五	车5平6	97. 车八进三	将6进1

98. 马四退三 车6平7 **99.** 马三进五 车7进7

100. 仕五退四 车7退7

退车守住宫城线，又是一步防守的佳着。

101. 马五进七 车7进1 **102.** 马七退六 车7平4

103. 马六进四 车4平5 **104.** 仕四进五 车5平6

105. 马四退六 车6退1 **106.** 车八退一 车6平7

107. 车八平七 车5平4 **108.** 马六进五 车4平5

109. 马五退四 车5平7 **110.** 车七退二 将6退1

下将正确，保留黑将的活动空间，利于防御。

111. 马四进六 车7平4 **112.** 马六进八 车4平2

113. 车七平五 车2平5 **114.** 车五平二 车5平2

115. 马八退七 车2进7 **116.** 仕五退六 车2退7

117. 马七进六 车2平5 **118.** 仕四退五 车5平4

119. 车二平五 将6平5 **120.** 马六退七 车4平5

121. 车五平七 将5平6 **122.** 马七进八 车5平2

123. 车七进三 将6进1 **124.** 马八退六 车2平4

125. 马六退四 车4平6 **126.** 马四进三 车6平7

127. 车七退三 将6退1

双方又一次回到此前曾经演变过的局面，黑方顶住了红棋第二波的攻势，再一次让红方无功而返，此时，于特大守的希望大增。

128. 仕五进六 象7进5 **129.** 车七平四 将6平5

130. 车四平五 象9退7 **131.** 马三退五 车7进2

132. 马五进七 车7平5 **133.** 帅五进一 车7退5

黑方不能吃仕，否则60回合自然限着谋和的希望破灭。

134. 马七进六 车7平4 **135.** 马六退八 车4进3

于特大临场认为，庄玉庭误以为进车吃仕无碍大局，显然这是一个错误的判断。应车4退2捉马，仍可与红方周旋，现在吃仕以后，黑方此前辛苦积累起来的着法将付之东流。

136. 帅五退一 车4平3 **137.** 车五平九 车3退5

138. 马八退九 车3进2 **139.** 马九进七 象5退3

140. 马七进六 车3平5 **141.** 仕六进五 车5平4

142. 马六退八 象7进5 **143.** 车九平二 车4退2

144. 马八退六 象5退7 **145.** 车二平三 象3进5

146. 马六退四 车4平3 **147.** 马四进二 将5平4

148. 车三平六　车3平4

149. 车六平七　车4平2

150. 车七退六　车2进1（图74）

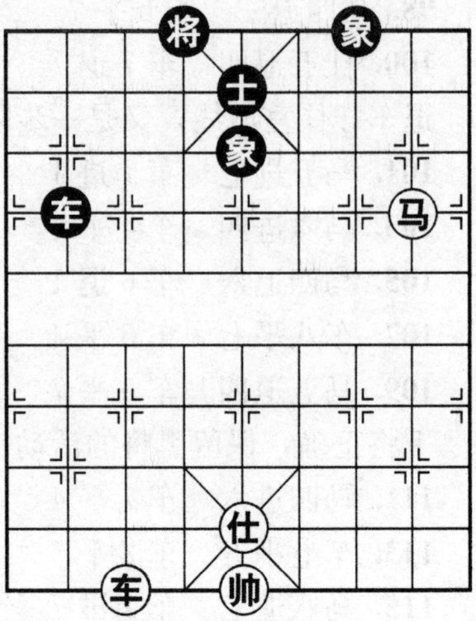

以上一段着法，黑方防守严密，红方毫无办法，局势果然像于特大此前预料的形势发展。正当人们以为双方和棋已定时，于特大却自己走了一步致命的败着——车2进1，这手棋导致黑方丢士。此时黑方应走将4进1，车七平六，车2平4，车六平九，车4进1，马二进三，车4平3，黑方可以守和。

151. 车七平六　将4平5

152. 马二进三　将5平6

153. 车六进四　士5进6

如改走将6进1，车六平四，士5进6，帅五平四，黑方仍然丢士。

154. 车六平四　将6进1　　　**155.** 帅五平四　将6平5

156. 车四进三　……

吃士以后形成车马仕例胜车双象的残局。

156. ……　将5平4　　　**157.** 马三退四　车2平5

158. 仕五进四　象7进9　　　**159.** 马四进二　象9进7

160. 帅四进一　车5平4　　　**161.** 车四退二　车4进5

162. 仕四退五　车4退5　　　**163.** 马二退四　将4退1

164. 马四进五　将4进1　　　**165.** 马五退三　将4退1

166. 车四进四　将4进1　　　**167.** 马三退四　车4平5

168. 仕五进四　车5平3　　　**169.** 马四退六　车3平4

170. 马六进八　车4平2　　　**171.** 车四退四　将4平5

172. 车四平六　……

平车准备掩护红跳肋马叫将。

172. ……　车2平3　　　**173.** 马八进六　将5退1

174. 帅四平五　将5平6　　　**175.** 车六平四　将6平5

176. 马六进四　……

进马叫将，锁定胜局。

176. ……　将5进1　　　**177.** 车四平五　将5平4

178. 车五平六　将4平5　　　**179.** 马四退三

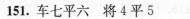

图 74

吃象以后，黑方投子认负。

第38局　广东许银川 胜 浙江程吉俊

与第二台的庄玉庭对于幼华的马拉松式的苦战不同，坐阵第四台的许银川这盘棋可谓是一盘"短平快"式的对局，兵不血刃地战胜程吉俊大师。

1. 相三进五　炮8平4　　　　　**2.** 车一进一　……

起横车较为冷僻，多数时红方会选择马二进三的下法。不过，红方起横车这手棋也是深谙棋理的下法。一般红方先走有过宫炮时，黑方选择起横车，对过宫炮形成牵制作用。而这里红方先手已经飞起中相，再起横车效率更高。

2. ……　　　　　马8进7

3. 车一平六　士6进5（图75）

改走士4进5阵型较为协调。试演一例：士4进5，马八进七，车9平8，马二进四，车8进4，兵七进一，炮4平6，炮二平三，象3进5，车九进一，马2进3，大体均势。

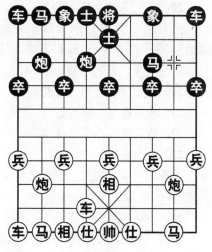

图75

4. 兵七进一　车9平8

5. 马二进四　车8进4

6. 马八进七　马2进3

7. 车九进一　炮2退1

退炮，准备炮2平3通过兑卒打开放3路线。

8. 车六进五　炮2平3　　　　　**9.** 马七进八　卒7进1

10. 兵三进一　象3进5

缓手，宜走卒7进1，先得实惠为宜。

11. 车六退二　……

如兵三进一，车8平7，车六退二，车1平3，双方变化复杂，红方无趣。

11. ……　　　　　卒3进1　　　　　**12.** 兵七进一　炮3进3

13. 车九平七　车1平3

平车必走之着。如卒7进1，车六平三，马3进4，炮二平三，黑方受攻。

14. 炮二退二　卒7进1

缓着，应走马7进6，车六平四，卒7进1，车四平三，车8进4，黑方易走。现在过卒以后被红方从容抢到马四进二的先手，黑方失去先机。

15. 马四进二 卒 7 平 8　　**16.** 车六平二 车 8 平 6

避兑正确，如车 8 进 1，炮二进四，红方阵型舒展，黑子右翼子力位置欠佳，红方从容扩先。

17. 车二平六 炮 3 平 2　　**18.** 炮八平七 马 3 退 1

19. 炮七进四 炮 4 平 2（图 76）

不如炮 2 退 3 含蓄，以后可以通过车 6 平 2 策应右翼。试演一例：炮 2 退 3，马二进三，车 6 平 2，马八退九，炮 2 平 4，车六平五，卒 9 进 1，仕六进五，车 3 平 2，黑方足可抗衡。

20. 马二进三 车 3 进 2

黑方进车顶炮是一步坏棋，被红方乘机利用。黑方应走车 6 进 2，马八进六，后炮平 4，车六平四，车 6 退 1，马六退四，炮 2 平 7，黑方局势尚可。

21. 马三进二 车 6 退 3

22. 马八进六 车 3 平 4

23. 车六平四 ……

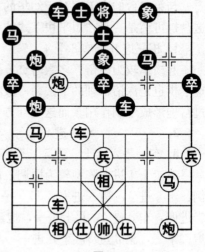

图 76

兑车巧手，红方已经集优势兵力在黑方的左翼。兑车削弱黑方的防御力量。

23. …… 士 5 进 6　　**24.** 车七平三

紧着，黑棋立时崩溃。黑棋如续走车 4 进 2，则车三进六，象 7 进 9，车三平一，后炮平 3，炮二平三，车 6 退 1，马二进四，炮 3 平 6，车四进三，车 6 进 2，车一平四，黑方单士单象，很难守和，于是程吉俊大师投子认负。

第 39 局　黑龙江郝继超 胜 河南金波

1. 炮二平五 马 8 进 7　　**2.** 马二进三 车 9 平 8

3. 车一平二 卒 7 进 1　　**4.** 车二进六 马 2 进 3

5. 兵七进一 炮 8 平 9　　**6.** 车二平三 炮 9 退 1

7. 炮八平六 ……

红方平炮仕角，形成五六炮的阵势，这是一路稳步进取的走法。

7. …… 车 1 平 2

出右直车，准备平炮亮车。

8. 马八进七　炮2平1　　　　**9.** 兵五进一　……

冲中兵，局势变得尖锐。红方另有车九进二高左车的变化，与冲中兵相比，高左车蓄势待变，局面平稳健。

9. ……　　　　马3退5

黑方退马窝心，下步伏有炮1平5和炮9平7的反击手段，灵活之着。

10. 兵五进一（图77）　……

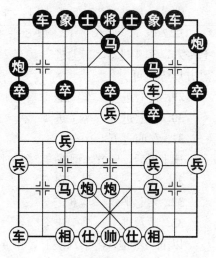

图77

冲中兵正着，如炮五进四，马7进5，车三平五，车8进6，炮六进三，炮1平5，炮六平五，炮5进2，兵五进一，车8平7，马三进五，炮9进5，黑方反击犀利。

10. ……　　　　炮1平5

11. 马三进五　　车2进6

右车过河，给红方左翼施加压力。

12. 炮六退一　……

退炮灵活，保留炮六平五加强中路攻势的手段，又有炮六平三策应右翼的下法。

12. ……　　　　炮9平7　　　　**13.** 车三平四　炮5进2

14. 车四进二　炮5进3　　　　**15.** 相三进五　……

飞相稳健。如车四平三，车2平4，相三进五，车4进2，车九平八，卒5进1，大体均势。

15. ……　　　　车2平4　　　　**16.** 炮六平五　炮7平8

17. 车九平八　炮8进8

沉底炮寻求攻势，金波大师擅长攻杀的棋风得以体现。

18. 相五退三　车8进7　　　　**19.** 炮五进一　车4进2

20. 炮五平三　……

平炮冷静，化解危机。

20. ……　　　　车4退6　　　　**21.** 车八进五　象7进9

22. 炮三平四　炮8平9　　　　**23.** 仕六进五　马7退8（图78）

临场金波大师形势判断有误，此时红方已经稳住阵脚，逐渐组织起攻势，因此黑方宜跳出窝心马，走马5进4，车八平六，士6进5，车四退二，车8退1，车四平三，车8平7，黑方足可抗衡。

24. 车四退五　马5进7　　　　**25.** 马五进六　车8平7

26. 相七进五　炮9平8

27. 车四进一　炮8退5

28. 兵七进一　卒5进1

败着。黑方应走车4退1，车八进一，车7退1，车八平七，炮8平4，兵七平六，车4进3，车七进三，车7平9，黑方局势尚可。

29. 兵七进一　车7退1

30. 兵七进一　卒7进1

31. 车四进五　……

砍士以后，黑方阵型破碎，红方胜势。

31. ……　　　马7退6

32. 兵七平六　马6进7

33. 兵六进一　马7进5

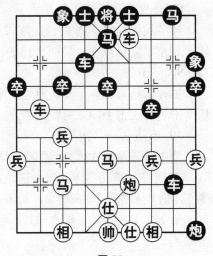

图78

34. 车八进二

以下马5退4，车八平五，士4进5，马六进七，红方胜定。黑方认负。

第40局　北京张强 胜 湖北洪智

1. 相三进五　马2进3

2. 兵七进一　炮8平5

3. 炮八平七　……

双方以飞相对进马开局，此时红方平七路炮是较为冷僻的选择。红方常见的走法是马八进七或者马二进三迅速地出动大子。红方平炮虽然对黑方3路马有牵制作用，但是大子出动速度较慢，利弊参半。

3. ……　　　卒5进1

冲中卒准备盘活右马，这是黑方较为常见的选择。

4. 兵七进一　炮5进4（图79）

如卒5进1，则兵五进一，马3进5，兵七平六，炮5进3，仕四进五，红方易走。现在黑方通过炮打中兵取得中炮的优势，弥补大子缓出的弱点。

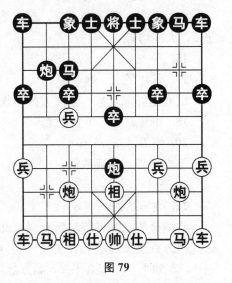

图79

5. 仕四进五 马3进5 **6. 兵七平六 卒5进1**

7. 马八进九 炮5平2

平炮封车正着，如车9进2，则车九平八，车9平6，马二进三，红方子力开扬，黑方无趣。

8. 马九进七 卒5进1 **9. 兵六平五 马5进3**

10. 炮七进三 ……

交换正确，否则黑马活跃，红方受制。

10. …… 卒3进1 **11. 马七进五 象3进1**

非常冷静的选择，控制了红马的出路。

12. 马二进三 前炮进1 **13. 兵五进一 ……**

弃马而冲中兵是非常强硬的一着棋，张强大师的求胜欲望跃然枰上。

13. …… 马8进7

临场洪智特级大师没有选择炮3平7的变化，而是选择进马捉卒，这着棋也不能说一着坏棋。可能洪特大计算到，炮2平7，车一平三，捉死黑炮，这样红棋通过先弃后取手段抢先出子，黑方得不偿失，所以选择了相对稳健的马8进7这着棋。

14. 马五进六 后炮平4

平炮挡马让红方顺利开出左车，导致局势受制。这里黑方可以考虑车1进1，马六进八，车9平8，马三进五，炮2平8，黑方足可抗衡。

15. 兵五平四 士4进5 **16. 车九平八 炮2平7**

17. 车一平三 车9平8 **18. 车三进二 卒7进1**

19. 车八进六 ……

进车封锁黑方卒林线是一步大局观很强的选择。

19. …… 象7进5 **20. 炮二平一 车8进3**

21. 车三平四 ……

暗伏兵四进一强行进兵的手段。

21. …… 将5平4

要化解红方兵四进一的进攻手段，黑棋有多种选择。实战的下法虽然也能化解红方的攻势，但是造成将位不安，不是理想的选择。这里黑棋应走象1退3，兵四进一，马7退9，兵四进一，车1进1，黑方足可抗衡。

22. 仕五退四 车1进1 **23. 仕六进五 ……**

红方通过调整双仕的位置，消除阵型中的弱点，稳健。

23. …… 象1退3 **24. 炮一平三 马7进8**

25. 马六退五 卒3进1

冲卒似紧实松，不如马8进9较为积极。

26. 炮三进三　卒3平4　　　　**27.** 兵四平三　车8退2

28. 马五进四　车1平3

这里黑方可以考虑先走炮4退1给左车生根。

29. 车四平二　炮4退1

平车缓着，不如前兵进一更为积极。

30. ……　　　　　将4平5（图80）

败着。黑方应车3进3，车二进二，士5进4，车六进一，卒5进1，炮三平六，卒5进1，仕四进五，将4平5，黑方尚可周旋。

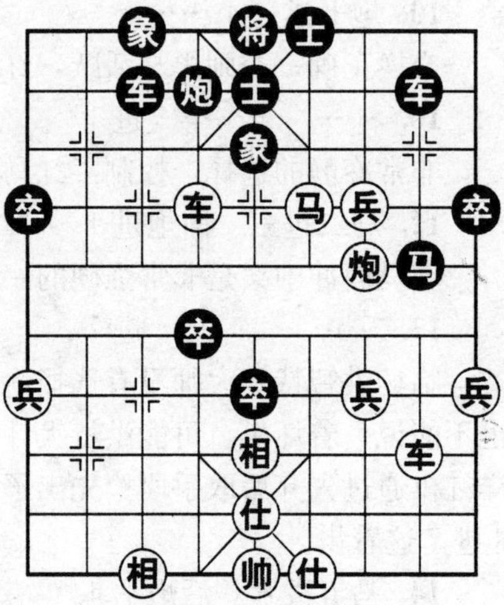

31. 前兵进一　卒4进1

32. 前兵平二　车8退1

33. 车二进三　……

红方赚得一子的同时把黑方双车炮压制在下二路线以内，红棋形势大优。

33. ……　　　　　车8平7

34. 兵三进一　卒5进1

35. 相七进五　卒4平5

30. 车八平六　……

图80

36. 相五进七　车7进3

37. 炮三平五　……

平中炮是锁定胜局的手段，红方一剑封喉，胜定。

37. ……　　　　　车3进3　　　　**38.** 车二平四

平车保马精巧，此时黑方如果逃炮，则马四进六抽吃黑车，如果不逃炮，红方将再得一子。至此，黑方投子认负。

第九轮　2012年6月27日弈于各队主场

第41局　四川郑惟桐 负 广东许银川

象甲第九轮四川队坐镇主场成都迎战广东队。在前两台双方战和、第三台广东新秀许国义不敌郑一泓的情况下，又是许银川处变不惊，后手战胜郑惟桐大师，为广东队力挽狂澜。

1. 炮二平五　马8进7　　　　**2.** 马二进三　车9平8
3. 车一平二　马2进3　　　　**4.** 马八进九　卒3进1
5. 兵三进一　卒1进1　　　　**6.** 车九进一 ……

此时红方起横车较为冷僻，一般多走炮八平七，马3进2，车九进一，形成五七炮布局的常见阵型。

6. ……　　　　卒1进1
7. 兵九进一　车1进5
8. 炮八平七（图81） ……

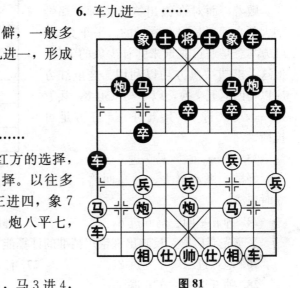

图81

平炮改进着法，丰富了红方的选择，多了一个车九平八的捉炮选择。以往多走车九平四，车1平7，马三进四，象7进5，炮八进四，车7退1，炮八平七，炮2进4，黑方有攻势。

8. ……　　　　炮8进2

如车1平7，则车九平八，马3进4，车二进三，炮2平3，兵五进一，红方先手。

9. 车二进四　象7进5　　　　**10.** 车九平四　炮2平1

平炮对红方是一个牵制，黑方当然不会用炮换马。

11. 车四进五　马3进4　　　　**12.** 车四平三　炮8退3

13. 炮七平八　炮 1 平 2　　**14.** 炮五进四　马 7 进 5

15. 车三平五　炮 8 平 5

兑车巧着，不但迫使红方位置极佳的巡河离开防守要道，而且取得一个中炮的优势。

16. 车二进五　炮 5 进 2　　**17.** 仕四进五　炮 5 平 1

正着。如车 1 平 7，相三进五，车 7 进 1，车二退五，黑方并没有后续手段。

18. 炮八进三　马 4 退 6

稍缓，不如马 4 退 3，炮八退五，车 1 平 7，车二退七，炮 1 平 7，相三进五，车 7 进 1，马三退四，车 7 平 5，黑方优势明显。

19. 相三进五　炮 1 进 4　　**20.** 相七进九　车 1 进 2

21. 车二退三　车 1 平 5　　**22.** 马三进四　……

进马坏棋，红方可以考虑交换，这样红方多兵的优势足可弥补少象的劣势。

22. ……　　　　马 6 进 7

23. 车二平八（图 82）……

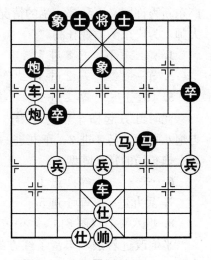

图 82

败着，面对许银川特级大师，郑惟桐大师心理还是很有顾忌的。平车兑炮，红方本意是通过兑炮来弥补少象的劣势，但这手棋却被黑方巧以利用。这里红方应以马四退五交换，以下马 7 退 8，兵五进一，马 8 进 7，兵五进一，红方足可抗衡。

23. ……　　　　马 7 进 6

好棋，机不可失，进马叫将，红方立时崩溃。

24. 帅五平四　马 6 进 8　　**25.** 帅四平五　车 5 平 9

平车先弃后取，反映出许银川精准的计算能力。

26. 炮八进二　车 9 进 2　　**27.** 仕五退四　车 9 平 6

28. 帅五进一　车 6 退 4

黑方得回失子，胜势。

29. 车八平一　车 6 进 1　　**30.** 车一平五　马 8 退 9

31. 帅五平六　马 9 进 7　　**32.** 仕六进五　车 6 进 2

33. 炮八退一　……

速败，当然红方选择帅六退一较实战顽强一些，但是也难挽败局。

33. ……　　车6平5　　　　　**34. 帅六退一**　马7退5

红方认负。

第42局　四川郑一泓 胜 广东许国义

1. 兵七进一　炮2平3　　　　　**2. 炮八平五**　炮8平5

双方以仙人指路对卒底炮转列手炮布阵，这一变例在仙人指路对卒底炮的布局系列中是最激烈的变化，一场激战即将开始。

3. 马八进七　马8进7　　　　　**4. 马二进一**　马2进1

5. 车九平八（图83）　……

这里红方先出左车与先出右车在实战中还有一些微妙的差别。试演一例：车一平二，车9平8，仕六进五（这时红方如车九平八，卒3进1，兵七进一，车8进4，兵七平八，车1平2，兵八进一，车8平3，马七退九，卒1进1，黑方子力集中红方左翼略占优势）卒7进1，车九平八，车1平2，车八进九，马1退2，相七进九，士6进5，大体均势。

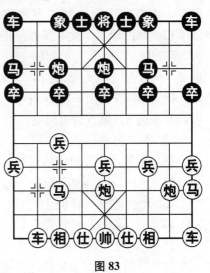

图83

5. ……　　　　车9平8

6. 车一平二　卒7进1

7. 车八进五　……

进车骑河控卒、禁马一着两用，好棋。

7. ……　　　　象7进9　　　　**8. 炮二进四**　车1平2

9. 车八平三　士6进5

黑方见右车被封，于是补士准备车8平6从肋线开出，灵活。

10. 炮五平三　卒5进1

冲卒是希望把局面引向复杂的下法，如改走车8平6较为平稳一些。

11. 车三平五　车2进4　　　　**12. 车五退一**　车2平6

13. 相三进五　车6退1　　　　**14. 炮三进五**　炮3平7

15. 车五平二　车8进2

进车顶住红炮保持纠缠的局面，正确。

16. 兵三进一　车6平7

平车过于执著在三路线的纠缠，此时可以走卒1进1，以后活通右马较为轻灵。

17. 仕四进五　卒1进1　　　　**18.** 马七进六　炮5平2

19. 炮二退一　……

退炮体现了郑一泓特级大师的良好的大局观。这里如走炮二平七，车8进3，车二进四，车7平4，马六进四，车4平6，马四退六，炮2进5，炮七平五，将5平6，红方虽有优势，但是一时难以找到突破口，红优。

19. ……　　　　　象3进5　　　　**20.** 炮二平五　车8进3

21. 车二进四　象9退7（图84）

败着。许国义本想退象修补底线的弱点，不想这手退象被红方利用，是导致本局失利的根源。此时黑方应走车7平6，车二进一，炮7平6，马一进三，炮2进3，马六退七，炮2退1，车二进四，炮6退2，马三进五，象9退7，车二退五，车6进3，黑方尚可周旋。

22. 车二进五　……

进车捉象，选择时间恰到好处。

22. ……　　　　　炮7平6

23. 马六进四　炮6退2

24. 车二退三　车7平8

25. 马四进二　……

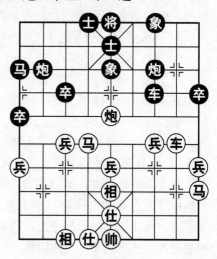

图84

兑车以后，红方多兵的优势充分发挥出来，黑方局势渐显艰难。

25. ……　　　　　炮6进1　　　　**26.** 兵一进一　炮2进1

27. 马二进三　将5平6　　　　**28.** 炮五平二　炮6进1

29. 炮二平四　炮6平7　　　　**30.** 马一进二　炮2退2

31. 马二进一　炮2平7　　　　**32.** 马一进三　……

交换以后，红方五兵俱在且净多三兵，胜势。

32. ……　　　　　将6平5　　　　**33.** 兵五进一　士5进6

34. 兵五进一　炮7平1　　　　**35.** 炮四平二　象7进9

36. 兵一进一　士4进5　　　　**37.** 兵一进一　象9进7

38. 兵五进一　卒1进1　　　　**39.** 兵五平四　……

红方兵多将广，平兵准备放弃边兵加强攻势，简明。

39. ……　　　　　卒1平2　　　　**40.** 兵三进一　炮1进5

41. 马三进一　炮1退3　　　　　**42.** 马一退二　……

退马巧手给四路兵生了一个暗根，黑方如随手炮1平6，马二进三抽炮胜定。

42. ……　　　将5平4　　　　　**43.** 马二进三　马1退3

44. 兵一平二　卒2平3　　　　　**45.** 相五进七　卒3进1

46. 炮二退四　卒3进1　　　　　**47.** 仕五进六　象5退7

48. 兵二平三　炮1平4　　　　　**49.** 前兵进一　卒3平4

50. 前兵平四　士5进6　　　　　**51.** 兵四进一　……

一兵换双士，黑方九宫空虚，难以抵抗红方马炮双兵联攻，红方胜定。

51. ……　　　马3进2　　　　　**52.** 兵四进一　卒4平5

53. 兵三平四　马2进3　　　　　**54.** 仕六进五　炮4平1

55. 前兵平五　马3退4　　　　　**56.** 炮二进七　马4退6

57. 炮二进一　象7进9　　　　　**58.** 兵四进一

黑方认负。

第43局　上海谢靖 胜 广西黄仕清

象甲第九轮上海队主场迎战升班马广西队。上海队凭借第一台谢靖特级大师和第二台的陈泓盛大师的出色发挥，以2胜2和的成绩完胜广西队。

1. 相三进五　卒3进1　　　　　**2.** 炮八平七　象3进5

3. 马八进九　……

飞相、平炮、跳边马节奏明快，古谱中曾有"盖马三锤"的雅称。

3. ……　　　马2进3

4. 车九平八　车1平2

5. 兵三进一　马8进9（图85）

进边马是两翼均衡出动子力的下法。此时黑方另有炮8平6的下法实战效果很好。试演一例：炮8平6，马二进三，马8进7，车一平二，车9平8，炮二进四，炮2进5，马三进四，士6进5，兵七进一，卒3进1，相五进七，车2进4，双方对峙。（选自2012年第4届淮阴·韩信杯象棋国际名人赛许银川 VS 赵鑫鑫之战）

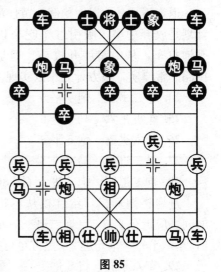

图85

95

6. 马二进三　车9进1　　　　**7.** 炮二平一　……

平炮准备出直车，红方也可在仕四进五以后出肋车，这两种选择都是正常下法。

7. ……　　　　车9平2

新着。以往多走车9平4，仕四进五，车4进3，车一平二，炮8平6，车二进七，士4进5，马三进二，炮2平1，马二进三，红方稍好。

8. 车一平二　炮8平6　　　　**9.** 兵九进一　炮2平1

10. 车八进八　车2进1　　　　**11.** 炮七退一　……

此时双方已经形成各攻一翼的阵势，红方退炮准备左炮右移加强右翼的攻势，正确。

11. ……　　　　卒9进1　　　　**12.** 炮七平一　炮6平7

13. 兵一进一　卒9进1

此时黄仕清大师宁可弃掉一象，也要保留过河卒，战意十足。

14. 前炮进五　象7进9　　　　**15.** 炮一进六　车2平9

16. 炮一平二　卒7进1　　　　**17.** 马三进四　卒7进1

18. 相五进三　车9进3

稍缓，不如车9平6，炮二进二，炮7退2，马四进三，车6平7，车二进六，将5进1，马三退四，炮7进5，乱战之中黑方易走。

19. 相三退五　车9平6　　　　**20.** 马四进二　马3进4

21. 炮二进二　炮7退2　　　　**22.** 马二退三　车6进1

23. 车二进六　炮1退1

退炮不如马4退3稳健。黄仕清大师计划是放弃中卒，吸引红车吃卒以后再平炮打车，从中路展开攻势。但是红方中路非常厚实，黑方计划难以实现。

24. 车二平五　炮1平5

25. 车五平六　马4退6

26. 仕六进五　炮5平8

27. 马三进二　马6进8

28. 炮二退四　炮7进4（图86）

进炮拦炮坏棋，给红棋从容进攻的时间。应走车6退1，炮二退三，车6平5，车六平一，车5进2，黑方足可抗衡。

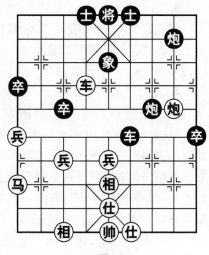

图86

29. 车六平五　将5进1

无奈，只好上将看象，黑方阵型已乱。

30. 车五平三	炮8退1	31. 炮二进一	将5退1
32. 车三进一	士4进5	33. 车三平五	炮7进3

进炮试图用交换战术来简化局面，以缓解后方的压力。

34. 兵五进一	……

冲兵拦车正着，如果黑方顺利吃掉九路兵，红方取胜则非常困难。

34. ……	车6平8	35. 炮二平三	炮8平7
36. 帅五平六	前炮退1		

顽强，此时黑方已经不能用炮换马，如前炮平1，相七进九，车8进1，兵五进一，车8平3，车五平九，车3平4，帅六平五，车4退3，车九进二，士5退4，炮三平五，红方空着炮的优势很大，黑方防守更加困难。

37. 马九进八	前炮平5	38. 车五平七	车8平5
39. 车七进二	士5退4	40. 车七平六	将5进1
41. 车六退一	将5退1	42. 车六进一	将5进1
43. 车六退一	将5退1	44. 马八进九	……

红方以上几个回合连消带打，走得非常紧凑有力，已呈胜势。

44. ……	士6进5	45. 马九退七	车5退1
46. 兵七进一	……		

冲兵好棋，由于红马的位置很好，以后可以作为红方的进攻支点，所以冲兵保马非常必要。

46. ……	炮5平8	47. 炮三平五	将5平6
48. 车六退五	炮8进3	49. 相五退三	炮7进2
50. 车六平四	炮7平6	51. 车四平二	……

先叫杀把黑将吸引在士角，再平车捉底炮，把黑方困在边路，非常好的行棋次序。

51. ……	炮8平9	52. 车二进六	将6进1
53. 车二退一	将6退1	54. 车二进一	将6进1
55. 车二退一	将6退1	56. 车二平五	车5平4
57. 帅六平五	炮6进2	58. 炮五平二	……

由于黑方士象尽失，所以红方不怕黑方交换，只要保持一兵过河，车炮兵的火力配置足以对黑方形成致命一击。

58. ……	炮6平3	59. 兵七进一	车4平3
60. 车五退四	卒9进1	61. 炮二退五	车3平6
62. 车五退二	炮9平6		

炮打底仕是一步非常"野"的棋。黄仕清用意是利用黑卒位置较红方边兵

更靠近九宫，所以一炮换双仕，希望把局面搅乱，乱中谋得一线生机。

63. 车五平四 ……

简明，红方并没有选择仕五退四的下法，兑车轻灵。

63. …… 车6进3   **64. 仕五进四** 炮6退1

65. 炮二平三 ……

平炮又是一步好，这也是红方兑车后计算到的。

65. …… 卒9平8   **66. 帅五进一**

吃死黑炮，红方胜定。

第44局　湖北柳大华 胜 江苏王斌

1. 相三进五 炮8平5   **2. 马二进三** 马8进7

3. 马八进七 车9平8   **4. 车一平二** 马2进1

5. 兵三进一 炮2平4

平炮士角稳健的选择，黑方另一种常见走法是车8进4，以下炮八进二，炮2平3，马三进二，车8平2，车九平八，卒3进1，双方对峙。

6. 车九平八 车1平2   **7. 仕四进五** 车2进4

8. 炮八平九 车2平6

平左肋车可以有效控制红方三路马。

9. 车八进四 车8进6   **10. 兵九进一** ……

挺边兵控制对方边马的出路，同时含有静观其变之意。这时红方也可走车八平四，车6进1，马三进四，车8退2，兵七进一，红方仍持先手。

10. …… 卒1进1

11. 炮九进三 车8平7

12. 马三退四 车7平8（图87）

改进的下法，20世纪80年代时黑方多选择车6平8，以下车八平六，士6进5，兵三进一，车8退1，兵三进一，车7退3，炮二进二，红方阵型舒展，黑方双车位置欠佳，红优。因此，近年来多走车7平8，保留位置更好的6路车不动。

13. 马四进三 车8平7   **14. 马三退四** 车7平8

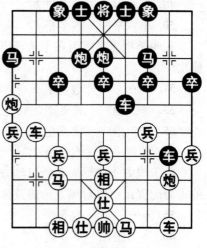

图87

15. 马四进三　　车8平7　　　　　**16.** 马三退四　　车7平8

17. 车八平六　　炮4平3　　　　　**18.** 车二进一　　……

进车生根是一步新着。这手棋的好处在既护住相眼，又使右车生根，一着两用，好棋。

18. ……　　　　炮3进4　　　　　**19.** 兵一进一　　炮5平3

20. 相七进九　　象7进5　　　　　**21.** 炮二平四　　车8进2

22. 马四进二　　士6进5　　　　　**23.** 炮四平三　　车6进2

24. 炮九进一　　车6平8

平车捉马，黑方策划一个反击计划，但是从实战来看，效果并不理想。此时，黑棋可以考虑卒3进1，炮九三平，马1进3，把位置最弱的边马活通开来，效率要高于实战。

25. 马二进四　　前炮平2　　　　　**26.** 炮三退二　　车8平9

27. 马七进八　　……

黑方的攻击不仅没能起到理想的效果，反倒使红方子力位置更加通畅。

27. ……　　　　车9平5　　　　　**28.** 马八进六　　炮3退1

29. 车六平八　　车5平9　　　　　**30.** 车八进三　　……

进车策划马踏中象，从实战来看这个计划稍急，不如兵九进一先手更大。试演一例：兵九进一，炮2平8，马四进二，车9平8，兵三进一，象5进7，车八进三，红方先手更大。

30. ……　　　　车9平4　　　　　**31.** 马六进五　　象3进5

32. 车八平九　　车4退4　　　　　**33.** 车九进一　　炮3退1

34. 车九平八　　炮2平5

35. 车八退五　　炮5退2

36. 兵九进一　　车4进2

37. 炮九进一　　马7退6

38. 兵九进一　　车4进1

39. 炮九进二　　马6进8

40. 炮三平四　　车4退3

41. 车八平二　　马8退6

42. 炮四平一　　车4进5（图88）

败着。宜走车4退1，炮九退二，炮3平2，车二平八，炮2平1，炮一进六，马6进8，炮一平二，马8进6，炮九平四，炮1进7，帅五平四，炮1平6，黑

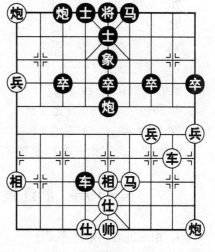

图88

方足可抗衡。

43. 相九退七	车 4 退 6	**44.** 兵九进一	车 4 进 1
45. 车二平九	马 6 进 8	**46.** 兵九进一	车 4 退 1
47. 相七进九	炮 5 平 6	**48.** 炮九平八	炮 6 退 4
49. 马四进二	卒 5 进 1	**50.** 马二退四	马 8 进 6
51. 炮一平四	卒 7 进 1	**52.** 车九进四	……

进车好棋，抓住黑车压住象眼的弱点，红方终于觅得制胜的良机。

52. ……	炮 6 进 7	**53.** 仕五进四	象 5 进 3
54. 车九平七	车 4 平 1	**55.** 车七进二	……

红方赚得一子，优势转化为胜势。

55. ……	车 1 退 1	**56.** 炮四进一	卒 7 进 1
57. 相五进三	马 6 进 7	**58.** 炮四平九	象 3 退 1
59. 炮九进六	士 5 进 6	**60.** 相九退七	……

退相为九路炮退回留出位置，红方已经进入佳境。

60. ……	马 7 进 9	**61.** 炮九退五	马 9 进 7
62. 仕六进五	卒 5 进 1	**63.** 帅五平六	卒 5 平 4
64. 炮九平六	卒 4 平 5	**65.** 炮六退一	卒 5 平 6
66. 仕五进六	卒 6 平 7	**67.** 车七平六	将 5 进 1
68. 炮六平五	……		

再平中炮，准备飞相助攻，展开立体攻势。

68. ……	马 7 进 8	**69.** 车六平二	马 8 退 6
70. 车二退一	将 5 进 1	**71.** 相七进五	马 6 退 5
72. 车二退二	车 1 进 9	**73.** 帅六进一	卒 7 平 6
74. 车二平五	将 5 平 4	**75.** 炮五进三	卒 6 平 5
76. 车五退二	……		

此时红炮在底线，可以与中车配合，借鉴海底捞月的思路取胜。

76. ……	车 1 退 1	**77.** 帅六退一	车 1 退 4
78. 帅六平五	车 1 平 4	**79.** 炮八平六	

黑方闪车，则相五退七或退三，红胜。

第 45 局　浙江黄竹凤 胜 黑龙江陶汉明

1. 相三进五　炮 8 平 5

以中炮应飞相局体现了陶特大喜攻好杀的风格。

2. 马二进三　卒7进1

3. 兵七进一　马8进7

4. 车一平二　车9平8

5. 马八进七　炮2平3（图89）

平炮牵制红方七路马含蓄。如马2进3则黑方阵型有欠灵活。试演一例：马2进3，马七进六，车1进1，炮八平七，车1平4，马六进七，炮5平6，车九平八，红方阵型稳固，且子力占据要道，明显占优。

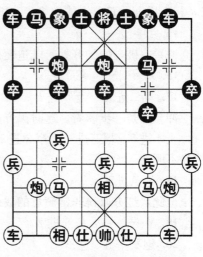

图89

6. 马七进八　马7进6

进马意在中炮的配合下直取红方中路，这是一步非常典型求战下法。

7. 仕六进五　……

补左仕选择正确，如果走仕四进五，以后红方炮二平一兑车以后，右翼空虚，易受攻击。这里提醒初中级爱好者一定要注意补仕、相时要有一个全盘的考虑。

7. ……　　　马6进5　　8. 炮二平一　车8进2

这着棋走得很含蓄，如车8进9，马三退二，红方以后马二进四，棋型非常工整，这是黑方不希望走到的局面。

9. 兵九进一　马2进1　　10. 车九进三　马5进7

11. 车二进七　炮3平8

12. 炮八平三　……

双方交换以后，红方突破方面就非常明显了，目标直指黑方左翼。

12. ……　　　车1平2

13. 马八退七　车2进4

14. 炮一进四　车2平6（图90）

缓着。平车的本意是策应左翼的攻守，但是这手缓着给了红方从容进攻的时间。此时黑方应走炮8进7，相五退三，车2平4，炮三平五，车4平5，车九平六，炮8退2，马七进八，车5平2，马八退九，炮5进5，相三进五，炮8平

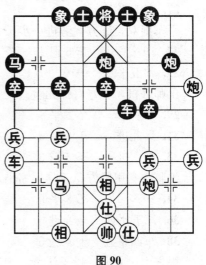

图90

1，相七进九，双方大体均势，和棋的机会很大。

15. 兵三进一 ……

冲兵突破，恰到好处，既迫使黑方飞起底相，又为左车闪出通路。

15. …… 象 7 进 9   **16. 车九平二** 炮 8 平 6

17. 车二进三 卒 5 进 1

冲卒又是一步软着。这时黑方应走卒 7 进 1 与红棋展开对攻，以下炮一平五，士 4 进 5，相五进三，卒 3 进 1，相七进五，卒 3 进 1，双方攻守复杂，局势尚不明朗。

18. 炮三进三 ……

至此，红方取得非常满意的战果，车双炮成功的突入黑方阵地中。

18. …… 车 6 进 2   **19. 马七进六** 卒 5 进 1

20. 炮三平五 ……

正确。如先走马六进七，则马 1 进 3，炮一平七，红方将无法组成立体化攻势。

20. …… 士 6 进 5   **21. 马六进七** 马 1 进 3

22. 车二平七 卒 5 进 1

坏棋，这里黑方正确的次序应该是先走将 5 平 6，炮一平九，再走卒 5 进 1，尚可周旋。

23. 炮一平五 炮 6 进 3   **24. 兵七进一** 将 5 平 6

25. 后炮进二 象 3 进 5   **26. 炮五平九** 炮 6 平 5

速败，改走炮 6 平 2 较为顽强。

27. 车七平五 ……

平车捉双，红方优势进一步扩大。

27. …… 车 6 退 1   **28. 车五进一** 卒 5 进 1

29. 帅五平六 ……

出帅好棋，算好有惊无险。

29. …… 卒 5 平 4   **30. 仕五进六** 炮 5 平 7

31. 兵九进一 车 6 平 3   **32. 兵九平八** 车 3 进 4

33. 帅六进一 车 3 退 3   **34. 兵一进一** ……

细腻，利用黑方急于吃兵缩小差距的心理，把黑车引到"背"处。

34. …… 车 3 平 9   **35. 车五退三** 车 9 退 1

36. 车五平四 士 5 进 6   **37. 车四进三** 将 6 平 5

38. 车四平五 士 4 进 5   **39. 帅六平五**

黑方中士必失，投子认负。

第十轮　2012年7月4日弈于各队主场

第46局　广东许国义　胜　山东张兰天

1. 炮二平五　马8进7　　　　**2.** 马二进三　车9平8

3. 兵七进一　卒7进1　　　　**4.** 马八进七　马2进3

5. 车九进一　……

红方起左横车是比较冷僻的下法，通常红方多会选择车一进一起右横车，以后双方演成非常流行的中炮横车七路马对屏风马的阵型。

5. ……　　　　象3进5　　　　**6.** 车九平六　……

平车占肋，控制要点。

6. ……　　　　士4进5　　　　**7.** 车一进一　……

再起横车以后形成霸王车，可以策应两翼。此时红方另有兵五进一的下法，通过中炮盘头马强行攻击黑方中路，这也是一个较为常见的下法。

7. ……　　　　马7进8（图91）

红方已经起横车所以跳外马封车针对性不强。不如炮8进2以后通过兑掉3卒，活通右马。试演一例：炮8进2，兵五进一，卒3进1，兵三进一，卒7进1，马三进五，卒3进1，马五进七，炮8平3，后马进五，卒7平6，黑方7卒过河，双方各有千秋。

8. 马七进六　马8进7

9. 马六进五　马7进5

黑方用马换炮虽然步数上有损失，但是消除红方立中炮的战术计划，稳健的选择。

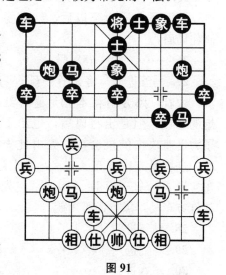

图91

10. 马五进三 ……

进马踏车，好棋。如相三进五，马3进5，黑方担子炮位置很好，以下黑方可以通过车8进1或者车1平4兑车，把局面导向平稳。

10. …… 马5退3 **11. 前马进二** 前马进4

12. 车一平六 卒7进1 **13. 马二退三** 炮2平1

14. 前马退四 ……

退马是很机警的一着棋，既防止黑卒7进1的骚扰，又伏有马四进六的攻击手段。

14. …… 车1平2 **15. 炮八平五** 车2进4

16. 马四进六 炮8退1 **17. 兵五进一** 卒7进1

稍急。黑方应走车2进2先稳住阵脚再发动攻击。

18. 兵七进一 车2进2 **19. 兵七进一** ……

这样双方形成一个对攻的局面，红方子力位置很好，显然占据主动。

19. …… 马3退2 **20. 马三退五** 车2平3

21. 兵五进一 车3退3 **22. 兵五进一** ……

也可先走车六进二，马2进3，马六退五，士5退4，兵五平四，炮8平5，前马进四，红方优势很大。

22. …… 马2进4 **23. 兵五进一** ……

冲兵吃象，这样造成黑方局面的弱型，这是中局常用的手段。

23. …… 象7进5 **24. 马六退四** 马4进2

25. 车六平八 炮8进1 **26. 马四退三** ……

消灭黑方过河卒以后，红方稳稳控制住局面。

26. …… 车3平4

27. 马五进七 将5平4（图92）

败着，黑方出将本意是避开红方中炮的牵制，但是出将以后，也给了红方子力迅速攻击的机会，局势由此失去控制。这里黑方应走车4进4，马七进八，车4退4，马三进四，车4平2，先牵制住红方车马，黑方尚可周旋。

28. 马三进四 车4平6

29. 马七进六 将4平5

30. 车八进二 ……

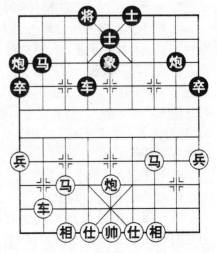

图92

进车占据要道，控制局面的好棋。

30. ……　　　卒 1 进 1　　　　**31.** 仕六进五　炮 8 平 9

32. 炮五平四　车 6 平 7　　　　**33.** 炮四平八

黑方必失一子，投子认负。

第 47 局　广西潘振波 负 湖北汪洋

1. 相三进五　炮 8 平 4

以过宫炮应飞相局是当前布局热点，后手方的主流变化。

2. 车一进一　……

起横车是借鉴了后手应对过宫炮的布局，利用横车过宫对黑炮形成牵制。

2. ……　　　马 8 进 7　　　　**3.** 车一平六　马 2 进 3

4. 炮八平七　车 9 平 8　　　　**5.** 马二进四　……

红方跳拐角马当前正确的选择，既不破坏担子炮的联络，又避免了跳边马的尴尬。

5. ……　　　炮 4 平 6　　　　**6.** 马八进九　象 3 进 5

7. 车九平八　车 1 平 2

8. 车八进四　炮 2 平 1

9. 车八平四　士 4 进 5（图 93）

补士正确。这里黑方显然不能走炮 6 进 6 交换。其原因有二：一、交换以后红方车六平四是一步先手；二、交换以后黑方 3 路马失"根"，所以这里一般都不会选择交换。职业棋手对棋型是非常重视的，这一点我们可以深加体会。

10. 车四进二　车 2 进 4

11. 车四平三　车 2 平 6

黑子力调运完成，现在平车交换正确。

12. 马四退二　……

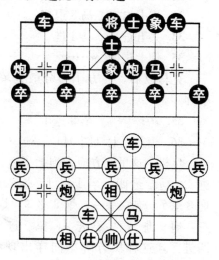

图 93

红方如车三进一，则炮 6 进 6，以后黑炮突入红方阵地后可以通过兑炮的手段破坏红方担子炮的联络。

12. ……　　　车 8 进 2　　　　**13.** 兵九进一　卒 3 进 1

14. 马九进八　炮 1 进 3　　　　**15.** 车六平九　炮 1 退 1

16. 马八进七　……

略急，不如马二进一先调整弱马为宜。

16. ……　　炮6进7

炮轰底仕突施冷箭，局面顿时紧张起来。

17. 车九平四　车6进4　　　　**18.** 马二进四　炮6平7

巧手，红方阵型由此散乱。

19. 相五进三　炮1进1　　　　**20.** 兵七进一　炮7退1

21. 炮二进四　炮1平7　　　　**22.** 炮七平二　后炮平8

23. 车三平四　马7进8　　　　**24.** 前炮退二　马8退6

25. 后炮进五　马6退8

双方交换以后，黑方已然反先。

26. 兵三进一　卒3进1　　　　**27.** 炮二平七　象5进3

28. 相七进五　象7进5

补象以后红方困顿，形势对黑方非常有利。

29. 仕六进五　炮7平8　　　　**30.** 马四进二　士5进6

当前局面下，红方单仕单相，黑方只要稳步进取就可确立优势，所以这里黑方设计了一个兑子的计划。

31. 炮七退二　马8退6　　　　**32.** 相五进七　马6退4

33. 兵五进一　马4进2　　　　**34.** 相七退九　马2进3

35. 炮七进四　……

兑马以后，红方子力分散处境更为艰难。

35. ……　　卒9进1

36. 相九退七（图94）……

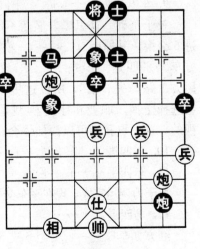

图94

坏棋，这里红方应走炮七平六，卒1进1，马二进四，卒1进1，炮六退四，炮8退7，炮六平一，炮8平9，炮一进三，炮9进5，兵三进一，象5进7，马四进三，这样黑方阵型同样出现弱点，红方尚可坚持。

36. ……　　卒1进1

37. 帅五平六　卒1进1

38. 炮七平八　卒1平2　　　　**39.** 相七进五　士6进5

40. 马二进四　炮8退7　　　　**41.** 马四进二　炮8平9

42. 马二进一　卒2进1　　　　**43.** 炮八退二　卒2平3

44. 相五退三　卒 3 平 4

退炮牵制红方边兵，好棋。

45. 炮八退一　炮 9 退 1

46. 帅六平五　象 3 退 1

47. 兵三进一　卒 4 平 3

48. 炮八平九　马 3 进 2

49. 炮九进二　象 5 进 7

50. 马一退三　炮 9 进 6

51. 兵五进一　……

劣势下潘大师走得非常顽强，这手冲兵是红方最顽强的应着。

51. ……　卒 5 进 1

52. 炮九平五　将 5 平 4

53. 炮五平一　……

连扫黑方双卒，红方多少得以喘息。

53. ……　马 2 进 4

54. 帅五平六　将 4 平 5

55. 马三退五　卒 3 平 4

56. 炮一平五　将 5 平 6

57. 炮五平四　将 6 平 5

58. 炮四平五　将 5 平 6

59. 炮五平四　将 6 平 5

60. 炮四平五　将 5 平 6

61. 相三进一　象 1 退 3

62. 炮五平四　将 6 平 5

63. 炮四平五　象 3 进 5

补象以后，黑方已经全无弱点，可以放手进攻。

64. 炮五平一　卒 4 平 5

平炮压相眼，为冲中卒做准备。

65. 相一进三　炮 9 平 6

66. 马五进六　象 5 进 7

67. 马六退四　马 4 进 3

68. 帅六平五　卒 5 进 1

69. 仕五退四　卒 5 平 6

70. 炮一退三　马 3 退 2

露将助攻，巧手。

71. 仕四进五　士 5 进 4

72. 帅五平六　卒 6 进 1

73. 仕五进四　炮 6 退 1

74. 马四进六　马 2 进 4

75. 马六退五　炮 6 退 1

76. 炮一进一　炮 6 平 4

77. 帅六平五　马 4 进 6

78. 炮一平五　将 5 平 4

79. 马五退三　卒 6 平 7

80. 帅五进一　炮 4 平 5

速败，改走炮五平七较为顽强。

81. 相三退五　……

81. ……　士 4 退 5

82. 马三进一　马 6 退 7

83. 炮五进一　马 7 进 9

好棋，伏马有 9 进 7 的入局手段，红方投子认负。

第48局 河北申鹏 胜 河南黄丹青

1. 马八进七　卒3进1　　　**2.** 炮二平四　马2进3

3. 马二进三　马8进9　　　**4.** 车一平二　车9平8

双方由进马对挺卒转成先手反宫马对单提马的阵势。

5. 兵三进一　炮8平7（图95）

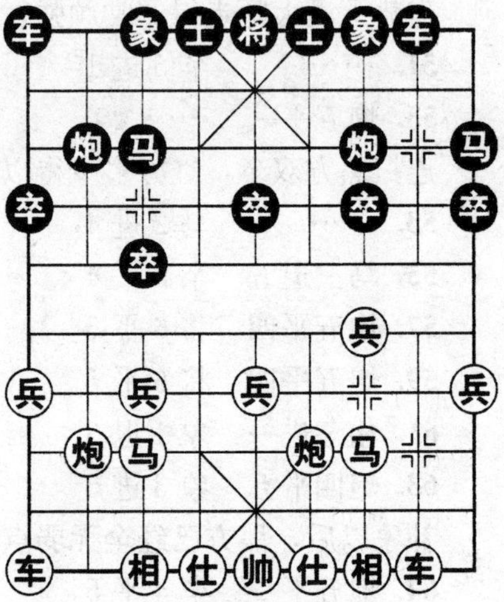

平炮一是牵制红方三路线，二是通过兑车简化一下局面。如果想保持变化，可以选择炮8进4，相七进五，士4进5，双方另有攻守。这种散手布局看似双方都没有什么章法可循，但是对棋手布局理念的要求却是很高，是对棋手综合素养的全面考验。

6. 车二进九　马9退8

7. 马三进四　卒7进1

8. 相三进五　卒7进1

9. 相五进三　……

图95

双方交换以后，红方的行棋效率显然更高一些。

9. ……　　　　　车1进1　　　**10.** 车九进一　车1平8

11. 车九平六　象7进5　　　**12.** 车六进三　车8进3

13. 相三退五　车8平7

平车的作用不大，不如车8进3，仕六进五，马8进9，炮八进四，卒9进1，车六进二，士6进5，以后可以演成各攻一翼的情况。

14. 炮八进四　卒9进1

进卒这手棋显得信心不足，可以考虑炮7平8策对攻势。

15. 炮八平七　士4进5　　　**16.** 兵七进一　炮2进4

进炮有些盲目，不如炮7平9静观其变，红方也没有什么好的攻击手段。

17. 车六退一　炮2退2　　　**18.** 兵七进一　车7平3

19. 车六进三　……

进车是非常严厉的一手棋。

19. ……　　　　　炮7平8　　　**20.** 炮七平五　炮8进7

21. 仕四进五　车3平7　　　**22.** 炮四平三　……

平炮稳健，化解黑方的攻势。

22. ······ 马3进5

23. 车六平五 ······

打通卒林线，红方先手扩大。

23. ······ 车7平6（图96）

坏棋，仍应走马8进9，车五平一，炮2退2，马七进八，车7进2，双方互缠。

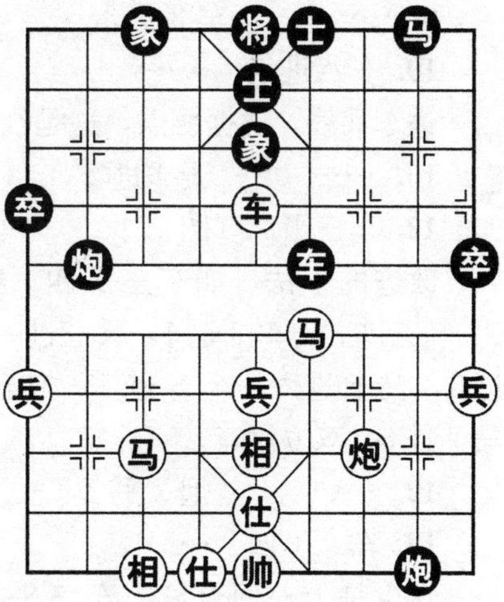

24. 马七进六 车6进1

25. 马六进八 ······

这样交换以后，红方空间优势很大，可以从容组织进攻。

25. ······ 车6平8

图96

26. 炮三进二 马8进7

27. 车五平三 马7退9

28. 车三平七 炮8平9

29. 仕五进六 ······

好棋，化解黑方最后反扑的可能。

29. ······ 士5退4

忙中出错，速败，改走将5平4较为顽强。

30. 马八进六

以下红方伏有马六进七，再炮三平五的攻击手段，黑方难以防守，投子认负。

第49局　黑龙江赵国荣 胜 四川孙浩宇

1. 炮二平五 马8进7　　**2.** 马二进三 车9平8

3. 车一平二 马2进3　　**4.** 兵七进一 卒7进1

5. 车二进六 炮8平9　　**6.** 车二平三 炮9退1

7. 炮八平六 ······

红方平仕角炮，形成五六炮的阵势，是近年来兴起的一种稳步进取的走法。

7. ······ 车8进5

黑车骑河，控制红马出路，力争主动。

8. 马八进七 ······

进马而放弃七兵，加快出子速度，正着。

8. ……　　　　车 8 平 3　　　　　**9.** 车九平八　车 1 平 2

10. 车八进三　……

进车兵线，占据要点，这是红方保持先手的关键。

10. ……　　　　士 4 进 5　　　　　**11.** 兵五进一　炮 9 平 7

12. 车三平二（图 97）　……

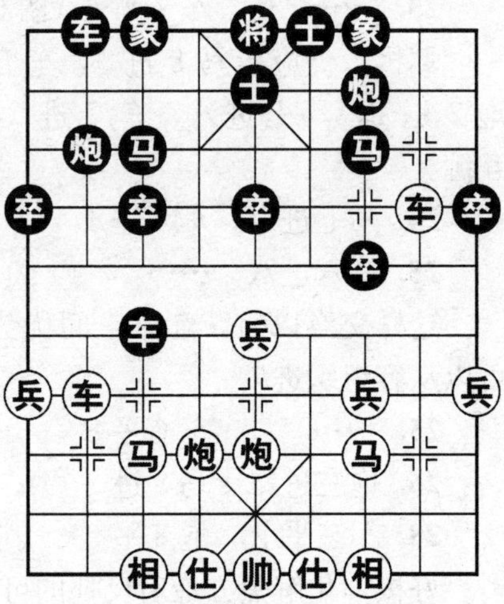

改进的下法，如车三平四，象 7 进 5，马三进五，车 3 退 1，兵五进一，卒 5 进 1，马七进六，卒 5 进 1，炮五进二，马 7 进 6，双方对峙。

12. ……　　　　炮 2 平 1

13. 车八平四　……

这也是上一回合红方车三平二的后续手段。

13. ……　　　　炮 7 平 9

14. 相七进九　车 3 退 1

15. 车二进二　炮 1 退 1

16. 车二退一　炮 1 进 1

17. 仕四进五　……

图 97

补仕稳健，至此，红方已经取得非常满意的布局阵势。

17. ……　　　　炮 9 进 1　　　　　**18.** 车二退一　卒 1 进 1

稍缓，不如马 7 进 6 更为紧凑一些。

19. 车二平三　炮 9 退 1

这样黑炮仍要退回，准备攻击红方三路车，显然黑方耗费步数，影响了大子的出动。

20. 兵五进一　车 3 平 5　　　　　**21.** 马七进六　车 2 进 3

进车坚守卒林线消极，这也是本局黑方失利的根源所在。这里黑棋可以考虑车 5 进 1，马六进七，车 2 进 3，车四平七，炮 9 平 7，车三平四，炮 1 退 1，黑方的防守更有层次感。

22. 马三进五　……

进马攻车正确，否则黑车 5 进 1 是一步很大的先手。

22. ……　　　　炮 9 平 5　　　　　**23.** 炮五进三　炮 9 平 6

24. 炮五平八　……

平炮封车巧手，伏有炮六平八打死车的手段。

24. ……　　　　车 2 退 2　　　　　**25.** 马五进六　炮 6 平 5

26. 相三进五　炮5平3　　　　**27.** 炮八平三　……

平炮打卒，左右开弓，红方弈来得心应手。

27. ……　　　马7退9　　　　**28.** 后马进八　炮3进1

劣势中，孙大师进炮轰相，试图通过搅乱局势。

29. 马八进九　象3进5　　　　**30.** 炮三平二　象5进3

31. 马六进七　象3退1　　　　**32.** 马七退五　……

红方赚得一子且控制住局势，胜利在望。

32. ……　　　炮3平5　　　　**33.** 帅五平四　车2进5

34. 马五退六　车2平4　　　　**35.** 炮二平五　象7进5

36. 车三平四　马9进7　　　　**37.** 马六进七　……

进马踩卒，红方已经完成总攻前的子力部署。

37. ……　　　象1进3　　　　**38.** 相九退七　炮5平8

39. 炮六平三

黑方认负。

第50局　山东张申宏 胜 浙江于幼华

1. 炮二平五　马8进7　　　　**2.** 马二进三　车9平8

3. 车一平二　马2进3　　　　**4.** 兵三进一　卒3进1

5. 马八进九　卒1进1　　　　**6.** 炮八平七　马3进2

7. 车九进一　……

起横车可抢占两肋要道，这是红方流行的一种走法。

7. ……　　　象3进5　　　　**8.** 马三进四　……

双方以五七炮进三兵屏风马布阵，此时红方进河口马窥视中卒，这是红方一种主要的攻法。

8. ……　　　士4进5

补士以后黑方阵型厚实。

9. 马四进六　卒5进1　　　　**10.** 兵五进一　炮8进4

11. 车二进一　……

进车生根，稳健之着，红方阵型顿时生动起来。

11. ……　　　马2进1（图98）

如卒5进1，马六进四，炮2退1，车二平六，车1进3，马四退五，马7进5，车六进二，卒3进1，兵七进一，炮8退1，马五进七！红方稍好。

12. 炮七平六　炮2进2　　　　**13.** 兵五进一　炮2平4

14. 兵五平六　炮8平5

15. 炮五平一　车8进8

16. 车九平二　……

兑车以后，黑方虽然有空头炮的优势，但是后续子力无法跟进，红方先手明显。

16. ……　　　车1平2

17. 车二进六　马7进5

18. 车二退四　炮5退1

19. 车二平六　……

平车稳健，如兵六进一，马5退7，车二进四，车2进3，车二平三，车2平4，黑方弃子有攻势。

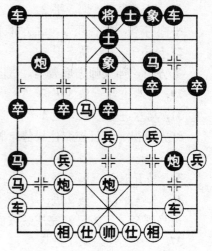

图 98

19. ……　　　马5退3

退马缓手，应走车2进5，兵七进一，卒1进1，兵六平五，马5退3，兵七进一，象5进3，双方机会相当。

20. 炮一进四　车2进5　　　　**21.** 兵七进一　……

红方进兵导致黑方严厉反击，应改走相三进一，卒1进1，炮一退二，红方稍好。

21. ……　　　车2进2　　　　**22.** 兵七进一　象5进3

23. 车六平九　车2平4　　　　**24.** 兵六平五　车4平5

25. 仕四进五　车5平1　　　　**26.** 车九平五　车1退2

至此黑方已经控制住局势。

27. 兵三进一　炮5平8　　　　**28.** 车五平二　卒7进1

29. 炮一退二　卒7进1　　　　**30.** 相三进五　卒7进1

31. 车二平三　炮8退1　　　　**32.** 车三进六　……

在这一阶段，红方虽然取得一些攻势，但是仍是黑方优势。

32. ……　　　车1进1　　　　**33.** 车三退二　车1平9

34. 炮一平三　马3退4　　　　**35.** 兵五平六　士5进6（图99）

支士坏棋，黑方把优势局面拱手葬送。这里应走车9进3，仕五退四，炮8进5，相五退三，炮8退6，相七进五，车9退5，黑方仍有优势在手。

36. 车三平四　车9进3　　　　**37.** 炮三退四　象3退5

38. 车四平二　炮8平7　　　　**39.** 仕五退四　……

退仕冷静，解放被牵制的底炮，增加打击力量。

39. …… 车9退6

40. 炮三进一 士6进5

41. 炮三平五 车9平6

42. 炮五进六 将5平6

黑方这里求战心切，错误的判断形势。应走马4进5，车二平五，炮7平8，相五退三，将5平6，仕六进五，士5进6，双方大体均势，黑方守和不难。

43. 炮五平九 车6进6

44. 帅五进一 车6退1

45. 帅五退一 车6进1

46. 帅五进一 车6退6

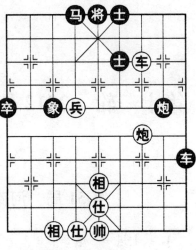

图99

软着，应走马4进6放手一击，以下车二退一，卒1进1，炮九进一，士5进4，黑方易走。

47. 车二平三 炮7平9		**48.** 车三进二 将6进1
49. 炮九进一 士5退6		**50.** 车三退一 将6进1
51. 兵六平五 将6平5		**52.** 车三平六 士6进5
53. 炮九退一 炮9退3		**54.** 车六退四 将5平6

出将坏棋，应走炮9进2，帅五退一，将5平6，黑方形势不差

55. 车六平三 马4进2

败着，应走炮9进5，车三退一，炮9退1，黑方还是可战之势。

56. 炮九进一 炮9进5		**57.** 车三进三 将6退1
58. 车三退四 炮9退4		**59.** 车三平八 车6平1

60. 车八进五 ……

吃回一马，红方取得胜势。

60. …… 将6进1		**61.** 车八平五 炮9进3
62. 相五进三 炮9退2		**63.** 兵五进一 炮9退1

64. 炮九退一

红胜。

第十一轮　2012年7月17日弈于各队主场

第51局　河南武俊强 胜 北京张强

1. 兵七进一　炮2平3　　　　**2.** 炮二平五　象3进5

3. 仕六进五　……

补仕是一路以静制动的下法。

3. ……　　　卒7进1　　　　**4.** 马二进三　马8进7

5. 车一平二　车9平8　　　　**6.** 车二进四　炮8平9

7. 车二进五　马7退8　　　　**8.** 炮五进四　……

红方兑车虽然损失步数，但是得炮打中卒的补偿，红方还是非常满意的。

8. ……　　　士4进5

9. 兵五进一（图100）　……

冲兵是巩固前沿的要点。如炮五退二，马2进4，马八进七，黑方有卒3进1的反击，黑棋满意。

　9. ……　　　马2进4

10. 炮五平六　……

平炮是冲中兵的后续手段。

10. ……　　　马8进7

11. 相七进五　车1平2

12. 炮八平六　炮9退1

13. 兵五进一　车2进4

14. 后炮进三　……

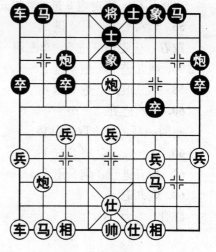

图 100

进炮巩固前沿，红方有前方阵地得以巩固。这个局面下虽然红方一时间不能发动有效的攻势，但是双炮兵突入对方阵地后，对黑方是一个很大的威胁。

14. ……　　　马7进8

黑方为什么不走车2进4呢，原为红方可以通过马八进六再马六进五脱身，黑方无功而返。

15. 马八进七	马8进7	**16.** 马七进五	炮3平1

17. 兵七进一 ……

弃兵通车，这是中局中常用的手段。

17. ……	车2平3	**18.** 车九平八	车3进2
19. 后炮进三	炮9平4	**20.** 车八进七 ……	

进车捉炮细腻，迫使黑炮离位以后，给红棋留出炮六平九再炮九进三的攻击路线。

20. …… 炮1进4

21. 车八进二 士5退4（图101）

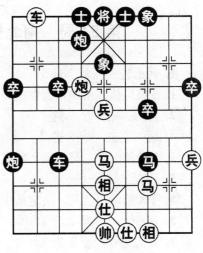

图 101

败着。应走炮4退1，马五进六，车3进2，炮六平九，象5退3，车八退九，车3退4，黑方足可抗衡。

22. 车八平六	将5进1
23. 炮六平五	象5进3
24. 马五进六	车3平4

25. 炮五平九 ……

红方一着攻击得手以后，车马炮兵四子联攻，步步紧逼，不给黑方以喘息之机。

25. ……	象3退1	**26.** 炮九平八	炮1进3
27. 炮八进二	炮4进2	**28.** 马六退八	车4进2

29. 仕五进六 ……

支仕是化解黑方攻势好棋。

29. ……	车4进1	**30.** 帅五进一	车4退1
31. 帅五退一	车4进1	**32.** 帅五进一	车4退1
33. 帅五退一	马7退5	**34.** 马三进五	车4进1
35. 帅五进一	车4退1	**36.** 帅五退一	炮1平2
37. 马八进七	车4进1	**38.** 帅五进一	车4退1
39. 帅五退一	车4平3	**40.** 车六退三 ……	

至此，红方赚得一子且有攻势，黑方败定。

40. ……	将5退1	**41.** 马七进六	车3进1
42. 帅五进一	车3退1	**43.** 帅五退一	车3进1

44. 帅五进一　车 3 退 8 　　　　**45.** 马六退四　车 3 平 6

46. 车六进一　士 6 进 5 　　　　**47.** 炮八平四　……

交换简明，不给黑方反扑的机会。

47. ……　　　　士 5 进 4 　　　　**48.** 炮四平一　将 5 平 4

49. 马四进三　象 1 进 3 　　　　**50.** 炮一进一　将 4 进 1

51. 马三退四　将 4 平 5 　　　　**52.** 炮一退一

黑方失子失势，投子认负。

第 52 局　湖北柳大华 胜 广东庄玉庭

1. 兵七进一　象 7 进 5

以飞象应仙人指路，有意把局面引向散手局。这正是庄特大的布局特点。

2. 马八进七　卒 7 进 1 　　　　**3.** 炮二平五　马 8 进 7

4. 马二进三　炮 2 进 2

进炮准备配合左马封锁 8 路线，这也是黑方常见的走法。

5. 兵五进一　……

柳特大思索一会儿，决定从中路突破。

5. ……　　　　马 2 进 3 　　　　**6.** 马七进五　马 7 进 8

7. 兵五进一　卒 5 进 1 　　　　**8.** 炮五进三　士 6 进 5

9. 车九进一　……

起横车加强攻势，正确，柳特大棋风凶悍可见一斑。

9. ……　　　　车 9 平 6

10. 车一进一　……

再起横车准备通过兑肋车，锁定黑方将门。

10. ……　　　　马 8 进 7

11. 车一平二　……

平车捉炮稳健，不让黑方通头。

11. ……　　　　炮 8 平 7

12. 车九平四　卒 3 进 1（图 102）

这里黑方宜走马 7 退 6 避兑，这样黑方左翼不致受攻。试演一例：马 7 退 6，车四进三，炮 7 进 1，车二进二，车 1 进 1，仕四进五，炮 7 平 6，车四平二，马 6

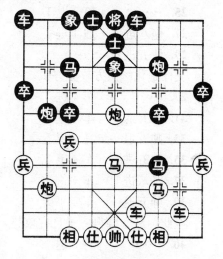

图 102

进5，马三进五，炮6平5，黑方足可抗衡。

13. 炮八平五　车1平2　　　14. 车四进八　将5平6

15. 车二进八　炮7退2　　　16. 车二退三　炮2平5

换炮是黑方既定着法，这里也可选择卒3进1，双方攻守更为复杂尖锐。

17. 车二平四　将6平5　　　18. 炮五进三　卒3进1

19. 仕四进五　卒3平4（图103）

败着。应走炮7平6，马五进七，马3进2，马三进五，车2进2，马五进六，卒7进1，车四平一，卒7平6，黑方足可抗衡。

20. 马五进六　……

柳特大手疾眼快，进马好棋，不给黑方松透局势的机会。

20. ……　　　　炮7平6

黑方如马3进5，则帅五平六红方速胜。

21. 马六进七　车2进6

22. 马七退六　车2平3

23. 马六进八　车3退4　　　24. 马三进五　马7退5

25. 车四平六　……

平车叫杀，紧凑有力。

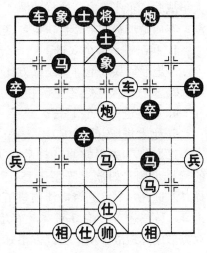

图103

25. ……　　　　炮6进2　　　26. 车六退二　……

顺利地吃掉黑卒以后，红方多子占势，掌握着局势的主动权。

26. ……　　　　马5进7　　　27. 车六平二　将5平6

28. 车二进五　将6进1　　　29. 炮五平四　马7退6

30. 马五进四　……

交换简明，红方车双马已经可以组织起杀势。

30. ……　　　　车3进1　　　31. 车二退一　将6退1

32. 马四进三　将6平5　　　33. 车二退二　……

弃车叫杀，逼离黑车，精彩。

33. ……　　　　车3进6　　　34. 车二进三

以下黑方如象5退7，仕五进六，象3进5，车二平三！红方胜定。

第53局 湖北汪洋 胜 广东许银川

象甲第十一轮湖北队主场迎战广东队。在四盘慢棋比赛中，湖北洪智李雪松分别弈和广东张学潮和许国义。第三台湖北汪洋不敌广东许银川，第四台柳大华战胜广东庄玉庭。这样两队4∶4战平，加赛的第一盘快棋洪智战和张学潮；本局是加赛的第二盘快棋，这盘对汪洋是一个很大的考验。

1. 兵三进一　卒3进1　　**2. 炮八平七 ……**

平炮形成兵底炮阵型是红方比较积极的选择。

2. …… 炮2平5　　**3. 马二进三　马2进3**

4. 相三进五　车1平2

5. 炮七进三（图104）……

进炮打卒先得实惠，打乱黑方原有的行棋步调。如欲求阵型工整，可以选择马八进九，马3进4，仕四进五，马4进5，马三进五，炮5进4，车九进一，双方形成阵地战，演下去红方稍好。

5. …… 象3进1

6. 炮七退一 ……

退炮先稳住阵脚再徐图进取。这里红方也可走炮七进一，以下黑方有车2进3和车2进8两种反击手段，双方另有攻守。

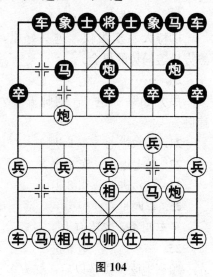

图104

6. …… 车2进4

进车巡河稳健，这里也可以车2进8，仕四进五，马3进4，炮二退一，车2退2，车一平四，马8进7，大体均势。

7. 马八进七　卒7进1　　**8. 兵三进一　车2平7**

9. 马三进四　炮8平6　　**10. 车一平三 ……**

兑车好棋，兑车以后，红左车出动的速度明显要快于黑方左车，这正是红方希望走到的进攻节奏。

10. …… 车7进5　　**11. 相五退三　车9进1**

12. 车九进一　车9平7　　**13. 炮二平三　车7进5**

14. 车九平二 ……

红方之所以没有在第12回合选择出横车，而是选择了这样一条迂回路线，节奏明显放缓。

14. ⋯⋯　　马8进7　　　　**15.** 车二进五　马7进6

16. 车二平四　士6进5　　　　**17.** 车四退一　炮6进3

18. 炮三平二　炮6平8

至此，双方大体均势。

19. 相七进五　炮8进1　　　　**20.** 仕六进五　炮5进4

黑方站稳脚跟以后，炮打中卒展开反击。

21. 炮七平九　炮5退2　　　　**22.** 炮九进三　士5退6

退士有些随手，不如象7进5这样调整，黑棋后防压力要小得多。

23. 兵七进一　士4进5

还应走象7进5，不能放任红七兵过河。

24. 兵七进一　车7平3（图105）

败着。应走车7进1，车四平二，车7平8，兵七进一，马3退4，炮九平二，马4进5，马七进六，车8平7，黑方弃还一子，黑方足可抗衡。

25. 车四平二　象7进5

26. 兵七进一　⋯⋯

冲兵紧凑，黑方已然阵脚大乱。

26. ⋯⋯　　马3退2

27. 炮九进一　马2进4

28. 兵七平六　炮5平7　　　　**29.** 车二进二　炮7平5

30. 车二退二　炮5平7　　　　**31.** 车二退一　⋯⋯

退车准备右车左调，加强攻击。

31. ⋯⋯　　卒5进1　　　　**32.** 车二平八　炮7退2

33. 车八进四　马4进2　　　　**34.** 兵六进一　⋯⋯

弃兵入局的好棋。

34. ⋯⋯　　马2进3　　　　**35.** 车八进一　士5退4

36. 兵六进一

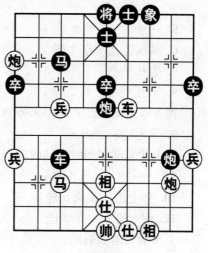

图 105

以下如士6进5，则炮九进一，黑方败定。这样汪洋大师战胜许银川特级大师，凭借这盘棋的胜利湖北队战胜了广东队。

第54局 浙江陈寒峰 胜 河北王瑞祥

1. 炮二平六　马8进7　　2. 兵三进一　车9平8

3. 马二进三　卒3进1　　4. 车一平二　马2进3

5. 相七进五（图106）　······

飞相是稳健的选择，这里红方也可选择炮八进四，以下象7进5，马八进七，马3进2，相七进五，车1进1，炮八平三，红方先手。

5. ······　　炮8进4

6. 马八进九　象3进5

7. 炮八平七　车1平2

8. 车九平八　炮2进4

黑方双炮突入红方阵型来势汹汹。

9. 兵七进一　······

冲七兵是红方当时最佳的攻击线路。

9. ······　　马3进4

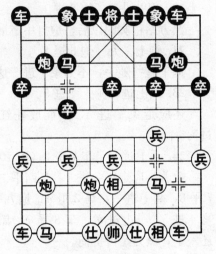

图106

10. 兵七进一　象5进3　　11. 炮六进二　象3退5

12. 炮七平六　车2进4　　13. 仕六进五　卒7进1

兑卒活马迫在眉睫。

14. 兵三进一　象5进7　　15. 兵五进一　······

冲兵拆散炮架也是当前必走之着。

15. ······　　炮2进1　　16. 后炮进三　车2平4

17. 炮六退二　······

退炮正确，红方如果车八进二交换，车4进1，黑方通过下一手吃中兵控制红方河口，形势大优。

17. ······　　车4平2　　18. 马三进五　车8进1

19. 马五进七　炮2退1　　20. 马九退七　炮2进2

21. 炮六退一　车8平2　　22. 前马进六　前车平4

23. 车八进一　······

这里红方选择了一路比较稳健的下法。这里红方也可以选择炮六平八，炮8退2，炮八进四，士4进5，马七进九，红方多子。

23. ······　　车2平8　　24. 炮六退一　车4退1

25. 车八进二　车4进5　　　　**26.** 车二进三　车8进5

27. 车八平二　车4平3　　　　**28.** 车二进三　……

双方交换以后，红方子力位置较好，略占优势。

28. ……　　　　　马7进6

进马坏棋，应走车3退2谋兵，以下车二平三，马7退5，兵一进一，车3平1，车三平五，象7退5，黑方足可抗衡。

29. 车二平五　象7退5　　　　**30.** 车五平九　……

这样红方连扫双卒，局势发展的主动权重新回到红方手中。

30. ……　　　　　车3退2　　　　**31.** 兵五进一　马6进8

32. 相五进三　车3平9　　　　**33.** 兵九进一　车9平1

34. 相三进五　车1进3　　　　**35.** 兵五进一　马8进7

36. 兵五进一　……

红方见边兵难以摆脱黑车的控制，临场决定一兵换双象，重新制造战机。

36. ……　　　　　象7进5　　　　**37.** 车九平五　车1退4

38. 车五进一　士4进5　　　　**39.** 仕五进六　卒9进1

40. 车五平七　士5退4　　　　**41.** 车七平五　士4进5

42. 车五平一　车1退1

退车以后，这个局面下，红方赢棋已经非常困难，但是这是一场团体赛制的比赛，前三台双方总成绩战平，这盘棋如果双方再次战平，那么比赛将进入加赛快棋之中，所以，陈寒峰利用黑方缺双象的弱点，努力寻找战机。

43. 车一平七　士5退4　　　　**44.** 车七退四　马7退6

45. 车七平四　马6退7

46. 车四进三　马7进8

47. 仕六退五　车1平4

48. 炮六进二　卒9进1

49. 相五退三　士4进5

50. 车四平七　马8进7

51. 炮六平五　士5进6

52. 车七平五　将5平4（图107）

陈特大的攻击终于收到效果，临场王瑞祥出现误算。这里应走士6进5，车五平六，车4平5，车六平一，将5平4，黑方足可抗衡。

53. 炮五平六　车4平6

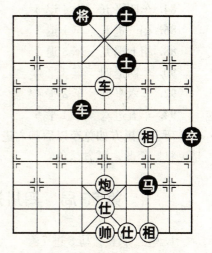

图 107

54. 仕五进四 ……

至此红方赚得一子，由优势转为胜势。

54. ……	士6进5	**55.** 炮六平三	车6进3
56. 车五平六	将4平5	**57.** 炮三退一	将5平6
58. 车六平二	卒9进1	**59.** 仕四进五	车6退1
60. 车二进三	将6进1	**61.** 炮三进一	士5进4
62. 炮三平四	将6平5	**63.** 车二退三	将5退1
64. 车二平五	士6退5	**65.** 炮四平五	将5平6
66. 车五平二	士5进6	**67.** 炮五平四	将6平5
68. 车二平六	士6退5	**69.** 车六平八	士5进6
70. 炮四平九	卒9平8	**71.** 车八进三	将5进1
72. 车八退二	车6平4	**73.** 炮九进五	卒8平7
74. 相三退五	卒7进1	**75.** 车八进一	将5退1
76. 车八平三	车4平1	**77.** 炮九平七	车1进3

78. 炮七退七 ……

退炮占据守和要点，红方取胜只是时间问题。

78. ……	卒7平8	**79.** 车三进一	将5进1
80. 车三退三	卒8进1	**81.** 车三平四	卒8平7

82. 车四进一 ……

破士以后，红方胜定，以下解说略。

82. ……	车1退1	**83.** 车四退一	将5退1
84. 车四平五	士4退5	**85.** 相五进七	车1进1
86. 相三进五	车1退1	**87.** 车五平四	车1平3
88. 相七退九	车3退1	**89.** 相五进七	车3进1
90. 车四退四	车3平4	**91.** 车四平六	车4平2
92. 车六平五	车2平4	**93.** 仕五进六	将5平6
94. 车五进六	车4平6	**95.** 车五退七	

巧手，黑方如兑车以后帅六进一，黑卒被打死；黑如不兑车则白丢一卒也是丢棋。至此，黑方认负。

第 55 局 四川郑惟桐 胜 山东卜凤波

1. 炮二平五	马8进7	**2.** 马二进三	卒7进1
3. 车一平二	车9平8	**4.** 车二进六	马2进3

5. 马八进七 卒 3 进 1   **6.** 车九进一 炮 2 进 1

7. 车二退二 象 3 进 5   **8.** 兵三进一 炮 2 进 1

9. 兵七进一 炮 8 进 2

10. 马三进四（图 108）……

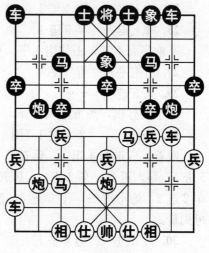

图 108

双方以中炮直横车对屏风马两头蛇开局，双方轻车熟路形成四兵（卒）相见的阵势。实战中红方马三进四是 20 世纪 80 年代兴起的着法，而棋手感觉马三进四的攻击力不强，所以多改走车九平六，近年来，红车九平六已经成为这个局面下的"官着"。试演一例：车九平六，士 4 进 5，炮八退一，卒 7 进 1，车二平三，卒 3 进 1，车三平七，炮 8 平 3，车六进七，红方先手。现在郑惟桐大师老谱翻新，必是有备而来，我们看卜特大如何应对。

10. …… 士 4 进 5   **11.** 兵七进一 ……

冲七兵是近年改进的走法，以往多走车九平六，卒 7 进 1，车二平三，马 7 进 6，炮五平四，炮 8 进 5，车六进七，红方先手。

11. …… 炮 8 平 3   **12.** 车二进五 马 7 退 8

13. 马七进六 ……

很冷静的选择。如兵三进一吃卒，则炮 2 平 7，马七进六，车 1 平 2，炮八平六，马 8 进 7，黑方足可抗衡。

13. …… 卒 7 进 1   **14.** 马四进五 马 3 进 5

15. 炮五进四 马 8 进 7   **16.** 炮五平三 炮 2 退 2

缓着。应走炮 2 平 1 打车，可与红方对抢先手。

17. 车九平三 炮 2 平 3   **18.** 相三进五 车 1 平 2

19. 炮八平九 ……

平炮是郑惟桐事先准备的"家庭作业"以往红方多走炮八平六，车 2 进 5，马六进四，马 7 进 5，车三进三，车 2 平 7，相五进三，双方大体均势。

19. …… 车 2 进 3

空着，不如前炮平 4，以下车三进三，马 7 进 5，炮三平九，马 5 进 3，黑方足可抗衡。

20. 车三进三 马 7 退 9   **21.** 炮三平七 ……

至此，红方子力位置较好，并且多兵，形势占优。

21. ……	前炮进4	**22.** 车三进二	前炮平4
23. 帅五进一	炮4平1	**24.** 炮九平七	炮3平4
25. 帅五退一	卒9进1	**26.** 仕四进五	炮1平3

平炮华而不实，不如炮1平4更为稳健。

27. 后炮平六	炮3平4	**28.** 炮六进五 炮4退6
29. 兵五进一	……	

冲中兵好棋，黑方陷入苦守。

29. ……　　　卒1进1（图109）

败着，应走炮4退1，兵五进一，士5进4，马六退七，车2进1，兵五进一，车2进2，炮七进二，士6进5，黑方尚可周旋。

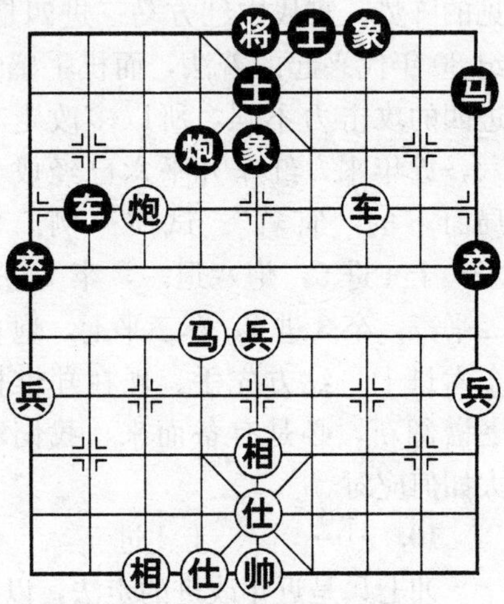

30. 兵五进一　炮4平1

31. 兵五进一　马9进7

32. 炮七退三　……

退炮脱身，红方的攻势更有层次。

32. ……　　　马7退8

图109

33. 车三平二	马8进9		
34. 炮七平三	士5进4	**35.** 车二平一	炮1进1
36. 炮三退三	士4退5	**37.** 炮三平四	车2平4

黑方改走车2进2捉马，则兵五进一，车2平4，兵五进一，士6进5，车一平九，车4退1，车九平一，红方优势。

38. 炮四进六	车4进2	**39.** 炮四平九	马9退8
40. 车一退一	卒1进1	**41.** 车一平八	车4平2
42. 车八平五	卒1进1	**43.** 兵五进一	象7进5
44. 车五进二	……		

形成车炮兵仕相全对车马卒双士的残局，正常情况下，红方取胜没有难度。

44. ……	马8进6	**45.** 炮九平一	将5平4
46. 炮一进三	将4进1	**47.** 炮一退一	车2进1
48. 兵一进一	车2平8	**49.** 车五退一	车8退5
50. 车五平六	士5进4	**51.** 炮一退一	马6退8
52. 炮一退一	车8进5	**53.** 车六平三	卒1平2

54. 兵一进一　卒2平3　　　**55.** 炮一进二　车8退4

56. 兵一进一　卒3进1　　　**57.** 兵一平二　车8平7

58. 车三平七　马8进9　　　**59.** 车七退四　……

吃掉黑卒以后，红方胜定。

59. ……　　　　马9进8　　　**60.** 车七进六　将4退1

61. 车七进一　将4进1　　　**62.** 车七平四　马8进7

63. 车四退三　马7进9　　　**64.** 兵二平三　马9进7

65. 帅五平四　车7平9　　　**66.** 车四进二　将4退1

67. 车四进一　将4进1　　　**68.** 车四退一　将4退1

69. 相五退三　马7退8　　　**70.** 炮一平三　车9进3

71. 车四进一　将4进1　　　**72.** 帅四平五　车9平6

73. 车四平二　车6进1　　　**74.** 相七进五　车6平5

75. 兵三进一　马8退6　　　**76.** 兵三平四　将4平5

77. 炮三平四

红胜。

第十二轮 2012年7月18日弈于各队主场

第56局 北京张强 负 河南李林

1. 相三进五　马2进3 　　　　**2.** 兵七进一　炮8平5

3. 炮八平七　象3进1

黑方第2回合架中炮，第3回合飞边象这是典型的野战派下法，面对布局理论精深的张强大师，李林部署的"奇兵"能否发挥威力呢？

4. 马八进九　车1平2 　　　　**5.** 马二进三　卒7进1

6. 炮七平八　……

平车打车稍显重复，不如车九平八正常出子，红方先手很大。

6. ……　　　　车2平3（图110）

平车3正确，以后可以通过卒5进1以后再马3进5打开3路线，活通底车。

7. 车九进一　马8进7

8. 车一平二　卒5进1

9. 车九平四　马3进5

10. 炮二进四　士4进5

至此，布局阶段黑方满意。

11. 炮八进四　卒3进1

12. 车四进五　卒3进1

冲卒是一手非常强硬的着法。

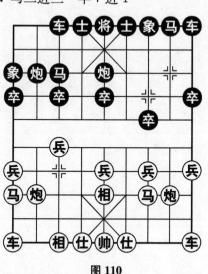

图110

13. 车二进四　……

正确，如炮二平五，车3进3，炮八退一，车3平5，车四平五，马7进5，车二进六，马5进3，黑方易走。

13. ……　　　　卒3平4 　　　　**14.** 炮二平五　车3进3

15. 车二平六 车3平2

平炮虽然挤住黑车，但是车炮受牵，双马呆板，仍是黑优之势。

16. ⋯⋯ 车9平8

18. 车六平四（图111）⋯⋯

败着，这里红方应走车六进一，车8进7，马三退五，炮5进4，车六平五，炮5平9，马五退三，车8退2，马七进六，车2进1，车四平三，双方互缠，红方足可抗衡。

16. 炮五平七 ⋯⋯

17. 马九进七 炮2平4

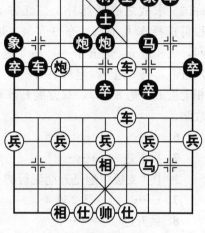

图 111

18. ⋯⋯ 炮5进1

进炮紧着，迫使红方车一换二。

19. 炮七进一 炮4平6

20. 马七进六 车2平4

21. 后车平八 炮5进3

22. 马三进五 车4平6

迫使红方一车换二以后，黑方优势进一步扩大。

23. 炮七平三 象1进3

炮打底仕，撕开红方防御阵地。

25. 兵三进一 炮6平9

27. 帅五进一 车8退1

29. 马四退三 前车平4

黑方形成钳形攻势。

30. 兵三平二 车8平7

32. 车八进五 士5退4

黑方得子占势，红方认负。

24. 兵三进一 炮6进7

26. 马五进四 车8进9

28. 帅五退一 车6平8

31. 马六退七 车4退2

33. 马七进九 车7退1

第57局 广东许国义 胜 湖北李雪松

1. 兵七进一 炮2平3

3. 马二进三 ⋯⋯

双方以仙人指路对卒底炮开局，红方跳右正马，双方易形成短兵相接之势。

3. ⋯⋯ 卒3进1

2. 炮二平五 象3进5

冲卒立刻展开反击，这是针对红方跳右马的常见选择。

4. 马八进九　卒3进1　　　　**5. 车一平二　车9进1**

6. 炮五进四（图112）　……

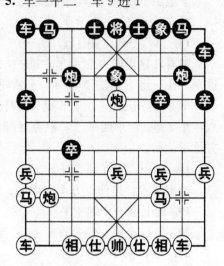

图 112

炮打中卒是一路对攻激烈的选择，许国义求战之心跃然枰上。红方如果求稳可选择车九平八，车9平4，炮五进四，士4进5，炮五平一，马2进1，仕六进五，马8进9，炮八平四，车4进3，相七进五，炮8平7，双方展开阵地战的攻防。

6. ……　　　　士4进5

7. 兵五进一　……

冲中兵支援中炮是近期流行的下法。

7. ……　　　　马2进4

8. 兵五进一　……

这样红方以中炮中兵为中轴调动子力，展开攻击。

8. ……　　　　车9平6　　　　**9. 马三进五　车6进4**

10. 炮八平五　马4进3　　　　**11. 车九平八**　……

布局至此，红方的进攻态势非常显明。而李雪松大师则以防守见长，到底矛利还是盾坚，我们拭目以待。

11. ……　　　　卒3平2　　　　**12. 前炮平一　马3进5**

这里黑方为什么不走炮3平2打车，把红方逼回原位呢？原来红方计算到如炮3平2，炮一平七，炮2进7，马九退八，炮8平6（车6退3，马五进四，伏下一步炮五平四打死车），车二进九，黑方少子将陷入苦战。

13. 兵九进一　……

李雪松吃中兵后，许国义开始长考，经过思考决定兵九进一，静观其变。

13. ……　　　　马5进4　　　　**14. 炮一进三　炮3平2**

15. 仕四进五　……

支仕弃车，着法凶悍，体现了许国义敢打敢拼的作战风格，棋局演变至此，形成全局的最高潮。

15. ……　　　　车1平3

李大师不愧为防守专家，在这样复杂的局面中选择了一种最为稳健的下法。如炮2进7，则马五进六，车6平5，车二进七，车1平3，车二进二，车3进9，马九退八，马4进3，帅五平四，马3退5，相三进五，车5进2，帅四进一，双方对杀，互有顾忌。

16. 车八平九 ……

许国义没有选择马五进六将凶悍进行到底，车八平九步入平稳。

16. …… **车6退3**

防守要着。

17. 马五进四 马4退5

18. 马四退五 马5进4

19. 车九进一 ……

起横车强行对杀，红方走得非常积极。

19. …… **车3进4**

20. 车九平六 炮2平3（图113）

平炮攻相缓着。应走马8进9，车六进二，马9进8，车二平一，马8进6，车六进五，炮2平3，黑方胜势。

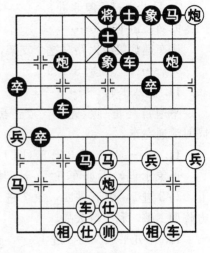

图 113

21. 仕五退四 马4进2

可改走炮3进7与红方展开对攻。

22. 车六进四 马8进9

23. 车二进四 卒2平1

24. 车二平六 ……

利用黑方的缓着，红方平车占肋，迅速的控制住局面。

24. …… **炮3进7**

25. 仕六进五 车3退4

26. 马九退八 ……

改走马五进七优势更大。

26. …… **炮8进2**

27. 帅五平六 车6进1

28. 炮五进五 ……

炮打中象锁定胜局。

28. …… **士5进4**

黑方认负。

29. 炮五退三

第58局 广东许银川 胜 湖北柳大华

1. 兵七进一 象3进5

2. 马八进七 卒7进1

3. 炮二平五 马8进7

4. 马二进三 马2进3

5. 车一平二 车9平8

6. 炮八进二 ……

双方由仙人指路对飞象局转换成中炮巡河炮对屏风马的阵型。许银川之所以选择这个布局是因为考虑到柳大华擅长攻杀的棋风，所以许特大在布局阶段有意把节奏先稳下来。

6. ……　　　　卒 3 进 1

冲卒拆散红方炮架及时，否则被红方先抢到兵三进一这着棋，全盘子力俱活，红棋满意。

7. 兵七进一　象 5 进 3　　　　**8. 马七进六　士 4 进 5**

9. 车二进四　……

进车巡河策应六路马这个支架，正确。

9. ……　　　　炮 8 平 9　　　　**10. 车二进五　马 7 退 8**

11. 炮八平七　……

平炮打马是一步先手，攻击黑马的同时活通左车。

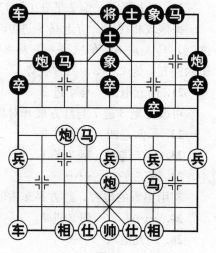

图 114

11. ……　　　　象 3 退 5（图 114）

退象示弱，不如车 1 平 4，马六进五，马 3 进 5，炮五进四，象 7 进 5，黑方阵型工整，利于持久战。

12. 车九平八　马 3 进 4

13. 兵三进一　车 1 平 3

14. 相七进九　炮 2 平 4

15. 马六进四　……

进马轻灵。也可选择车八进五与黑方展开对攻。

15. ……　　　　卒 7 进 1　　　　**16. 马四进二　炮 9 平 8**

缓着，宜走炮 9 平 7，车八进五，马 4 退 6，马三退五，炮 7 平 8，马五进七，马 8 进 7，黑方保留过河卒，局势占优。

17. 炮五平七　车 3 平 4　　　　**18. 马二退三　象 5 进 7**

飞象顶马利攻不利守，虽然以后有还架中炮的机会，但是阵型散乱，防守难度大大增加，这里还应走炮 8 平 7，相三进五，炮 7 进 2 这样黑方阵型牢固。

19. 后炮平五　马 8 进 7　　　　**20. 车八进三　……**

进车是一步好棋，不给黑方 4 路马过多的调整空间，这样黑方 4 路线子力壅塞，红方可以利用的价值很大。

20. ……　　　　马 4 退 6　　　　**21. 后马进四　炮 4 平 5**

22. 马三退四 炮8退1

退炮准备攻击红方四路线，通过兑子来解决子力不畅的问题。

23. 仕六进五 炮8平6 　　　　**24.** 后马进二 象7退9

25. 马四进五 车4进3

这里黑方还有一种攻击次序与实战殊途同归：炮6平7，马二退四，车4进3，马五退四，炮5进5，相三进五，象7进5，与实战相同。

26. 马五退四 炮6平7 　　　　**27.** 马二退四 炮5进5

28. 相三进五 象7进5 　　　　**29.** 兵五进一 马6进8

进马急于简化局面被红方利用。黑方可以考虑炮7平6为宜。

30. 前马进二 马7进8 　　　　**31.** 兵五进一 ……

红中兵过河助战以后，红棋开始控制住局势，而这样的控制棋正是许银川所擅长的，柳大华已然是凶多吉少。

31. …… 马8进6 　　　　**32.** 炮七平五 象9退7

33. 相九退七 ……

红方在黑方中路已经完成攻击前的子力部署。

33. …… 将5平4 　　　　**34.** 车八进六 将4进1

35. 车八退五 将4退1

红棋通过顿挫先手把车调到巡河线，这种战术手段在中局中经常遇到，可有效地提高进攻的速度。

36. 炮五平六 将4平5 　　　　**37.** 炮六退二 马6退7

38. 兵五平四 ……

红兵平四以后，可以充做进攻的纽带，正确。

38. …… 车4平3 　　　　**39.** 马四进五 马7进6

进马以后黑方局势立刻崩溃。这里应走炮7平6，以下炮六进二，马7进6，炮六平四，炮6进4，马五退四，炮6进1，黑方尚可周旋。

40. 马五进四 炮7平6 　　　　**41.** 马四进二 炮6进1

42. 兵四进一

黑方失子，投子认负。

第59局 广西李鸿嘉 胜 江苏徐超

1. 兵七进一 炮2平3 　　　　**2.** 炮二平五 象3进5

3. 相七进九 ……

飞相是近年兴起的着法，李鸿嘉大师对这一变例情有独钟。

3. ……　　　　马8进7　　　**4.** 马二进三　　车9平8

5. 炮八平六　炮8平9　　　**6.** 马八进七　……

红方先走仕角炮再跳左正马，这也是红方开局阶段飞边相依据。

6. ……　　　　卒7进1　　　**7.** 车九平八　士4进5

8. 车一平二　车8进9　　　**9.** 马三退二　马2进1

10. 马七进六　车1平2　　　**11.** 车八进九　马1退2

双方兑掉双车进入无车局的缠斗中，由于红方的子力开场，稍占上风。

12. 马二进三　炮3平1

13. 兵五进一（图115）……

冲中兵是保持变化的下法。如炮五进四，马7进5，马六进五，炮1进4，兵五进一，炮9进4，马三进一，炮1平9，双方大体均势，由于双方主力都只有马、炮两子，和势。

13. ……　　　　炮1进4

14. 马六进五　马7进8

徐超也没选兑子交换，双方由"明"争转成"暗"斗。

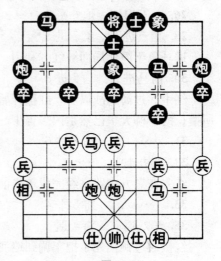

图 115

15. 马五退四　卒7进1

欠细，应走马8进7，兵五进一，炮1平9，马三进一，炮9进4，黑方易走。

16. 兵三进一　马8进6　　　**17.** 马三进四　炮1退1

18. 马四进三　炮9进4　　　**19.** 兵五进一　炮1平7

这样红方稳健控制中路，红方易走。

20. 炮五进二　……

进炮紧着，不给黑方架中炮对红方牵制。

20. ……　　　　马2进4　　　**21.** 兵五平六　……

平兵不仅是起到助攻的作用，更重要的是可以限制黑马4进2再马2进4的路线。

21. ……　　　　马4进2　　　**22.** 马三退五　炮7退4

23. 马五进六　马2退4　　　**24.** 马六退五　马4进2

25. 炮五退一　炮9退1　　　**26.** 马五进四　炮7平6

27. 炮六平五　将5平4　　　**28.** 马四退二　炮9退1（图116）

顶住红方一系列的试探性进攻以后，黑方时间紧迫走出坏棋。这里黑方应走炮9进1，前炮平六，士5进4，马二退三，炮9平8，马三进四，炮8退5，炮五进四，炮6进1，兵六平七，士4退5，黑方局势尚可。

29. 后炮进五　　士5进6

30. 前炮退三　　炮6平5

31. 后炮进五　　士6进5

32. 炮五平六　　马2退4

33. 兵六进一　　……

黑方以上几个回合走得有些盲目，失去章法。现在红方冲兵要着，是取胜的关键。

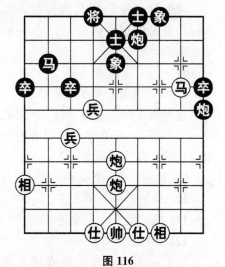

图116

33. ……　　　　炮9平7

34. 马二退三　　象7进5

35. 马三进五　　卒3进1

36. 马五进七　　卒3进1

37. 马七进八　　将4平5

38. 炮六进四　　……

红方赚得一子，胜定。

38. ……　　　　卒3进1

39. 马八退九　　卒9进1

40. 马九退七

黑方投子认负。

第60局　河北申鹏 胜 浙江陈寒峰

1. 炮二平五　　马2进3

2. 马二进三　　炮8平6

3. 车一平二　　马8进7

4. 兵五进一　　……

双方以中炮对反宫马布阵。此时红方冲中兵非常少见。因为黑方以反宫马开局，保留炮6平5的手段，因此红方冲中兵较为少见，申鹏大师反棋理而行之，必有独到的见解。

4. ……　　　　车1进1（图117）

黑方起横车不如炮6平5以暴制暴，以下马八进七，卒7进1，车二进六，车9进2，兵五进一，卒3进1，仕六进五，士4进5，黑方足可抗衡。（选自本届象甲第19轮郝继超VS许银川之战）

5. 炮八平七　　车9平8

6. 车二进九　　马7退8

7. 炮七进四　　……

进炮打卒压制黑马的同时，可以为八路马留出位置，以后右马盘头加强中路攻击的力量。

7. ……　　　象3进5

8. 马八进七　车1平4

这里黑方如先走炮2进4，则兵三进一，车1平4，车九平八，黑方右炮不好定位，仍是红优局面。

9. 车九平八　炮2平1

10. 兵七进一　卒7进1

11. 马三进五　车4进5

12. 兵七进一　……

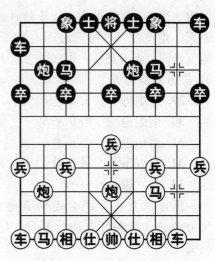

图117

弃七兵引离黑象，造成黑方中路空虚的态势。

12. ……　　　象5进3

红方中路已经有攻势，此时飞象正中红方下怀，应走炮1进4，马七进九，车4平5，马九进八，士6进5，仕六进五，车5平7，黑方尚可周旋。

13. 兵五进一　炮6平5　　14. 兵五进一　……

红方弃子抢，强行打通中路，着法凶悍。

14. ……　　　炮5进4

15. 马七进五　车4平5

16. 兵五平六　士4进5（图118）

坏棋，应走车5平4，炮七平一，马3进4，炮一平五，马4进5，车八进四，车4退3，黑方尚可周旋。

17. 车八进七　……

进车得回失子，红方的攻击收到效果。

17. ……　　　将5平4

18. 车八平七　车5平4

19. 炮七平一　车4退3

速败。改走马8进9较为顽强。

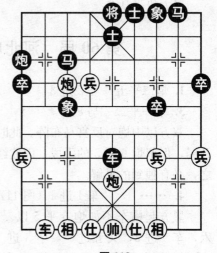

图118

20. 车七进二

以下将4进1，炮一进二，士5进6，炮五进六，将4进1，车七退一，红方连将杀。黑方认负。

第十三轮 2012 年 7 月 25 日弈于各队主场

第 61 局 河南李晓晖 胜 河北陈翀

1. 炮二平五　马 8 进 7　　　**2.** 兵三进一 ……

先挺三兵把布局纳入进三兵的体系中来，是赛前既定的计划。

2. ……　　　卒 3 进 1　　**3.** 马二进三　马 2 进 3

4. 马八进九　车 9 平 8　　　**5.** 车九进一　车 1 进 1

6. 车九平六（图 119）……

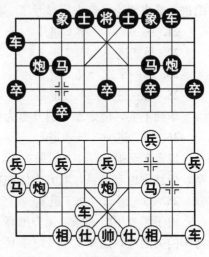

图 119

先平肋车正确的次序，如先走炮八进四，则马 3 进 2，车一进一，车 1 平 4，车九平六，车 4 进 7，车一平六，士 6 进 5，黑方阵型坚固，红方无趣。

6. ……　　　车 1 平 6

双方起横车以后，各据一肋，形成一种对峙的局面。

7. 炮八进四　车 6 进 6

8. 车一进二 ……

高车保马好棋，既保护右马，又保持车的灵活性。

8. ……　　　象 7 进 5

9. 车六进七　马 3 进 2　　　**10.** 车六退一 ……

进车骚扰，打乱黑方已有的阵型，这是中局中常用的手段。

10. ……　　　马 7 退 5　　**11.** 车六退二　马 5 进 3

12. 车六平二 ……

红车虽然过于迂回，在开局阶段一子多动看似违反开局原则，但是这个阵型下，红车牵制黑方车炮以后，黑方双车位置欠佳，局面有所补偿。

12. …… 车 8 进 1

13. 兵五进一 炮 2 退 1

14. 兵九进一 ……

进边兵作用不大，不如先走炮八平七。

14. …… 士 6 进 5

15. 仕六进五 车 6 退 1

16. 炮八平七 炮 8 平 7

17. 车二平七 炮 2 平 3

18. 炮七进二 炮 7 退 1

19. 车七平八（图 120） ……

坏棋，应走车七进一，炮 7 平 3，车七平八，炮 3 进 5，马九进七，车 6 平 3，相七进九，车 8 进 3，炮五进四，红方局势尚可。

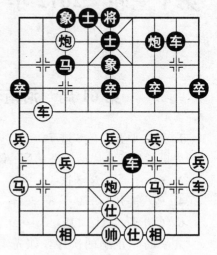

图 120

19. …… 马 3 进 2

20. 炮七平三 车 8 平 7

21. 炮五进四 ……

红方一车换二以后，后续子力没有跟进，就棋而论，红方明显亏了一些。

21. …… 卒 7 进 1

22. 兵三进一 车 7 进 3

23. 车一平二 马 2 进 4

24. 炮五退一 车 7 进 1

25. 马三进二 车 6 退 3

华而不实，应走车 6 退 6 更为稳健。

26. 马二进一 马 4 退 5

27. 车二进七 士 5 退 6

应走车 7 退 5，红方如果兑车，以后形成有车杀无车的局势，黑方虽然少卒，但红方也有顾忌，双方大体均势。

28. 马一退二 车 7 进 4

由于黑方用时紧张，无心细算，所以进车吃相这着棋走得不够严密，应保持车的灵活性，走车 7 平 5 吃中兵为宜。

29. 炮五平一 马 5 进 3

30. 相七进五 车 7 退 9

临场黑方用时非常紧张，退车速败。应走车 7 平 8，炮一平二，车 8 平 9，炮二平五，士 4 进 5，马二退三，车 9 退 2，仍属黑优局势。

31. 炮一平五 车 6 平 5

32. 车二平三

红方白吃一车，胜定，黑方认负。

第62局 湖北柳大华 胜 广西李鸿嘉

1. 炮八平五	马2进3	2. 马八进七	车1平2
3. 车九平八	马8进7	4. 兵三进一	卒3进1
5. 车八进六	炮2平1	6. 车八平七	炮1退1
7. 炮二平四	车9平8	8. 马二进三	炮8平9
9. 车一进二	……		

双方以中炮过河车对屏风马平炮兑车开局。临时柳特没有选择近期流行的兵五进一下法，而是选择车一进二这一路老谱，想有备而来。

9. ……	士4进5	10. 马三进四	炮1平3
11. 车七平六	象3进5	12. 马四进三	车2平4

13. 车六平八（图121） ……

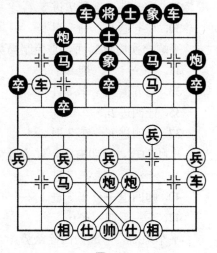

图 121

红方避兑是正确的选择。这里如果选择车六进三，士4退5，炮四平三，车8进3，兵五进一，炮3平7，黑方原来呆板的二路炮却成了一个机动灵活的打击力量。

13. …… 炮9退1

红方避兑，黑方这手退炮也是必走之着，否则3路炮的处境非常尴尬。

14. 炮四平三 马3进4

15. 车八平七 ……

此时红方如走马三进五，则象7进5，炮三进五，卒3进1，车八平五，炮9平7，车一平四，车8进8，仕六进五，卒3平4，黑方易走。

15. …… 车8进9

沉底车，黑方展开反击。

16. 马三进五 ……

面对黑方的反击，柳特大决定弃子抢攻，从实战的进程来看，这是一个很冒险的计划，稳健的选择可以走兵五进一，马4退6，仕六进五，双方互相牵制。

16. ……	马4退5	17. 车七退一	车8平7

局势越来越复杂，此时黑方杀相过急。应走车4进5，兵五进一，车4平

5，炮三进五，车5平7，炮三平一，车7进4，车一平四，车8退3，黑方仍有对攻的机会。

18. 兵三进一　车7平8　　　　**19. 兵七进一　……**

红方并不急于得回失子，而是先活左马，大局观很强的一着棋。

19. ……　　　车8退3　　　　**20. 兵三进一　马5进7**

21. 炮五进四　象7进5　　　　**22. 炮三进五　车8退6**

23. 车七平八　车8平7　　　　**24. 炮三平四　马7进6**

25. 炮五退二　马6进7

黑方进马错过良机，漏算红方反击的手段。应走炮3进6，车一平七，炮9进5，车七平一，车7进6，车八平四，马6进8，炮四平二，马8进7，车四退四，车4进8，黑方大优。

26. 炮四退二　车4进2　　　　**27. 炮四平五　炮3平2**

28. 兵七进一　车7进3　　　　**29. 兵七平六　车4平3**

30. 马七退五　马7退9　　　　**31. 后炮平一　……**

平炮交换简化局面，是控制局势的好棋。

31. ……　　　炮9平8　　　　**32. 车一进一　炮8进8**

33. 马五退三　车7进6　　　　**34. 车八进三　车7退1**

35. 仕四进五　车7进1　　　　**36. 仕五退四　车7退1**

37. 仕四进五　车3退2　　　　**38. 帅五平四　……**

出帅助攻，简明有力，红方胜势。

38. ……　　　车7进1　　　　**39. 帅四进一　车7退1**

40. 帅四退一　车7进1　　　　**41. 帅四进一　炮8平4**

42. 车一平四　……

平车果断，形成铁门栓杀势。

42. ……　　　炮4退1　　　　**43. 仕五退六　车7退1**

44. 帅四退一　炮4平6　　　　**45. 炮一平七**

黑方认负。

第63局　江苏王斌 胜 北京王跃飞

1. 相三进五　炮2平4

以士角炮应战飞相局是一种伺机而动的稳健战术，这种布局弹性较大，含蓄，锋芒内敛。

2. 兵三进一　马2进3　　　　**3. 车九进一　……**

高横车迅速开动左翼主力。如改走马八进七，车1平2，车九平八，卒3进1，红方左翼阵型不通畅。

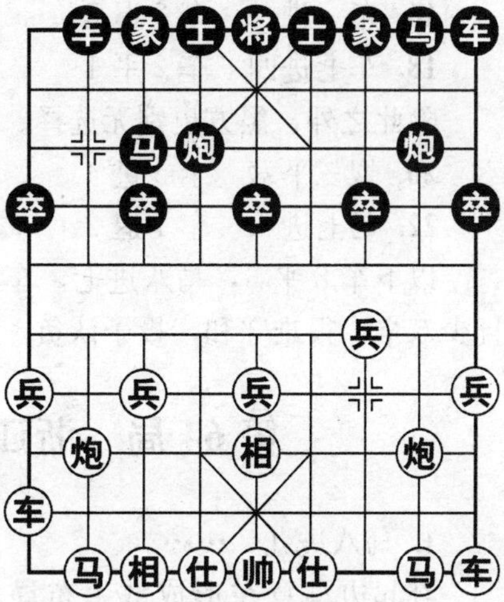

　　3.　……　　　　车1平2（图122）

这是很重要的一着棋，如果先走士6进5，则车九平六，炮8平5，仕四进五，马8进7，马八进九，车9平8，车六进五，红方先手。

　　4.　马八进九　车2进4

黑方这里如果选择先走马8进7，则炮八平七，车2进4与实战殊途同归。

　　5.　炮八平七　马8进7

　　6.　兵七进一　炮8平9

平炮准备快速亮出左车，着法明快。

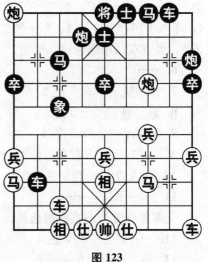

图122

　　7.　炮二平三　车9平8　　　　8.　炮三进四　象7进5

　　9.　马二进三　卒3进1　　　　10.　车九平六　马7退5

退马构思独特，准备通马5退7再马7进6调整马位，但是这着棋的弱点也是比较明显，黑马过于迂回，影响布局速度。不如士6进5，兵七进一，车2平3，炮七进五，车3退2，车六进四，车8进3，双方大体均势。

　　11.　炮七进三　马5退7

退马是黑方既定的选择，但是这手棋放弃底象，被红方利用。此时可以走车2进3，车六进五，马3进2，兵三进一，马5退7，黑方足可抗衡。

　　12.　炮七进四　士4进5

　　13.　兵七进一　车2进3

　　14.　炮七平九　……

平炮弃兵是一个战术组合手段，黑象吃兵以后，将受到红方严厉的攻击。

　　14.　……　　　　象5进3

　　15.　车六平七　炮4退1（图123）

败着，应走车8进4坚守，以下车一进一，车2退6，车七平八，车2平1，车八进八，士5退4，车八平七，士6进5，黑方尚可周旋。

图123

16. 车一进一　车 2 退 5　　**17. 炮三进一　马 7 进 6**

18. 车七进四　车 2 平 1　　**19. 炮九平七　炮 4 进 1**

除此之外，黑方也别无选择。

20. 炮三平六　士 5 进 4　　**21. 马九进七　马 6 退 4**

22. 马七进八　车 1 退 2　　**23. 炮七平四**

以下车 8 平 6，马八进七，车 1 平 3，马七退九，双方兑车以后黑方单士且少双卒，很难守和，投子认负。

第 64 局　浙江陈寒峰 负 山东才溢

1. 马八进九　……

红起边马意在形成散手布局，避开流行套路，与才溢大师较量中残局功力。

1. ……　　马 2 进 3　　**2. 兵三进一　……**

冲三兵活通右翼是一步战略性的选择。

2. ……　　卒 3 进 1　　**3. 马二进三　象 7 进 5**

4. 相三进五　车 1 进 1　　**5. 车九进一　车 1 平 7**

6. 车九平四（图 124）　……

面对黑方的反击，红方平车策应右翼也是正常的选择。这里如果选择车九平六，则卒 7 进 1，兵三进一，车 7 进 3，炮二退一，马 8 进 7，炮二平三，车 7 平4，车六进四，马 3 进 4，车一平二，马 7进 6，黑方双马雄踞河口，反先。

6. ……　　卒 7 进 1

7. 兵三进一　车 7 进 3

8. 炮二退二　士 6 进 5

9. 炮二平三　车 7 平 8

平车先封锁红方右车，稳健。

10. 兵九进一　炮 8 平 6

11. 车一平二　……

兑车是红方当前唯一的选择。

11. ……　　车 8 进 5　　**12. 马三退二　马 8 进 6**

13. 马二进三　车 9 平 8　　**14. 车四进三　……**

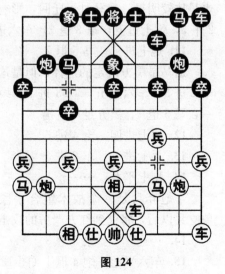

图 124

稍缓，可以考虑走车四进五，车8进4，车四平一，马6进8，兵一进一，车8进4，仕四进五，双方大体均势。

14. ……　　　车8进4　　　15. 车四平三　马6进8

16. 炮八进四　卒9进1　　　17. 炮八平七　炮2进5

18. 马三进二　炮2退1　　　19. 马二退三　卒5进1

20. 车三进二　……

进车以后红方棋型松散，不如仕六进五静观其变。以下车8进3，马三进四，炮2平5，马四进六，车8退1，车三进二，双方大体均势。

20. ……　　　车8进3　　　21. 仕六进五　炮2退3

22. 车三退二　马3进5

黑方上马以后把红方左炮"孤"起来，好棋。

23. 马三进四　马5进7　　　24. 炮三进五　马8进7

25. 炮七平五　马7退5　　　26. 马四进五　炮2进3

27. 马五进三　……

坏棋，应走兵七进一，以下卒3进1，兵五进一，卒5进1，车三平五，车8退1，兵一进一，卒9进1，车五平七，不过黑炮打中兵的机会，红方局势尚可。

27. ……　　　炮2平5　　　28. 马三退四　炮5退1

29. 马四退三（图125）　……

败着。应走车三平二，以下黑方有两种应法：①车8退2，马四退二，炮6平8，帅五平六，红方虽然少兵但双马的配置要比双炮的配置灵活，红方尚可周旋；②车8平6，马四进二，车6退1，马二进四，士5进6，车二进五，将5进1，车二退四，红方足可抗衡。

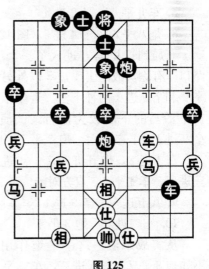

图 125

29. ……　　　炮6进4

30. 兵一进一　车8平7

平车牵制，好棋。

31. 车三进三　卒9进1

32. 马三进二　车7退5

33. 马二进三　炮6退1　　　34. 马三退二　炮6平8

35. 帅五平六　炮8平1

至此，黑方净多三卒，红方已经很难守和。

36. 马二进四　卒1进1　　　37. 马九进八　炮1进4

38. 相七进九　卒3进1　　　39. 马八进七　卒3进1

　　黑方已经大军压境，红方以后虽然竭力防守，但是双方物质力量相差过大，最终失利也是在情理之中。

40. 马七退五　炮5平2　　　41. 马四退六　炮2进4

42. 帅六进一　卒3进1　　　43. 马六退五　卒3平2

44. 相九进七　卒1进1　　　45. 前马退六　卒2平3

46. 马六进五　卒3平2　　　47. 前马退六　卒2平3

　　红方认负。

第65局　浙江赵鑫鑫 胜 山东张申宏

1. 兵七进一　炮2平3　　　2. 炮二平五　象3进5

3. 马八进九　……

红左马屯边避开黑方冲3卒的变化，是目前流行的一路稳健变化。

3. ……　　　车9进1　　　4. 马二进三　车9平4

5. 车一平二　车4进3

黑方升车巡河稳健的选择。

6. 车九平八　马2进4　　　7. 仕六进五　马8进9

8. 炮八平六　士4进5（图126）

　　布局到这里黑方进入了一个"十字路口"有除实战的士4进5以外另有车1平2和卒9进1两种下法。近年卒9进1挺卒活马的下法较为流行。试演一例：卒9进1，车二进六，炮8平7，炮六进六，车4退3，炮五进四，士4进5，相三进五，车1平4，双方对峙。

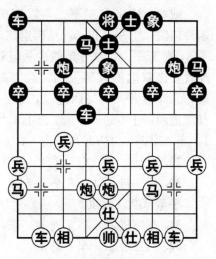

图126

9. 兵五进一　卒9进1

10. 车二进六　炮3平4

　　从实战来看，这手平炮作用不大，不如炮8平7，车八进三，车1平2，车八进六，马4退2，炮五进四，卒3进1，兵七进一，车4平3，相三进五，马2进4，黑方阵型得以调整，较实战要好得多。

11. 马三进五　车4进2　　**12. 马五进三　炮8平7**

13. 炮六进五　炮7平4　　**14. 车八进八　车1平4**

平车保马后，4路线上集中黑方双车、马、炮四大主力，子力位置壅塞，红方已经取得优势。

15. 马三进一　前车退1　　**16. 马一进二　……**

这里红方马长途奔袭，交换黑炮看似略亏，其实红方是另有深意。其战术意图是通过交换削弱黑方右翼力量，红方这着声东击西的棋走得非常漂亮。

16. ……　　炮4平8　　**17. 车二进一　前车平5**

18. 炮五平六　马4进2　　**19. 相三进五　车4进2**

20. 兵九进一　车5退1

退车软着，让出巡河线以后红方进攻更加从容。应走卒3进1，车八进一，士5退4，炮六进七，车4退2，车八退二，卒3进1，黑方尚可周旋。

21. 车八进一　马2退3

22. 马九进八　马9进8（图127）

败着。应走车4进1，不让红马顺利参战。以下兵三进一，马9进8，车八退三，卒1进1，兵九进一，车5平1，黑方足可抗衡。

23. 马八进七　车5平6

24. 炮六平七　……

平炮是很严厉的一着棋，暗藏杀机。

24. ……　　马8进6

25. 马七进八　车4进6

26. 炮七进七　马6进5

27. 炮七退三　士5退4

28. 马八退六　……

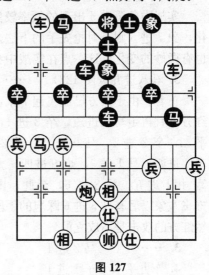

图 127

巧手。化解黑主马5进7的杀着。

28. ……　　车4退6　　**29. 相七进五　士6进5**

30. 车二平三　车6平5　　**31. 车三进二　……**

红方已经多炮占势，从现在开始对黑方实行蚕食政策。

31. ……　　士5退6　　**32. 车三退二　车4平3**

33. 车八退三　车5进3　　**34. 炮七平九**

打卒以后，双方物质力量相差太大，黑方投子认负。

第十四轮 2012年8月1日弈于各队主场

第66局 北京蒋川 负 河北申鹏

1. 兵七进一 炮2平3   **2. 炮二平五 象7进5**

实战中象7进5出现的频率较象3进5要少一些。象3进5属于稳健的变化，象7进5则是对抢先手的下法。由于飞向的方向不同，后手方应对的战术也有微妙的变化，这一点在实战中我们可以注意到。

3. 马八进九（图128） ……

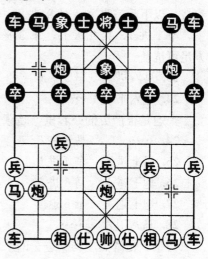

图128

正着。由于黑方已经飞起7象，此时红方不宜再走马二进三，卒3进1，车一平二，卒3进1，马八进九，马2进1，车二进四，马1进3，炮五进四，士6进5，相七进五，马8进6，至此，由于黑方飞左象以后有马8进6踩炮的手段，显然红方的攻击是不成立的。

3. …… 马2进1

4. 车九平八 车1进1

起横车是黑方飞左象的主要出子方式。

5. 兵九进一 ……

红挺边兵也是一步很急的选择。

5. …… 车1平4

平4要较平6更为稳健，其目的是加强反击来遏制红方的攻势。

6. 炮五进四 士6进5   **7. 炮五平九 ……**

开局阶段谋取兵卒，以便在中残局阶段确立优势，这是蒋特大常用布局套路。

7. ……　　　卒 7 进 1　　　　　　**8.** 马二进一　车 4 进 5

进车稍急，宜先走马 8 进 7 舒展左翼兵力。以下仕四进五，车 4 进 3，车一平二，马 7 进 6，黑方阵型舒展。

9. 车一平二　车 4 平 5　　　　　　**10.** 仕六进五　炮 8 平 6

11. 炮八进五　……

进炮主要是为了策应边马，为边马出击做掩护。

11. ……　　　马 8 进 7　　　　　　**12.** 马九进八　炮 3 进 3

13. 炮八平四　士 5 进 6　　　　　　**14.** 相七进五　炮 3 退 1

先退炮稳健，如果走炮 3 平 6，车二进四，黑方仍要炮 6 退 1。

15. 车二进七　车 9 平 7　　　　　　**16.** 兵九进一　炮 3 平 5

17. 炮九平一　……

再扫一卒，同时为边兵留出进攻的空间，红方的优势由此确立。

17. ……　　　士 6 退 5　　　　　　**18.** 兵九进一　马 1 退 3

19. 马八进七　马 3 进 4　　　　　　**20.** 车八平六　马 4 进 6

21. 马七退五　……

以马换炮不仅解除黑方中炮的威胁，同时取得了兵种上的优势。

21. ……　　　车 5 退 2　　　　　　**22.** 车六进六　车 5 进 3

23. 车六进三　将 5 平 4　　　　　　**24.** 相三进五　……

红方损失一相，黑方损失一士，由于红方过河兵的存在，这样交换红方显然占了便宜。

24. ……　　　车 7 平 9　　　　　　**25.** 炮一进一　……

进炮以后位置较为呆板，不如炮一平八，车 9 进 6，相五退三，红方较优。

25. ……　　　马 7 进 5　　　　　　**26.** 兵一进一　马 5 进 3

27. 相五进七　马 3 退 1　　　　　　**28.** 炮一退二　车 9 平 6

29. 马一进二　……

红方进马过急，宜走车二退三巡河，稳步进取。

29. ……　　　马 6 进 7　　　　　　**30.** 车二退一　……

退车和进马这着棋自相矛盾，应走马二退一，卒 7 进 1，马一进三，卒 7 进 1，车二退三，马 1 退 3，车二平六，将 4 平 5，车六平二，红方略优。

30. ……　　　马 1 进 3　　　　　　**31.** 马二进三　马 3 进 5

32. 炮一进三　车 6 进 3

进车牵制，并保留车 6 平 2 的手段，在进攻的速度上，黑方明显要快于红棋。

33. 车二进三　士 5 退 6　　　　　　**34.** 马三退一（图 129）　……

败着。应走马三进二，将4平5，帅
五平六，车6平4，帅六平五，车4平6，
双方不变作和。

34. …… 　　　　车6平2

这着棋正是红方忽略的手段，平车
以后，攻击红方空虚的左翼，红方难以
防范。

35. 车二平四　将4进1

36. 车四退一　将4退1

37. 仕五进六　马5进4

38. 帅五平六　车2进6

39. 帅六进一　车2退1

40. 帅六退一　马7进6

41. 仕四进五　车2进1
绝杀黑胜。

42. 帅六进一　马6退5

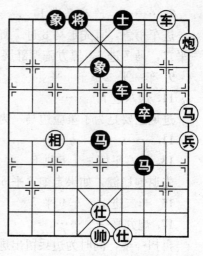

图129

第67局　北京王天一 胜 河北阎文清

1. 兵七进一　炮2平3　　　**2.** 炮二平五　象7进5

3. 马八进九　马2进1　　　**4.** 车九平八　车1进1

5. 兵九进一　车1平4

6. 马二进三（图130）　……

跳右马活通右翼子力，这是红方常
见的选择之一。此外，红方另有马九进
八的下法也非常流行。试演一例：马九
进八，车4进5，炮八平九，车4平5，
马二进三，车5平7，车一平二，黑方多
卒，红方出子速度领先，相比之下红方
易走。

6. …… 　　　士6进5

7. 车一平二　马8进6

8. 车二进四　车4进3

9. 炮八进六　炮3退1

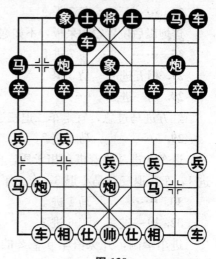

图130

退炮造成阵型不协调，看似黑子连环互保，但是只要其中一个环节出现问题，局面就很容易陷入被动。黑方这里应走车9平6，如红方炮五平四则马6退8；又如红方走仕四进五，则炮3平2，黑都可抗衡。

10. 炮五平四　　卒1进1　　　　　**11.** 兵九进一　　车4平1

12. 相三进五　　卒7进1　　　　　**13.** 车八进一　　炮8退2

14. 车八进六　　……

进车是控制局面的好棋。

14. ……　　　　炮8平7　　　　　**15.** 炮四退一　　炮7进2

16. 车八退一　　车1平6　　　　　**17.** 炮四平九　　炮3平4

18. 炮九进六　　炮7平1　　　　　**19.** 车八平七　　……

平车准备打通黑方卒林线，有意放缓进攻的节奏，这里红方也可走马九进八，加快攻击速度。

19. ……　　　　炮4进6　　　　　**20.** 马三退二　　车9平8

21. 车二进五　　马6退8　　　　　**22.** 车七平五　　……

兑车以后，红车杀通黑卒林线，但是双马位置欠佳，双方大体均势。

22. ……　　　　马8进7　　　　　**23.** 车五平六　　炮4平2

24. 车六平三　　……

平车压马延缓黑方反击速度，红方仍是以加强局面的控制力为作战思路。

24. ……　　　　炮2退1　　　　　**25.** 兵三进一　　卒7进1

26. 车三退二　　炮2平9　　　　　**27.** 马二进三　　炮9进3

黑方这一段阶段走得非常精准，已经扭转不利的局面，现在沉底炮叫将，形成了对攻的态势。

28. 仕四进五　　卒9进1　　　　　**29.** 马九进七　　马7进5

稍急，不如车6平2，炮八平七，再走马7进6，炮七退二，车2平5，黑方子力全部调动起来，要比实战好得多。

30. 炮八退六　　车6进2　　　　　**31.** 马七进五　　车6平8

32. 仕五进六　　……

支仕好棋，化解黑方的攻击。

32. ……　　　　车8进3　　　　　**33.** 帅五进一　　车8退1

34. 帅五退一　　车8进1　　　　　**35.** 帅五进一　　车8退1

36. 帅五退一　　车8退1　　　　　**37.** 马五进六　　士5进4

坏棋，这是黑方失先的根源，应走炮1平4，黑方防御严密，红方没有什么好的进攻办法。

38. 炮八进四　　马5进7　　　　　**39.** 炮八退一　　……

退炮准备架中炮，红方重新取得主动权。

39. …… 士 4 进 5

细腻，不给黑方进 1 路炮骚扰的机会。

40. …… 马 7 退 5

42. 炮八进四 象 3 进 1

退马踏双，准确。

43. …… 马 5 进 3

临场黑方选择弃子对攻的下法，此时黑方应走炮 9 退 2 保留边炮为宜。

44. 马八退九 马 3 进 2

45. 帅五平四 炮 9 退 2（图 131）

败着，应走象 1 进 3，仕六退五，车 8 进 2，帅四进一，车 8 退 1，帅四退一，车 8 退 5，黑方尚可周旋。

46. 马九进八 马 2 进 3

47. 马八进九 ……

当前这个局面王天一处理非常轻灵，弃还一子，加快进攻节奏。

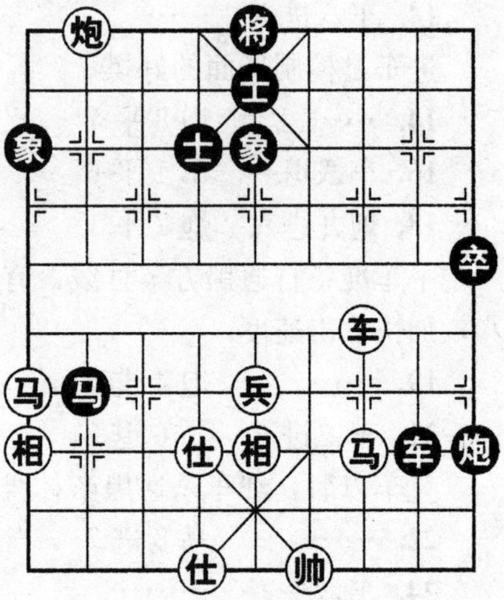

47. …… 炮 9 平 7

49. 马九进七 将 5 平 4

51. 车三进四

以下士 4 退 5，马五退七再车三退三，绝杀。黑方认负。

40. 相七进九 ……

41. 兵七进一 炮 1 进 4

43. 马六退八 ……

图 131

48. 炮八退三 士 5 进 6

50. 马七退五 将 4 进 1

第 68 局 广东吕钦 胜 四川郑一泓

1. 马八进七 卒 7 进 1

平炮形成兵底炮的阵势，针锋相对。

2. …… 象 7 进 5

4. 车一平二 炮 8 平 9

平边炮开通左车，节奏明快。至此，双方已经脱离常套，形成散手布局，这对双方中残局的功力将是全面的考量。值得一提的是这个局面下，在 2011 年的第二届智运会上，广东的许银川和四川的郑一泓曾弈到这个局面，当时许走兵七进一，以下马 2 进 1，相七进五，卒 9 进 1，兵九进一，炮 2 平 4，双方大体均势最终弈和。

5. …… 马 2 进 1

2. 炮二平三 ……

3. 马二进一 马 8 进 7

5. 炮八平九（图 132） ……

6. 车九平八 车 1 平 2

7. 兵三进一 ……

冲三兵先弃后取，这是打开局面的要点。

7. ……　　卒 7 进 1

8. 车八进四　炮 9 退 1

9. 车二进八 ……

正确，如车八平三，炮 9 平 7，黑方有反击的手段。

9. ……　　车 9 平 8

10. 车二进一　马 7 退 8

11. 车八平三　炮 9 平 1

平边炮作用不大，不如马 8 进 9 或者炮 9 平 3 都较实战的选择好一些。

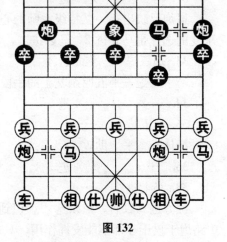

图 132

12. 兵七进一　马 8 进 6　　**13. 相三进五　炮 2 进 4**

黑方占据空间较小，不利于腾挪，所以进炮增加空间的纵深也是可行之着。

14. 兵一进一　车 2 进 4　　**15. 马一进二　卒 9 进 1**

16. 兵一进一　车 2 平 9　　**17. 炮九退一　炮 2 进 2**

18. 车三平四　马 6 进 4　　**19. 车四退三 ……**

黑炮虽然对红方构不成什么实质上的威胁，但是阻碍了红方下二路线的通畅，现在退车捉炮先消除隐患，再徐图进取，稳健之着。

19. ……　　炮 2 退 4　　**20. 炮三进五　士 6 进 5**

21. 马二进四　卒 5 进 1　　**22. 马四退二 ……**

应走马四进二更为积极，以下车 9 退 1，车四平二，炮 2 退 1，马二退三，以后红方有车二进八再炮九平二等多种进攻手段。

22. ……　　车 9 平 8　　**23. 车四进三　炮 2 进 4**

24. 马二退四　象 5 退 7　　**25. 车四平三　象 3 进 5**

26. 兵五进一　卒 5 进 1　　**27. 车三平五　士 5 进 6**

支士正确，解除红炮对黑马的威胁，黑方已经摆脱开局阶段受制的局面。

28. 兵九进一　炮 2 平 8

这手棋和上一着士 5 进 6 脱节。应走卒 3 进 1，炮三退一，炮 1 平 5，车五平六，马 4 进 5，黑方足可抗衡。

29. 车五平二 ……

好棋。兑车以后，红方子力位置明显优于黑方，体现出吕特大的精准的形势判断能力。

29. ……　　　　车 8 进 1　　　　**30.** 马四进二　马 1 退 3

31. 马二进四　炮 8 进 1　　　　**32.** 仕四进五　炮 8 退 7

退炮反映出郑一弘特级大师的心态比较平和，失去了争胜之心。这里黑方求变的选择是马 3 进 2，马四进二，马 4 进 5，双方大体均势。

33. 炮三退一　炮 1 进 4　　　　**34.** 马四进二　……

巧手，炮三平五叫杀吃士的手段。

34. ……　　　　士 4 进 5　　　　**35.** 炮三平五　将 5 平 6

36. 仕五进六　……

扬仕准备平炮助攻。

36. ……　　　　马 4 进 5　　　　**37.** 炮九平四　马 5 进 6

38. 马七进八　……

红方进马以后，黑棋这才意识到，第 33 个回炮打边兵的草率，现在黑方 1 路炮于攻于守都不能发挥作用，只好看红方运子突破。

38. ……　　　　马 3 进 4

39. 马八进七　马 4 进 5

40. 马七退五　炮 1 进 1（图 133）

败着，导致黑方失子失势。这里应走马 5 进 4，帅五平四，马 4 退 5，兵七进一，马 5 退 7，马五退四，马 7 进 6，兵七进一，炮 1 平 5，黑方足可抗衡。

41. 马二退三　炮 8 进 3

42. 马三退二　炮 1 平 5

43. 仕六退五　炮 5 退 2

44. 炮五退二　炮 8 退 4

45. 马二进四　炮 8 平 6

46. 马四进五　炮 6 进 7

红方赚得一子，胜定。

47. 炮五平四　将 6 平 5　　　　**48.** 马五进七　炮 6 退 2

49. 炮四平二　象 5 进 7　　　　**50.** 兵七进一　炮 6 平 9

51. 炮二平一　炮 9 平 8　　　　**52.** 兵七平八　……

细腻，下一手马七进八捉死黑卒，形成马炮兵仕相全必胜炮士象全的残局。

52. ……　　　　炮 8 退 2　　　　**53.** 炮一进一　象 7 进 5

54. 马七进八

黑方认负。

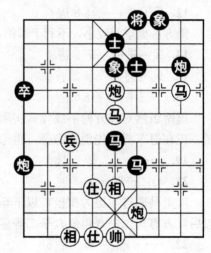

图 133

第69局　黑龙江郝继超 胜 浙江陈寒峰

1. 炮二平五　马2进3　　　　**2.** 马二进三　车9进1

3. 车一平二　马8进9　　　　**4.** 兵七进一　……

在中炮与单提马的对局中，针对单提马横车过宫抢占4路要着的下法，红方此时挺七兵是一步要着。它含有"一举三关"的战意，视黑方应着而动。它一可跳正马，用中炮七路马稳攻；二可进八路炮抢中卒，阻止黑车过宫；三可视黑方应着立变五七炮。

　　4. ……　　　　　炮8平7（图134）

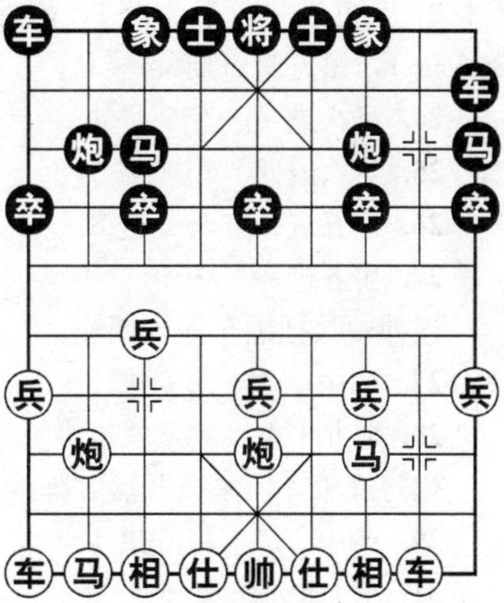

　　正着，如车9平4，则兵七进一、卒3进1，炮八平七，车4进1，炮五进四，红方先手。

5. 马八进七　车9平4

6. 炮八平九　车1平2

7. 车九平八　……

抢出左车，不怕黑方进炮封车，要点。

7. ……　　　　　炮2进4

8. 兵三进一　车4进3

进车巡河要点，可以接应其他子力的联防。

図134

9. 车二进七　炮7平5

10. 车二平三　车4进2　　　　**11.** 车三进二　……

吃象先得实惠，以后可以利用黑方的边马无根的弱点，通过车三平一调整车位。

11. ……　　　　　车4平3　　　　**12.** 车八进二　卒9进1

13. 仕六进五　车3退1　　　　**14.** 车三平一　马9进8

15. 车一退四　马8进7　　　　**16.** 车一平六　……

黑方边马虽然运到前线，但是缺少后续子力的支援，成为孤马，对红方构不成威胁。所以红方右车左调投入到主战场中来。

16. ……　　　　　士6进5　　　　**17.** 车六进三　……

进车威胁黑方3路马，驱离黑马为红方炮打中卒做准备。

17. ……　　　　　卒3进1　　　　**18.** 车六平七　马3进4

正马坏棋，黑方由此陷入被动，应走车2进2，车七进一，车3平7，炮九进四，车2平1，车八进一，马3进1，车八进三，马7进5，相七进五，车7进2，车七退三，卒5进1，黑方尚可周旋。

19. 炮五进四 车3平7 **20. 相七进五** 车7退1

21. 马七进六 卒3进1 **22. 车七退四** 马4进6

23. 车七进二 ……

红方得势以后，连续走出强手，黑方局势渐显艰难。

23. …… 炮2退1（图135）

败着。应走车2进5，马六退八，车7平2，兵九进一，卒7进1，炮五平九，象3进1，黑方尚可周旋。

24. 车八进一 车7平4

25. 马六退四 车4平6

26. 兵五进一 马6进8

27. 兵五进一 ……

连冲中兵把黑车逼入困境。

27. …… 车6进1

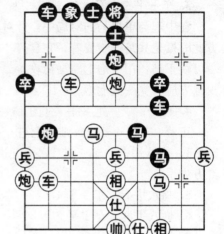

图 135

28. 炮九平七 将5平6 **29. 炮七进七** ……

炮打底象，一举撕开黑方阵地。

29. …… 将6进1 **30. 炮七退一** 将6退1

31. 车七退二 车6平3 **32. 相五进七** ……

通过兑车，把黑方主力车兑掉，这是控制局面的佳着。

32. …… 车2进3 **33. 相七退五** 卒7进1

34. 炮五平九 ……

简明，黑方已呈败势。

34. …… 士5进4 **35. 炮九进三** 士4进5

36. 马四进六 卒7进1 **37. 相五进三** 车2平3

38. 马六进七

第70局　山东才溢　胜　河南李林

1. 炮二平五 马8进7 **2. 兵三进一** 车9平8

3. 马二进三 炮8平9

平炮形成中炮进三兵对三步虎的常见阵型。

4. 兵七进一　卒3进1　　　　**5.** 兵七进一　车8进4

6. 兵七进一　……

红方虽然连续冲兵看似影响大子的出动速度，但是红方得到补偿的是黑车同样在开局阶段一子多动。

6. ……　　　　车8平3　　　　**7.** 相七进九　车3退1

8. 马八进六　象3进5

冲中兵准备盘活弱马，正确。

9. 兵五进一　……

9. ……　　　　马2进4（图136）

节奏稍缓，应走车3进5，车一进一，马2进4，马三进五，炮2平3，车九平八，车1平2，黑方满意。

10. 车一进一　炮2平3

11. 炮八退二　车1平2

出车吸引红中炮，这样红方左翼子力壅塞。

12. 炮五平八　车2平3

平3以后自己子力同样不易展开，同样有被红方利用的机会。这手棋应走车2平1，这样黑方调型的机会很多。

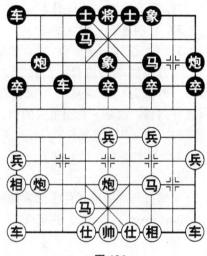

图136

13. 马六进五　前车平4　　　**14.** 车九进一　马4进6

进马不好，不如通过炮3平2兑炮来解决3路线子力不通畅的问题。

15. 前炮平七　车3平2　　　**16.** 马五进七　炮3进2

17. 炮七平八　车2平3　　　**18.** 车一平二　……

黑方右翼已经呈胶着状态，此时出右车攻击黑方左翼，正确。

18. ……　　　　士6进5

无奈，为7路马留出空间。

19. 车二进五　卒7进1　　　**20.** 车二平三　马7退6

21. 马三进五　车4进3

进车限马势在必行。

22. 车三平五　卒7进1　　　**23.** 兵五进一　炮3平1

平炮的作用不大，不如卒7平6保留过河卒，对红方有牵制作用。

24. 车九平六　……

兑黑方效率最高的明车，是领先的佳着。

24. ……　　　　车4进2　　　**25.** 马五退六　卒7平6（图137）

平卒败着，应走炮 1 进 3，马六进五，卒 7 平 6，兵五平四，卒 6 进 1，前炮平七，象 5 进 3，黑方足可抗衡。

26. 后炮平七　　炮 1 平 3

27. 炮七进五　　象 5 进 3

28. 车五平四　　车 3 平 2

29. 兵五平六　　前马退 4

30. 仕四进五　　炮 9 平 5

31. 帅五平四　　……

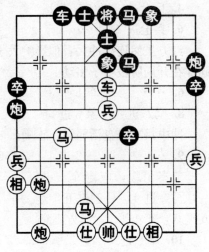

图 137

黑方虽然竭力腾挪，但是子力位置靠后，对红方构不成威胁，现在红方出帅攻守两利，这是一着很重要的棋。

31. ……　　　　卒 6 平 5

32. 马七进五　　马 6 进 7　　**33.** 车四平三　　马 7 进 5

34. 炮八平六　　……

平炮打马准确地抓住了黑方的弱点。

34. ……　　　　炮 5 平 6　　**35.** 兵六进一　　车 2 进 8

36. 兵六平五　　车 2 平 4　　**37.** 兵五平六　　马 4 进 2

38. 车三进三　　炮 6 退 2　　**39.** 马五进六　　……

巧着，这里看出来才溢大师深厚的功力，帅五平四这着棋在本局所起的至关重要的作用。

39. ……　　　　士 5 进 4　　**40.** 车三平四　　将 5 进 1

41. 兵六进一

黑方单士单象已经很难抵抗红方车炮兵的联攻，李林投子认负。

第十五轮　2012年8月8日弈于各队主场

第71局　河北阎文清 负 山东卜凤波

1. 兵七进一　　卒7进1　　　　　　**2.** 炮二平三　　炮8平5

3. 兵三进一　　炮5进4

炮击中兵先得实惠，避开熟套变化，企图打乱红方战略部署。黑方由于打兵过早，步数上吃亏，影响了其他子力的出动，利弊参半。

4. 马八进七　　炮5退2　　　　　　**5.** 兵三进一　　马8进7

黑方意图通过弃马来加快出子的速度。

6. 马二进一（图138）……

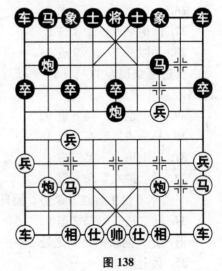

图138

正确，红方如炮三进五，车9进2，炮三退一，车9平6，以后车6进4，黑大子出速很快，红方要承担很大的防守压力。

6. ……　　　　炮2进4

7. 帅五进一　　车1进2

8. 车一平二　　车1平6

9. 车二进三　　炮2平5

10. 帅五平六　　车6平4

11. 炮三平六　　车4进4

进车保炮加强攻势，正确。

12. 车九平八　　车9进1　　　　　**13.** 仕六进五　　后炮平4

平炮是一步非常严厉的棋，如让红方顺利走成帅六退一，那么红方以后可以通过飞相来调整阵形，可以增加黑方攻击的难度。

14. 车二平五　　……

155

一车换二是当前解危的一剂毒药，虽然表面上可以缓解黑方的攻势，但是以后形成"有车杀无车的局面"局势渐显困顿。

14. …… 车4平5　　　　**15.** 炮六平五　炮4平2

16. 马七进五　炮2进5　　**17.** 马五退七　象3进5

18. 马七退八　车9平4

改走车9平2的优势更大。

19. 炮八平六　车4进4　　**20.** 兵三进一　马7退8

退回原位容易受制，不如马7退5较佳。

21. 相七进九　卒5进1　　**22.** 马八进七　车4平7

23. 兵三平四　马2进4　　**24.** 炮六进四　卒1进1

25. 炮五平六　马4进2

26. 相三进五（图139）……

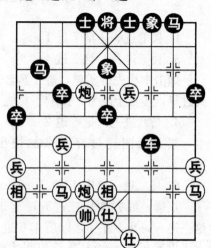

图139

速败，宜走前炮平一，车7平6，兵四平三，马8进9，兵三进一，车6退2，炮一退二，卒5进1，马七进八，红方尚可周旋。

26. …… 车7平6

27. 前炮平五　士4进5

28. 兵四平三　卒9进1

挺边卒细腻，为马8进9以后预先通路。

29. 马一退三　马8进9

30. 马三进二　车6退1

31. 马七进六　卒5进1　　**32.** 马六进七　马9进7

33. 马七进八　车6平4

平肋车不仅化解红方杀势，而且把红马困在下二路，好棋。

34. 马二进三　马2退4

退马是一防御的精要之处。

35. 兵七进一　……

红方局势处于下风，用时又非常紧张，冲兵捉车慌不择路。

35. …… 车4平7　　　**36.** 马八退六　马7退6

37. 炮五退一　马6进5

黑方已经无懈可击，胜定，红方投子认负。

第72局 河南武俊强 负 黑龙江郝继超

1. 相三进五 卒7进1　**2. 兵七进一 马8进7**

3. 马二进四 ……

跳拐角马是红方飞右相的常见选择，以后可以通过车一平三快速出动右车，这是一路节奏比较明快的选择。

3. …… 象3进5　**4. 车一平三 马2进4**

5. 马八进七 车1平3

至此，双方形成了一个对称性布局。

6. 兵三进一 卒7进1　**7. 车三进四 卒3进1**

8. 兵七进一 车3进4　**9. 马七进六 马7进6**

10. 车九进一 车9进1

11. 炮八平九 炮2平1（图140）

炮2平1是一个很有趣的布局构思，可以这样讲，黑方在布局阶段走得是模仿棋，就是一方随着另一方在棋盘的对称处下棋，最后形成一个红黑双方完全对称的局面。从后手方的角度来看：下模仿棋完全是对对手所下棋的判断，一旦觉得对手下的不是好棋，后手方会马上变着。

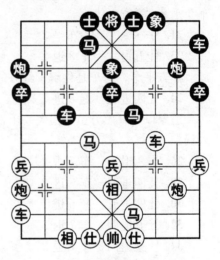

图140

12. 车九平八 马6进4

13. 车三平六 马4进6

这样，黑方的子力位置要稍好于红方，双方模仿的阶段结束，进入真枪实弹的中局角逐。

14. 马四进六 马6进7　**15. 马六进七 车9平6**

16. 炮九平七 车3平6　**17. 仕六进五 ……**

补仕缓着，首先，补仕这着棋使得红方横车失去左右策应的空间。其次，补仕以后右翼给黑方留出大片的进攻空间，易陷被动。此时，红方可以考虑走炮二平四为宜。

17. …… 前车进1

兑车是控制局面的好棋，使得红车失去支援右翼的机会。

18. 车六进二 士6进5　**19. 车八进八 后车进3**

20. 炮七平六　马7进6

21. 马七进八（图141）　……

红方这着棋走得有些急躁，应走仕
五进四，炮1平4，炮六进五，士5进4，
炮二退一，后车平3，车六平五，红方先
手。有的读者会问，这里红方为什么不
走炮二平四打双车呢？因为，如炮二平
四，则前车平3，相七进九（如炮四进
三，马6进7，帅五平六，炮8进7，相
五退三，车3进4，帅六进一，车3退1，
帅六退一，车3平5，黑方胜势），炮8
进7，相五退三，马6进8，炮六平二，
车3平8，黑方大优。

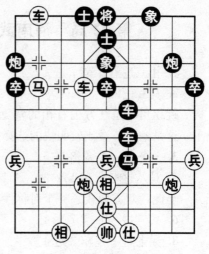

图 141

21. ……　　　　后车平3　　　　**22.** 炮二平四　车6平7

23. 仕五退六　车3退2

黑方平车、退车是化解了红方的攻势的关键。

24. 仕四进五　炮8进7　　　　**25.** 炮六进七　象5退3

退象以后，黑方虽然损失一士，但占据防守要点，红方虽四子临门却无法
入局。

26. 炮六退一　车7进4　　　　**27.** 仕五退四　车7退2

28. 仕四进五　车7进2　　　　**29.** 仕五退四　车7退2

30. 仕四进五　卒5进1　　　　**31.** 车六退三　车7进2

32. 仕五退四　车7退2　　　　**33.** 仕四进五　车7进2

34. 仕五退四　车7退2　　　　**35.** 仕四进五　车7进2

36. 仕五退四　车7退2　　　　**37.** 仕四进五　车3进1

黑方通过打将来谋取对局时间，实战经验丰富。

38. 炮六平七　……

败着，红方误以后平炮准备车八平七杀象，可以取得非常有利的局面。但
是正是这着棋葬送了红方的大好前程。这里应走炮六平九，车7进2，仕五退
四，车7退1，相五退三，炮1平7，相七进五，红方足可抗衡。

38. ……　　　　炮1平4　　　　**39.** 炮七平九　炮4退2

退炮打车以后，黑方已经完全守住底线。

40. 车八退一　车3平2

平车捉马机警。

41. 车八平七 ……

如车八退二，车7进2，仕五退四，车7退6抽车。

41. ……	车2平3	**42. 车七平八**	车3平2
43. 车八平七	车7进2		

进车叫杀，锁定胜局。

44. 仕五退四	车7退2	**45. 仕四进五**	车7进2
46. 仕五退四	车7退6	**47. 仕四进五**	马6进8
48. 车六进五	车7进6	**49. 仕五退四**	车7退2
50. 仕四进五	车7平6		

红方如仕五进四，则马8进7绝杀，至此，红方投子认负。

第73局 湖北柳大华 负 北京蒋川

1. 炮二平五	马8进7	**2. 马二进三**	车9平8
3. 车一平二	卒3进1	**4. 兵三进一**	马2进3
5. 炮八进四	马3进2	**6. 马八进七**	车1进1

双方以五八进三兵对屏风马挺3卒开局。黑方起横车是一路较为冷僻的变化，在20世纪90年代曾经出现过，而后因为战绩不佳被束之高阁。

7. 炮八平三（图142） ……

临场柳大华选择平炮打卒的变化，这路变化易形成激烈的对攻局势。如走马三进四，象7进5，马四进五，马7进5，炮五进四，士6进5，炮五退一，马2进3，炮八平七，马3退4，车九平八，双方局面较为平稳，红方稳持先手。

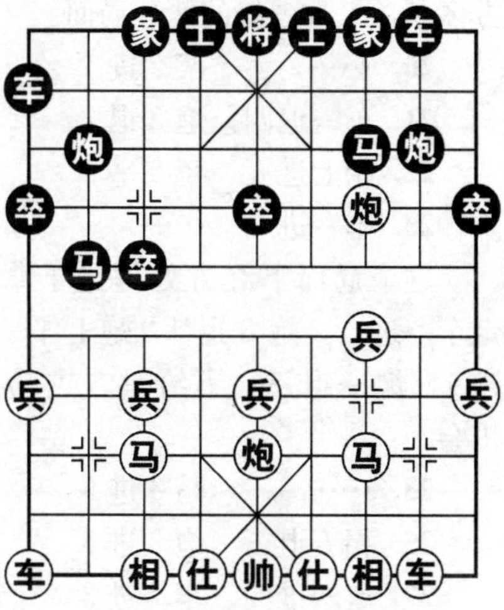

7. …… 象7进5

8. 车二进五 ……

进车是炮打三卒的后续手段的，伏有兵七进一的先手。

8. …… 马2进3

9. 车九平八 炮2平3

图142

10. 炮五平四	车1平6	**11. 仕六进五**	炮8平9
12. 车二进四	马7退8	**13. 车八进四**	……

如车八进六，则车6进2，马三进二，炮9平7，黑方先手。

13. ……　　　车6进5　　　　　　**14.** 马三进四　马8进7

15. 兵三进一　炮9进4

炮打边兵加快进攻节奏，这里黑方如果选择象5进7，则马四进二，车6退3，炮四平三，马7退8，马二进一，马8进9，前炮进一，士6进5，黑方虽是优势，但是局面过于平淡，双方都没什么进攻的机会，这是蒋川不愿意看到的。所以临场选择炮打边兵，就是要挑起波澜。

16. 马四进二　炮9进3　　　　　**17.** 车八平一　……

平车示弱，这里红方应走车八进三，马7退5，炮三平二，马5进7，车八平七，马7进8，兵三平二，红方优势。

17. ……　　　炮9平8　　　　　　**18.** 炮三平九　……

平炮卒和车八平一构思上似乎有些脱节，不如改走马二进一强攻黑方左翼。

18. ……　　　马7进8　　　　　　**19.** 兵三平二　车6平7

20. 炮九平七（图143）　……

造成局势恶化的根源。应走车一退四，炮8退2，相七进五，马3进5，相三进五，炮8平5，帅五平六，车7退1，车一进六，炮3平4，帅六进一，形成红方多子，黑方占势的两分局面。

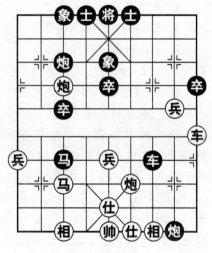

图 143

20. ……　　　卒3进1

21. 车一退四　炮8退2

22. 相七进五　卒3平4

23. 车一进六　……

这个局面下红方处理过于草率。应走车一进二，炮8退1，炮七平一，卒4进1，炮一退三，不给黑方进马踏相的机会。

23. ……　　　马3进5　　　　　　**24.** 相三进五　炮8进2

25. 相五退三　炮3进5　　　　　　**26.** 车一退二　卒4进1

27. 炮四进四　车7进3

得相以后，红方已经很难防守。

28. 车一退四　炮3平5　　　　　　**29.** 仕五退六　卒4进1

30. 帅五进一　……

上帅无奈，否则黑方下一着卒4进1再车7退1可形成杀势。

30. …… 车7退1 **31. 炮四退五** 炮8平4
乘机破仕，锁定胜局。

32. 车一进二 炮4平2 **33. 车一平四** 车7退2

34. 炮七平八 炮2退2 **35. 帅五退一** 车7平5
平车保炮以后，伏卒4进1的攻击手段，红方认负。

第74局 上海孙勇征 胜 江苏孙逸阳

1. 相三进五 卒7进1 **2. 马八进七** 象7进5

3. 马二进四 马2进1 **4. 兵五进一 ……**
冲中兵意在盘活双马。保持子力的机灵性与协调性在这种以"内线"运子为主的柔性布局是非常重要的。

4. …… 车1进1 **5. 马四进五** 车1平6

6. 炮八进四 马8进7 **7. 兵三进一 ……**
兑兵活马是马三进五的后续手段，否则被黑方车6进5贴住红马，红棋就非常不舒服。

7. …… 车6进3 **8. 兵三进一** 车6平7

9. 马五进三 车7平2 **10. 车九平八 ……**
这是一步极富有勇气的选择，要有精确的计算力。

10. …… 车2进5

11. 马七退八 炮2进7（图144）
箭在弦上不得不发。如果士6进5，马八进七，车9平6，仕四进五，卒3进1，炮二平四，车6进6，车一平二，炮8进2，马三进四，红方仍持先手。

12. 马三进四 车9进1

13. 车一平三 车9平6

14. 马四进二 ……
红方得回失子，形势占优。

14. …… 车6进6

15. 马二进一 ……
红方再一次施展弃子抢攻的手段，精彩。

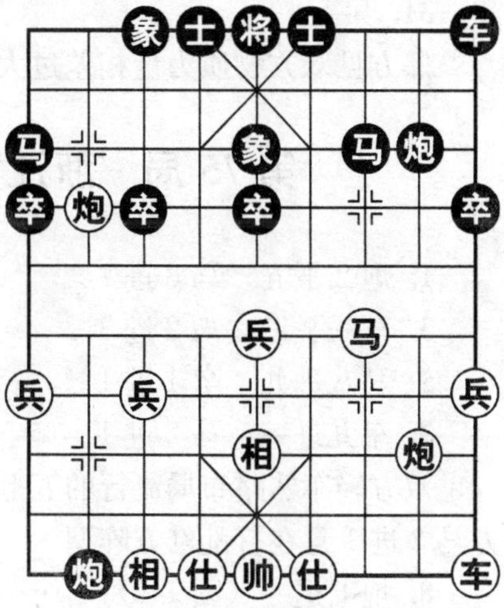

15. …… 车6平5 **16. 仕四进五** 车5平8

图144

17. 马一退三　将5进1

18. 车三进七　卒3进1

19. 车三退四　……

退车为红马的腾挪留出空间。

19. ……　　　车8进2

20. 仕五退四　车8退8（图145）

败着，应走卒9进1，不让红炮顺利右移，形成三子归边之势，黑方尚可周旋。

21. 炮八平一　炮2退8

22. 马三退四　将5退1

23. 炮一平五　炮2平5

24. 炮五进二　车8平6

黑方这里不能支士吃炮，无论支哪

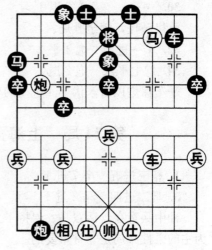

图 145

个士，红方都可马四进三叫杀，黑方只能以车砍马，形势更为被动。

25. 马四进六　将5进1　　26. 兵五进一　车6进2

27. 车三进五　车6退2　　28. 车三平四　将5平6

29. 马六进八　……

踏双简明有力，红方多兵胜定。

29. ……　　　马1退3　　30. 马八退九　马3进4

31. 兵五平六

黑方见双方物质力量相差过大，投子认负。

第75局　浙江黄竹风 负 广东许银川

1. 炮二平五　马8进7　　2. 马二进三　车9平8

3. 车一平二　马2进3　　4. 兵三进一　卒3进1

5. 马八进九　卒1进1　　6. 炮八平七　马3进2

7. 车九进一　马2进1

双方轻车熟路布局流行的五七炮进三兵对屏风马挺3卒的阵势。上一着黑方马2进1意在打乱红方阵型。

8. 炮七退一（图146）　……

临场红方选择退炮，这是比较冷僻的变化，近年棋手采用的不多。其主要原因之一是大多数棋手以后炮七退一这着棋和车九进一这着棋自相矛盾。所以多数棋手会选择炮七进三，车1进3，车九平六，车1平3，炮七平四，车3

进1，炮四退三，车3平6，仕六进五，红方先手。

8. ……　　　车1进3

9. 车九平八　卒1进1

挺卒巩固前沿阵地是比较稳健的选择，熟悉许银川的棋手都知道，许特大临场很少会选择"奇兵"，不会轻易弄险。多会选择平稳但是对方有压力的着法，积小胜为大胜。

10. 车二进六　……

同样进车不如车二进五更富于变化。试演一例，车二进五，炮2平4，车二平七，象7进5，车七平六，士6进5，车八进二，红方先手。

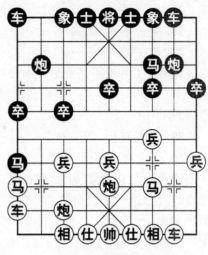

图 146

10. ……　　　炮2平4　　　　**11.** 车二平三　象7进5

12. 兵三进一　炮8退1

退炮准备炮8平7攻击红方三路线，缓解黑左翼的压力。

13. 车三平四　士6进5

补士是黑方退炮的后续手段。

14. 马三进四　炮8平7　　　　**15.** 炮七平三　……

平炮过急，被黑方利用。这里红方可以走兵三进一，则炮4进1，车四进二，炮7进2，马四进三，炮4平7，车四退二，炮7进1，车四平三，车8进2，炮七进四，红方足可抗衡。

15. ……　　　炮7进3　　　　**16.** 炮三进六　炮4平7

17. 车四平三　后炮平6　　　　**18.** 炮五进四　……

炮打中卒造成局势恶化。红方应走马四进五，马1进3，车三进一，炮7平5，马五退七，车1平4，车八平七，炮5进3，车七进一，红方足可抗衡。

18. ……　　　车8进5　　　　**19.** 马四进六　车1平4

20. 车八平六　炮7平5

平炮打将的作用是限制红方子力的展开。

21. 仕六进五　炮6退2

退炮先守住底线，正确。

22. 车六进一　卒1平2

平卒仍是以控制局面为主。

23. 车三平四　卒 2 进 1　　**24.** 兵五进一　炮 5 平 7

25. 炮五平一　车 4 平 6　　**26.** 马六进四　炮 6 进 2

27. 炮一进三　……

此时红方并没有进攻的"本钱"，可以考虑相七进五，车 8 进 1，兵一进一，卒 2 平 3，兵一进一，红方尚可周旋。

27. ……　　　　车 8 退 2　　**28.** 车六进四　将 5 平 6

29. 马九退七　卒 2 平 3

30. 马七进五（图 147）　……

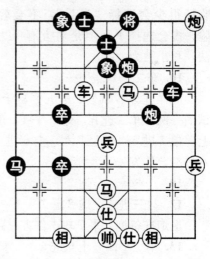

图 147

这着棋足以让红方受到灭顶之灾。应改走兵五进一，后卒进 1，车六平五，后卒平 4，车五平九，马 1 进 3，车九平七，红方尚可坚持。

30. ……　　　　后卒进 1

31. 炮一退五　炮 7 退 3

32. 车六平九　车 8 平 7

33. 相三进一　炮 7 平 8

黑方这几个来回走得非常耐心，先平车叫杀，再平炮准备沉底，红方的阵型打得很"散"，为以后的进攻创造了条件。

34. 炮一平二　马 1 进 3　　**35.** 兵五进一　前卒平 4

36. 马五退七　卒 4 平 5　　**37.** 兵五进一　马 3 退 4

38. 马四退五　……

改走马七进八较实战顽强。

38. ……　　　　马 4 退 5　　**39.** 相七进五　炮 6 进 6

40. 仕五进四　卒 3 平 4　　**41.** 马五退三　车 7 进 3

42. 车九平五　……

交换以后，红方已经失去抵抗能力。

42. ……　　　　炮 6 平 8　　**43.** 炮二平四　后炮进 6

44. 相五退三　车 7 平 6　　**45.** 车五平四　将 6 平 5

46. 马七进八　卒 4 平 5　　**47.** 炮四进一　前卒进 1

以下红方如续走马八退七，则前卒平 6，破仕以后，黑方也很难守和，于是红方投子认负。

第十六轮　2012年8月15日弈于各队主场

第76局　北京蒋川　胜　山东才溢

1. 兵七进一　炮2平3　　**2.** 炮二平五　象3进5
3. 马二进三　卒3进1　　**4.** 车一平二　卒3进1
5. 相七进九　车9进1　　**6.** 炮五进四　……

炮打中卒先得实惠的同时阻止黑车过宫。这里红方如果选择车二进四，则黑方车9平2，马八进六，车2进2，车二平七，马2进4，双方开局阶段都陈重兵于红方左翼，局面复杂。棋手的布局选择并不是临场见着拆着时做出的决定，往往是通过精心的分析以后，赛前就已经制定好的方针。蒋川特级大师的布局就是非常有特点的，多喜欢在开局阶段谋取多兵（卒）的实力，以便在残局阶段积小胜为大胜。

6. ……　　　士4进5

临场红方没有选择相九进七吃卒而是选择兵五进一支援中炮，这更多是从进攻角度来考虑的。明显，相九进七以后红相还要调整，进攻的节奏放缓，这是蒋川不希望见到的。

7. ……　　　马2进4

8. 兵五进一　车1平2（图148）

改进之着，就在这届象甲比赛的第13轮，湖北汪洋对阵广西潘振波大师时双方也曾弈到这个局面，当时潘大师选择马4进3，以下兵五平六，卒3平4，马八进六，车1平4，炮八进六，车9进1，炮五平六，炮3平2，炮八平九，红

7. 兵五进一　……

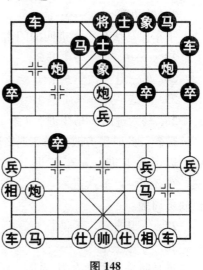

图 148

方满意。

9. 马八进六　卒 3 进 1

冲卒是车 1 平 2 的后续手段，这是车 1 平 2 比马 4 进 3 更富有变化的依据所在。

10. 炮八平五　卒 3 平 4　　　　**11.** 仕六进五　车 9 平 6

12. 前炮平一　车 6 进 5

进车兵线，抢占要点，开局至此，双方大体均势。

13. 炮一进三　车 6 平 7　　　　**14.** 马三退一　……

退马是稳健的选择，意在保留变化。这时红方如炮一平三，象 5 退 7，车二进七，炮 3 平 5，马三退一，炮 5 进 5，相三进五，马 8 进 9，兑掉双炮以后，局势平稳。

14. ……　　　　　车 7 平 9

平车杀兵迫使红方开火。

15. 炮一平三　象 5 退 7　　　　**16.** 车二进七　炮 3 平 7

17. 炮五平一　车 2 进 8

进车过急，应走马 4 进 3，兵五平六，炮 7 平 5，帅五平六，马 8 进 9，车九平七，马 3 进 2，黑方足可抗衡。

18. 车二进二　车 2 平 4　　　　**19.** 车二平三　炮 7 进 7

20. 马一退三　车 9 进 1　　　　**21.** 马三进四　……

进马踏车不仅把肋车赶走，而且切断了双车之间的联系，正确。

21. ……　　　　　车 4 平 3　　　　**22.** 马四进六　车 3 退 2

23. 车九平六　……

平车保马伏有马六进四的闪击手段。

23. ……　　　　　马 4 进 3

24. 车三退三　车 9 平 1

25. 车三平六　车 1 退 1

26. 马六进四　马 3 进 2（图 149）

败着。此时黑方改走马 3 退 2 较为顽强，以下兵五进一，车 3 退 3，马四进三，车 3 平 4，车六进六，马 2 进 4，黑棋尚可周旋。

27. 马四进三　车 3 平 4

28. 马三进五　……

进马叫杀，紧凑有力。

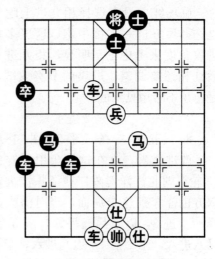

图 149

28. ……	车 4 进 3	**29.** 仕五退六	车 1 平 5
30. 仕四进五	士 5 进 6	**31.** 马五进七	将 5 进 1
32. 车六平二	将 5 平 4	**33.** 兵五平四	马 2 进 1
34. 车二平六	……		

照将，细腻，有助于守住肋线。

34. ……	将 4 平 5	**35.** 兵四进一	车 5 平 6
36. 车六退四	马 1 进 3	**37.** 车六退一	马 3 退 4
38. 马七退六	将 5 退 1	**39.** 马六进四	将 5 进 1
40. 马四退六	将 5 退 1	**41.** 兵四平五	……

再平中兵，防止黑方马 4 进 6 的偷袭。

41. ……	士 6 进 5	**42.** 车六进一	士 5 退 4
43. 兵五进一	卒 1 进 1	**44.** 马六进四	将 5 平 6
45. 马四退五			

献马好棋。黑方不能走马 4 退 5 吃马，红方有车六进七，将 6 进 1，车六退一，将 6 退 1，兵五进一，红胜定。黑方见失子难免，投子认负。

第77局　广东许银川 胜 河南金波

1. 炮二平五　马 8 进 7　　　**2.** 马二进三　卒 7 进 1

黑方此时抢进 7 卒，使布局必须导向"中炮对 7 卒屏风马"系统。可见金波大师对这类布局的攻防要略是研究有素的。

3. 车一平二　车 9 平 8

4. 车二进六　马 2 进 3

5. 马八进七　卒 3 进 1

黑方再进 3 卒，形成"两头蛇"阵势，这手棋的作用有二：一是压制对方马路，二是为下一手升逐车做准备。

6. 车九进一　炮 2 进 1

7. 车二退二　象 3 进 5

8. 兵三进一　炮 2 进 1（图 150）

黑方也可选择卒 7 进 1 吃兵，以下车二平三，马 7 进 6，车九平四，炮 2 进 1，车四进二，车 8 进 1，兵七进一，卒 3 进 1，车三平七，车 1 进 1，炮五平四，炮 8

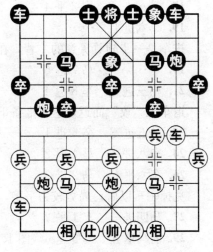

图 150

平7，车二进七，炮7进7，帅五进一，车1平8，车七进三，车8进7，炮四退一，车8平7，马三进四，炮7平8，至此红方多子，黑方得势，互有顾忌。

9. 兵七进一　炮8进2

以上形成流行的中炮直横车对屏风马两头蛇的布局定式。双方四兵相见，黑方双炮巡河，严阵以待，在河口形成对峙的局面。

10. 车九平六　士4进5　　　　11. 炮八退一　……

如改走兵五进一，则车1平3，马七进五，马3进4，兵三进一，马4进5，马三进五，炮2平7，另有复杂变化。这步退炮含蓄，是许银川比较喜欢的选择，早在1991年团体赛时，许银川就曾选择过这一变化。

11. ……　　　卒7进1　　　　12. 车二平三　卒3进1

13. 车三平七　……

如改走车三进三吃马，则炮8平3，马七退九，炮3进5，仕六进五，车1平2，黑方弃子有攻势。

13. ……　　　炮8平3

改进之着，以往多走炮2平3，马七进八，车1平3，马三进二，炮8平5，车六进三，红方先手。

14. 马七退五　……

退马准备卸中炮强攻黑方3路线。

14. ……　　　炮2退4　　　　15. 炮五平七　炮3进3

16. 车七退二　马3进2　　　　17. 炮八平九　……

避兑保持变化，否则兑炮以后黑方车1平2，黑方的子力位置较优。

17. ……　　　炮2平4　　　　18. 马三进四　车1进2

19. 车六进七　……

进车是一步颇具深意的一着，在黑方阵地中埋下一颗"定时炸弹"。

19. ……　　　马7进6　　　　20. 车七进二　车8进7

21. 相三进五　车8退4

退车无"攻"而返，退车准备下一着冲中卒开放卒林线，左右策应。

22. 马五进三　卒5进1　　　　23. 车七平八　马2退4

24. 车八进二　马4退2　　　　25. 车八平二　马6退8

26. 车六平七　马2进3

兑掉一车以后，局势较为平稳，红方稍好。

27. 马四进三　车1平2　　　　28. 炮九平三　车2进1

29. 前马退五　马8退6（图151）

临场金波大师感觉自己已经没有很好的进攻的机会，所以选择退马邀兑全力防守。但是正是这着棋被红方利用，导致局面恶化。这里黑方应走马 3 进 2，车七退五，马 8 退 6，兵五进一，车 2 进 1，仕四进五，卒 1 进 1，黑方尚可周旋。

30. 马五进四　　士 5 进 6

31. 炮三进八　　象 5 退 7

32. 车七退三　……

白赚一象，红方优势明显。

32. ……　　　车 2 平 5

33. 车七退一　……

退车准备掩护中兵，解放右马。

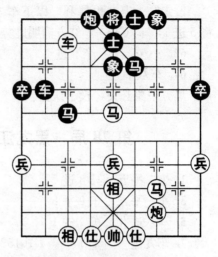

图 151

33. ……　　　士 6 进 5

34. 兵五进一　　将 5 平 6

35. 马三进四　　车 5 平 6

36. 兵五进一　　炮 4 平 5

37. 兵五平六　　车 6 进 1

38. 兵九进一　　士 5 进 4

39. 仕六进五　　炮 5 平 4

40. 兵六平七　　炮 4 平 3

41. 兵七平八　　炮 3 平 3

42. 兵八平七　　炮 4 平 3

43. 兵七平六　　炮 3 平 4

44. 兵六平七　　象 7 进 5

45. 兵七进一　……

冲兵果断，黑方已经没有什么棋可走。

45. ……　　　士 4 退 5

46. 兵七平六　　将 6 平 5

47. 车七平五　　象 5 退 7

48. 兵六进一　……

先平车吃象，再冲肋兵次序井然。

48. ……　　　车 6 平 4

49. 兵六平七　　车 4 平 3

50. 兵七平六　　车 3 平 4

51. 兵六平七　　卒 1 进 1

52. 车五平七　……

闪击黑车为冲兵做准备。

52. ……　　　车 4 平 6

53. 兵七进一　　炮 4 进 2

54. 兵九进一　　车 6 平 1

改走车 1 平 6 较为顽强。

55. 兵七平六　　士 5 退 4

56. 马四进五　　士 6 退 5

57. 车七平三　　象 7 进 5

58. 车三平二　　车 1 平 6

59. 车二进五　　士 5 退 6

60. 马五进七　　士 4 进 5

61. 车二退三　　车 6 平 3

62. 马七进九　……

改走马七退九更犀利。以下车 3 平 4，车二平八，士 5 退 4，兵六进一，将 5 进 1，车八平一，红方简明胜势。

62. ……   卒 9 进 1   **63. 车二平八   士 5 退 4**

64. 车八平五

黑方中象必失，投子认负。

第 78 局   黑龙江陶汉明 胜 河北陈翀

1. 炮二平五   马 8 进 7   **2. 马二进三   马 2 进 3**

3. 车一平二   车 9 平 8   **4. 兵三进一   卒 3 进 1**

5. 马八进九   车 1 进 1   **6. 炮八进四   马 3 进 2**

7. 车九进一   车 1 平 6（图 152）

双方以五八炮进三兵对屏风马挺 3 卒布阵。黑方此时平车左肋是较为冷僻的选择。通常黑方会选择车 1 平 4，迫使红方定位。以下炮八平三，象 7 进 5，车九平四，卒 3 进 1，车二进五，马 2 进 4，兵七进一，炮 2 平 3，双方互缠。

8. 车二进五   ……

进车果断，如仍走车九平六，则士 6 进 5，车六进三，炮 8 进 4，兵九进一，车 6 进 5，黑方易走。

8. ……   车 6 进 6

进车捉马对攻之着。

9. 车九平三   ……

马后藏车，拙中藏巧。

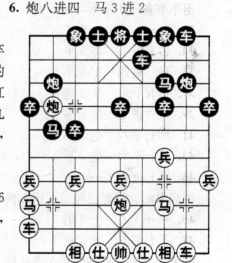

图 152

9. ……   象 7 进 5   **10. 炮八平三   马 2 退 3**

退马准备进炮逐车，浪费步数。不如走士 6 进 5，兵三进一，马 2 退 3，兵七进一，卒 3 进 1，车二退一，象 5 进 7，双方大体均势。

11. 车三平八   炮 2 进 2   **12. 车二进一   士 6 进 5**

13. 兵九进一   车 6 退 4   **14. 炮五平七   ……**

第一感觉炮五平七不如车八进三更好一些，实则不然，炮五平七才是临局的正解。

14. ……   炮 8 平 9   **15. 车二进三   马 7 退 8**

16. 炮三退一　车6进1　　　**17. 车八平二　……**

左车右移正是红方不如车八进三的道理。

17. ……　马8进6　　　　**18. 炮三进三　马3进4**

此时黑方除了选择对攻外也别无良策。

19. 相三进五　炮2进2　　　**20. 车二进八　士5退6**

21. 车二平一　炮9平8

这里黑方应走炮9平7更有反击力。试演一例：炮9平7，炮三进一，将5进1，兵三进一，象5进7，兵五进一，炮7进5，炮七平三，卒3进1，双方混战。

22. 炮三进一　将5进1　　　**23. 兵五进一　马4进5**

进马强迫红方交换，借以谋得攻势，这是黑方最顽强的应着。

24. 炮七平六　……

平炮不为所动，正确。

24. ……　马5进7　　　　**25. 炮六平三　炮8进7**

26. 仕四进五　车6平8　　　**27. 车一退一　……**

退车先牵制住黑马，老练。

27. ……　炮2平9　　　　**28. 车一退二　车8进2**

29. 帅五平四　车8平6　　　**30. 后炮平四　炮8平4**

陈翀也是一个乱战高手，在形势变动的局面下，竭力形成乱战的局面，希望借此可以达到"浑水摸鱼"的效果。

31. 帅四平五　炮4退6　　　**32. 车一进二　车6平8**

33. 马九进八　……

由于黑方的9路炮被红车盯死，黑方难有作为，所以陶特大跳左马准备放手一攻。

33. ……　炮9平3

34. 马八进六　炮3平2

35. 相七进九　……

飞相局开黑方打将的先手，正确。

35. ……　炮2进3（图153）

败着。应走车8平6，炮三平二，车6退2，炮四进六，车6退3，车一平四，将5平6，炮二退六，炮2平6，黑棋足可抗衡。

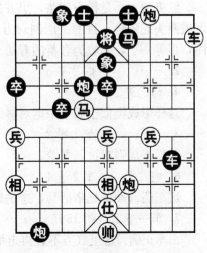

图153

36. 炮四进三　　车 8 平 6　　　　**37.** 炮四进四　　车 6 平 4

38. 帅五平四　　炮 2 退 8　　　　**39.** 马六退四　　将 5 平 4

40. 马四进五　　……

进马踏兵谋取物质优势，也可直接走兵五进一进行打击。

40. ……　　　　车 4 平 8　　　　**41.** 马五退六　　车 8 进 3

42. 相五退三　　炮 2 平 3　　　　**43.** 马六进七　　将 4 平 5

44. 相九退七　　……

退相攻不忘记守，以后再相七进五，红方没有后顾之忧。

44. ……　　　　炮 4 进 3　　　　**45.** 相七进五　　车 8 退 6

46. 马七退五　　……

不如炮四平七紧凑有力，以下象 5 退 3，炮三退一，马 6 进 5，炮三平七，红方大优。

46. ……　　　　将 5 平 4　　　　**47.** 兵三进一　　车 8 平 2

48. 仕五退六　　象 5 进 7　　　　**49.** 炮三退一　　士 4 进 5

50. 车一退五　　车 2 平 4　　　　**51.** 车一平四　　将 4 退 1

52. 炮三进一　　将 4 进 1　　　　**53.** 车四进五

红方得子胜定。

第79局　湖北洪智　胜　上海陈泓盛

1. 兵七进一　　马 8 进 7　　　　**2.** 兵三进一　　……

红方进七兵是投石问路，黑方起马也含有窥测对方的动向，红方再进三兵形成两头蛇阵势。目的是压制对方马路和开通本方马路，暂时不暴露作战意图，再等一手，是较为含蓄的着法。

2. ……　　　　炮 2 平 5　　　　**3.** 马八进七　　马 2 进 3

4. 马二进三　　……

这样形成类似于后手中炮对屏风马的阵势，红方双马俱活，较为满意。

4. ……　　　　车 1 平 2　　　　**5.** 车九平八　　车 9 进 1

起横车加强对抗，要着。

6. 炮二平一　　车 2 进 4

进车巡河准备兑卒活马，这是黑方常用的手段。

7. 车一平二（图 154）　　……

出车正确。这里红方不宜再走炮八平九兑"窝"车。一是炮八平九以后和炮二平一这手棋重复，攻击目标不明；二是炮八平九以后，黑方必然会选择车 2

平8，红方左车反而受制，以下车八进六，车9平6，车八平七，炮5退1，黑方反先。

7. ……　　卒7进1

8. 车二进四　炮8退1

9. 兵三进一　车2平7

10. 炮八进六　……

进炮打车要着，不能让黑炮平到7路或3路。

10. ……　　炮8进1

11. 马三进四　炮8平9

黑方见暂时没有好的反击点选择，平炮准备炮打边兵制造战机。

12. 相七进五　车9平4

13. 炮一平三　炮9进4

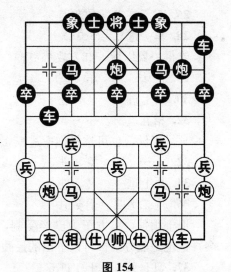

图154

平炮的作用不大，不如马7进6，车二进五，象7进9，炮三平四，炮9进3，双方对峙。

14. 仕六进五　炮9平6

15. 炮三平四　炮6平9

黑方仍要回到原处，浪费步数。

16. 炮八退二　士6进5

17. 车二进四　卒5进1

18. 车八进五　炮9退2

可以考虑车4平2牵制红方车炮更为顽强。

19. 马四退二　车7进2

20. 马二进一　卒9进1

21. 车二平三　马7进6

22. 车三退五　马6进7

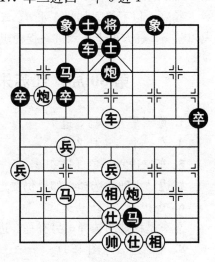

图155

兑车以后，黑方左翼空虚，双方主战场就此转移到黑方左翼。

23. 车八平五　马7进6（图155）

败着，应走车4进5升到红方兵线。现在进马塞相眼看似牵制住红车，但这只是暂时的行为，下一着红方炮八退四以后即刻消除这一弱点，而黑方的6路马反倒成为红方的攻击目标。

24. 炮八退四　马6退8

25. 车五平三　象7进9

26. 车三平二　马 8 退 9　　　**27.** 车二平一　马 9 退 7

28. 车一进二　……

吃得一象以后，红方攻势更盛。

28. ……　　　车 4 进 3　　　**29.** 炮四平二　炮 5 平 8

30. 马七进八　卒 3 进 1　　　**31.** 炮八平七　马 3 进 5

32. 相五进三　……

顶马稳健，也可选择炮七进三。

32. ……　　　象 3 进 5　　　**33.** 马八进七　车 4 退 1

34. 兵七进一　马 5 进 4　　　**35.** 炮七进二　马 4 进 6

36. 炮二平四　士 5 退 6

退士顽强，黑方子力已经受制，退士不给红车底炮照将，先手脱身的机会，这也是黑方临枰可以下出的最顽强应着。

37. 炮七平八　士 4 进 5　　　**38.** 车一退四　马 6 退 5

39. 炮八进二　马 5 进 7　　　**40.** 车一平三　车 4 退 1

41. 马七进五　……

简明，消灭残存的黑象以后，红方更能发挥车双炮兵的攻击力量。

41. ……　　　车 4 平 5　　　**42.** 车三进一　马 7 退 6

43. 炮八平一　车 5 进 4　　　**44.** 炮一进三　炮 8 退 2

45. 炮四平五

精彩。以下黑方如将 5 平 4，车三平六，将 4 平 5，帅五平六，黑方只有马 6 进 5，红方再走车六进一捉死黑马，红方胜定。黑棋投子认负。

第 80 局　江苏朱晓虎 负 四川郑惟桐

1. 炮二平五　马 8 进 7　　　**2.** 马二进三　车 9 平 8

3. 车一平二　马 2 进 3　　　**4.** 兵三进一　卒 3 进 1

5. 车二进六　象 3 进 5　　　**6.** 马八进九　……

跳边马正确的选择。如果仍要走马八进七则红方阵型较为呆板。

6. ……　　　士 4 进 5　　　**7.** 炮八平六　炮 8 平 9

兑车是稳健的选择，另有马 3 进 2 封车的选择实战中较为常见。

8. 车二进三（图 156）　……

兑车简化局面，这里也可选择车二平三，马 3 进 4，车九平八，炮 2 平 3，炮五进四，马 7 进 5，车三平五，红车打通黑方卒林线，左翼都可策应，也是较为理想的选择。

8. ……　　　马7退8

9. 车九平八　　炮2平1

黑方平炮准备边路出击，这里也可走车1平4，仕六进五，炮2进2，双方对峙，大体均势。

10. 马三进四　　车1平4

11. 仕六进五　　炮1进4

12. 车八进三　　炮1退2

13. 车八进三　　炮1进2

14. 车八退三　　炮1退2

15. 兵五进一　　……

冲兵意义不大，不如先走炮五平二，车4进5，马四进三，车4平7，马三进

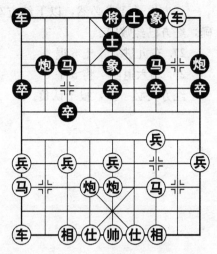

图 156

一，马8进9，车八进四，马3退4，相三进五，车7进1，车八退一，红方易走。

15. ……　　　卒7进1　　　　16. 车八进三　　马8进7

17. 兵三进一　　炮1平7　　　　18. 马四进五　　马7进5

19. 炮五进四　　马3进5　　　　20. 车八平五　　……

红方虽然实现占据卒林线的目的，但是后续子力不能跟进，对攻的速度上落后黑棋，仍是黑方稍好的局面。

20. ……　　　炮9进4　　　　21. 车五平九　　炮9平5

22. 帅五平六　　车4进6

23. 兵五进一　　炮7进1

24. 马九进八（图157）　　……

败着。应走帅六进一，以下炮5平8，兵五进一，炮8进2，帅六退一，炮7平4，帅六平五，炮4进2，仕五进六，红方足可抗衡。

24. ……　　　卒3进1

冲卒巧着，红马不仅没有驱走黑车，反被黑棋利用。

25. 马八进七　　象5进3

好棋。不能让红马七进九准备卧槽。

26. 马七进八　　炮7平4

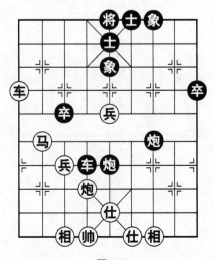

图 157

红方失子已成必然，以下红方车马联攻，试图浑水摸鱼，但黑方应对准确，红方已经败定。

27. 车九进三　士5退4　　　28. 马八退六　将5进1

29. 马六退四　将5平6　　　30. 马四进二　将6平5

红方失必一子，投子认负。

第十七轮 2012年8月29日弈于各队主场

第81局 河北陆伟韬 负 广东吕钦

1. 炮二平五　马8进7　　　**2.** 马二进三　车9平8

3. 车一平二　马2进3　　　**4.** 马八进九　卒3进1

5. 车二进六　卒7进1

6. 炮八平七　马3进4（图158）

黑跳肋马这着棋是2009年首届振达·韩信杯象棋国际名人赛上，汪洋对许银川时，许银川改进的着法。以往黑方多套用五七炮不挺兵对屏风马进7卒的阵势，走马3进2跳外马封车。试演一例：马3进2，车九进一，象3进5，车九平六，卒1进1，车六进五！马2进1，车六平八，炮2平3，炮七退一，红方子力位置较优，略占优势。

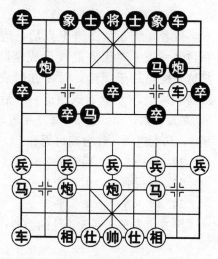

图158

7. 车九平八　炮2平4

平炮士角以后，黑方阵型结构非常理想，这也是许银川改马3进2为马3进4的依据。

8. 炮五进四　马7进5　　　**9.** 车二平五　炮4平5

还架中炮紧凑。这里黑方可不可走炮8平5呢？如炮8平5，相七进五，下一着红方车五平六捉双，黑方还要调整，这样红方重新取得局势的主动权，因此，这里黑方必须走炮4平5。

10. 相七进五　炮8进5　　　**11.** 车五退一　炮8退3

12. 车五平三　马4进6　　　**13.** 车八进四　马6进7

14. 炮七平三　炮8进5

弃底象，沉底炮，吕特大的棋风就是这般凶悍。

15. 车三平五 ……

红方也不能贸然吃象，如车三进四吃象，黑方不会车 8 平 7 兑车，而会选择车 8 进 7，形成对攻之势。

15. …… 车 1 进 1   **16. 车五退一** 车 1 平 8

平车又是一步紧着，不给红方车五平二兑车简化局面的机会。

17. 仕六进五 前车进 7   **18. 马九退七** 士 6 进 5

攻不忘记守，老练。

19. 炮三平四 后车进 7   **20. 车五平三** 象 7 进 9

21. 炮四进四 ……

进炮准备炮四平五给黑方也安上中炮，控制黑方中将以后，形成对攻的局势。

21. …… 后车退 4

22. 炮四进二（图 159） ……

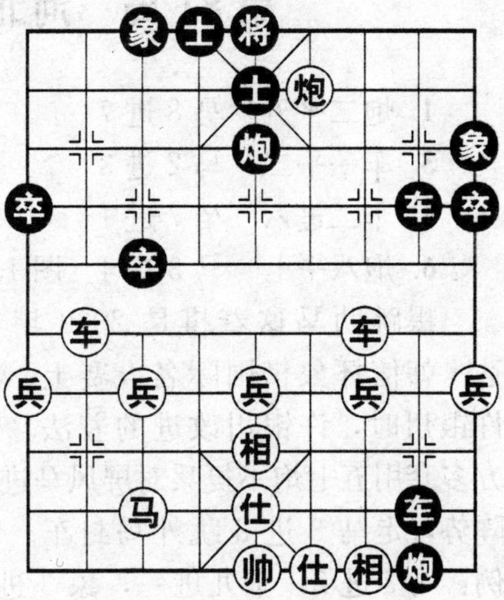

败着。红方意图进炮以后，炮四平一再炮一进一对黑方底线形成牵制，显然这个构思过于缓慢，对黑方形成不了威胁。这里红方应走炮四退一，后车平 5，车八平六，车 5 进 3，车三平五，车 5 平 3，马七进六，红方尚可周旋。

22. …… 后车平 5

23. 炮四平一 车 5 进 3

24. 炮一进一 车 5 平 3

图 159

黑方伏有车 8 平 5 杀仕的手段，红方败定，至此红方投子认负，黑胜。

第 82 局 河南黄丹青 负 广西黄海林

1. 炮二平五 炮 8 平 5   **2. 马二进三** 马 8 进 7

3. 车一平二 卒 7 进 1

先挺 7 卒形成顺炮直车对缓开车阵型。

4. 兵七进一 ……

对挺七兵，避免双方受克。

4. …… 车 9 进 1（图 160）

起左横车是针对红方左翼子力展开情况而做出的选择，正着。如炮 2 平

3，马八进七，卒3进1，马七进六，卒3
进1，马六进五，卒3进1，炮八进六，
红方先手。

5. 车二进四　马2进3

进马稳健，也可直接选择车9平3强
行突破。

6. 马八进七　车1进1

双横车机动灵活。

7. 炮八进二　……

进炮这着棋给人的感觉有点缓，和
车二进四这着棋有些重复。不如车九进
一紧凑，以下车1平4，兵三进一，车4
进3，马三进四，车4平6，炮八进二，
红方先手。

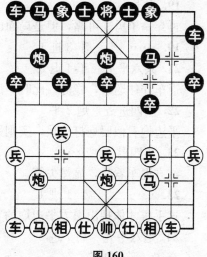

图 160

| 7. ……　　车9平8 | 8. 车二进四　车1平8 |

9. 兵三进一　车8进3　　　　**10. 车九进一　卒3进1**

冲3卒拆散红方炮架，形成四兵（卒）相见的局面，这是寻求尖锐变化的
选择。

11. 兵七进一　卒7进1　　　　**12. 兵七进一　马3退5**

13. 炮八进二　车8平3

14. 马七进六　车3平4

15. 马六退七　卒7进1

16. 炮五进四（图161）　……

红方此时弃子强攻，时机并不成熟，
应走马三退五，红方尚可周旋。试演一
例：马三退五，卒5进1，炮八退三，马
7进6，马七进八，车4进3，炮五进三
（如炮八进四，炮5进4，黑方弃子有攻
势），红方足可抗衡。

16. ……　　　卒7进1

17. 相三进五　……

飞相这着棋和前面的弃子求攻相矛
盾。这样给黑方更多的进攻时机。

17. ……　　　车4进2

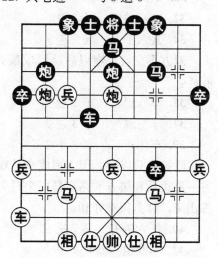

图 161

18. 车九平四　车4平3

19. 兵七平六 ……

再弃一子勇气可嘉，但是局面已经难有改观。

19. …… 车3进1 　　**20. 兵五进一** 车3平4

21. 兵六平七 车4退3

退车守住巡河，稳健。此时，黑方只要能够跳出窝心马，形势立有改观。

22. 车四进五 炮2平1

平边炮看似要炮打边兵，实则另有玄机。

23. 车四退三 ……

红方退车看兵，显然失算。

23. …… 卒1进1

这手棋才体现出黑方平边炮的真实目的。

24. 炮八平九 马7进5 　　**25. 炮九平五** 炮1进1

弃还一子，正确。

26. 炮五平九 车4平3 　　**27. 兵七平六** 炮5平1

28. 车四平六 卒9进1

好棋，把双卒都置于黑车的看护下，为残局积累物质力量。

29. 炮九平八 马5进3

黑方跳出窝心马，解决了盘面的弱点，多子的优势得以体现出来。

30. 炮八平七 象3进5 　　**31. 车六平八** 炮1进1

32. 车八进四 马3退5 　　**33. 车八退一** 炮1平3

34. 兵六平七 马5进7

双方再交换一炮以后，形成黑方多子多卒的大优局面，由此黑方确立了胜势。

35. 车八退三 车3退1 　　**36. 车八平三** 马7进8

37. 车三退一 车3进3 　　**38. 车三平四** 马8进7

39. 车四进二 车3平1

吃掉边兵以后，黑方形成车马双卒士象全对车双兵仕相全的残局。此时红方一路边兵和黑方9路卒是一个对头兵（卒），现在黑方1路边卒的威力就发挥出来，红方很难守和。

40. 仕六进五 马7进9 　　**41. 车四退二** 马9进7

42. 车四退一 车1平7

锁住黑车以后，黑方可急进边卒，胜定，红方投子认负。

第83局 河南武俊强 胜 广西李鸿嘉

1. 炮二平五　　马8进7　　　　**2.** 马二进三　　车9平8

3. 车一平二　　马2进3　　　　**4.** 兵三进一　　卒3进1

5. 马八进九　　卒1进1　　　　**6.** 车九进一　　……

红方左炮先不定位，保留选择形成五八炮、五七炮、五六炮的变化，丰富了红方的进攻手段，这是近期流行的变化。

6. ……　　　　卒1进1　　　　**7.** 兵九进一　　车1进5

8. 炮八平七　　炮2平1

先平边炮避开红方车九平八的先手，同时对红方边马形成牵制。

9. 车九平六　　象7进5　　　　**10.** 兵七进一　　炮8进4

进炮压制红方右车正确的选择。如车1平3，炮七退一，马3进2，兵五进一，马2进3，炮七进三，马3进4，炮七退二，黑马受困，红方易走。

11. 车六进七（图162）　　……

新着，在本届象甲联赛的第9轮，上海张兰天对李鸿嘉时，张曾走车六进五，以下马3进2，兵七进一，马2进1，炮七进一，炮8平3，车二进九，马7退8，马九进七，车1平3，炮五进四，士6进5，车六退三，马8进6，双方大体均势，最后弈和。武俊强大师可能感觉车六进五这着棋攻击力不够，所以选择了车六进七进下二路线的下法。

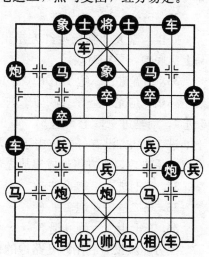

图 162

11. ……　　　　士4进5

12. 炮五平四　　……

平炮以后飞相调整，稳健。

12. ……　　　　卒5进1　　　　**13.** 兵七进一　　车1平3

14. 相三进五　　车3退1　　　　**15.** 炮七进五　　……

交换以后逼退黑车，为左马前进排除障碍。

15. ……　　　　车3退2　　　　**16.** 马九进八　　炮8平7

17. 车二进九　　马7退8　　　　**18.** 仕四进五　　马8进6

19. 车六退二　　……

退车卒林，这是控制局势的好棋。

19. ‥‥‥　　　马6进8　　　**20.** 马八进七　炮1退1

21. 炮四进二　车3平4　　　**22.** 车六平五　卒7进1

失算，不如车4进2，炮四进一，卒5进1，马七退五，马8退6，炮四平六，马6进5，兵五进一，马5进3，黑方足可抗衡。

23. 车五平二　卒7进1　　　**24.** 马七退五　车4进3

25. 炮四退四　马8退6　　　**26.** 车二平九　炮1平3

27. 车九平七　炮3平1　　　**28.** 马五退三　‥‥‥

红方不仅消灭了黑方卒，同时改善了子力位置。

28. ‥‥‥　　　马6进7　　　**29.** 炮四平二　‥‥‥

利用黑车不能及时策应左翼，平炮紧凑。

29. ‥‥‥　　　士5进4　　　**30.** 炮二进九　士6进5

31. 前马进二　马7进6　　　**32.** 马三退一　‥‥‥

退马缓着，不如先走车七平四，黑方如马6进7，则车四平三，红方扩先大。

32. ‥‥‥　　　炮1进8

好棋，李大师临场见红方走出软着，马上沉底炮，寻求对攻。

33. 相五进三　炮1退8（图163）

坏棋，应走将5平4，马二进一，马6进4，前马进三，士5退6，马三退二，士6进5，红方没有好的攻击手段，黑方可以放手进攻，双方将形成混战之势。

34. 车七进二　炮1进3

35. 马二进一　炮1平6

36. 车七退二　炮6退3

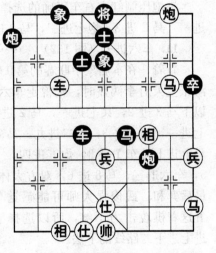

图 163

黑方显然没有利用好6路炮的佳位。应走马6进4，前马进三，炮6退4，马三退四，炮6进1，马四退五，车4平6，黑方足可抗衡。

37. 炮二退五　士5进6　　　**38.** 前马退三　炮7进2

39. 马三进一　‥‥‥

进马暗伏杀机，以后可前马退二，攻守两利。

39. ‥‥‥　　　士4退5　　　**40.** 后马进三　炮7退3

41. 马一退二　马6进5　　　**42.** 相七进五　‥‥‥

红方得子占势，形势大优。

42. ‥‥‥　　　炮7退5　　　**43.** 炮二平五　炮7平6

44. 马三进二　将 5 平 4　　　　　**45.** 后马进三

黑方放弃抵抗，红胜。

第 84 局　山东卜凤波 负 黑龙江聂铁文

1. 兵七进一　炮 2 平 3　　　　　**2.** 炮二平五　象 3 进 5

3. 马二进三　卒 3 进 1　　　　　**4.** 车一平二　卒 3 进 1

5. 马八进九　车 9 进 1

起左横车弃中卒，加快大子出动，是对旧式马 2 进 4 跳拐角马的积极改进，是目前流行的热门变例。

6. 车九平八　……

红方开动左右直车，加快主动出动，符和棋理。

6. ……　　　　车 9 平 4　　　　　**7.** 炮五进四　士 4 进 5

8. 炮五平一　马 8 进 9　　　　　**9.** 车二进四　……

进巡河车捉卒，让黑方表态，是一种以我为主的下法。如改走仕六进五则是把选择交给黑方的下法，两者各有优劣。

9. ……　　　　卒 7 进 1

挺 7 卒弃掉 3 卒是一种稳健的着法。

10. 车二平七（图 164）　……

杀卒正着，如改走炮一退二，车 4 进 5，车二平七，马 2 进 4，仕六进五，车 1 平 2，炮一平四，马 9 进 8，炮四进四，马 8 进 7，炮八平五，车 2 进 9，炮五进五，士 5 进 4，炮五平七，车 2 退 2，炮七平二，车 2 平 7，双方对攻，黑方多子占优。

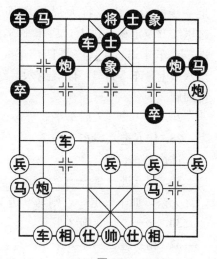

图 164

10. ……　　　　车 4 进 2

11. 炮一退二　马 2 进 4

12. 仕六进五　车 1 平 2

13. 相三进五　马 9 进 8

进边马是近期流行的下法。此外黑方也走车 4 进 5 或炮 8 平 7，双方另有攻守。

14. 炮一平二　马 4 进 3　　　　　**15.** 车七平五　炮 8 进 3

16. 车五平二　马 3 进 4　　　　　**17.** 炮八进五　……

红方进炮窥象，着法积极主动。

17. ……　　　　车 2 平 4

平肋车伏有马4进3的杀势，紧凑有力。

18. 炮八进二 ⋯⋯

进炮对攻的选择。如果欲保持局面平稳则可以考虑车八进二先守一着。

18. ⋯⋯ 后车进2 **19. 炮八平九 炮3平2**

平炮拦车正着，这样红炮效率几近于零。

20. 车八进二 马4进6 **21. 车二平四 马6进7**

22. 车四退三 马7退9 **23. 兵三进一 马8进7**

放弃7卒，这样黑边马时刻卧槽的凶着，红右车不敢轻举妄动。

24. 兵三进一 将5平4

出将又是一步暗伏杀机的攻着，伏有前车进6先弃后取的手段。

25. 车四平一 前车进5

进车点穴，凶悍。

26. 相五退三（图165）⋯⋯

临场聂铁文大师的行棋速度较快。卜特大的节奏也被带动起来，这着退相是一步败着，让卜特大局后懊恼不已。这里红方应走相五进七，后车平3，车八进二，车4退3，兵三平四，车4平3，车八平七，车3进3，仕五退六，红方尚可周旋。

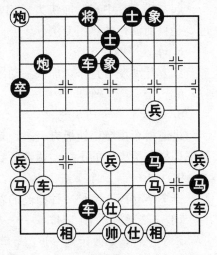

图 165

26. ⋯⋯ 后车平3 **27. 车八平六 车4退1**

28. 仕五进六 车3进7 **29. 帅五进一 炮2进6**

进炮打车，紧凑。

30. 相三进一 ⋯⋯

无奈，如车一退一，则马9进7，黑方速胜。

30. ⋯⋯ 炮2平9 **31. 马三退一 车3退2**

32. 相一进三 车3平1

红方失子失势，败定，卜特大投子认负。

第85局 浙江赵鑫鑫 负 江苏徐超

1. 炮二平五 马8进7 **2. 马二进三 车9平8**

3. 车一平二 卒7进1 **4. 车二进六 卒3进1**

5. 马八进七　马2进3　　　　**6. 兵五进一　……**

红方挺中兵形成"牛头滚"阵势。"牛头滚"布局全名是中炮过河车急进中兵，江浙一带俗称"牛头滚"，其特点是左翼按兵不动，以最快速度组织右翼车马出击。由于它进子急，来势猛，往往给屏风马方面很大压力。但它也留有子力发展不平衡的较大弱点，如果处理不好也易处下风。

6. ……　　　　　士4进5　　　　**7. 兵五进一　……**

连续进中兵，意图减少中路障碍，继续保持过河车对车炮的压缩。

7. ……　　　　　炮2进1　　　　**8. 车二退二　炮8平9**

9. 车二平六（图166）　……

平车避兑是保留变化的下法。红方也可走炮五进四，象3进5，车二进五，马7退8，马七进五，炮2进1，炮八平五，炮2平5，后炮进三，马3进5，车九平八，红方先手。

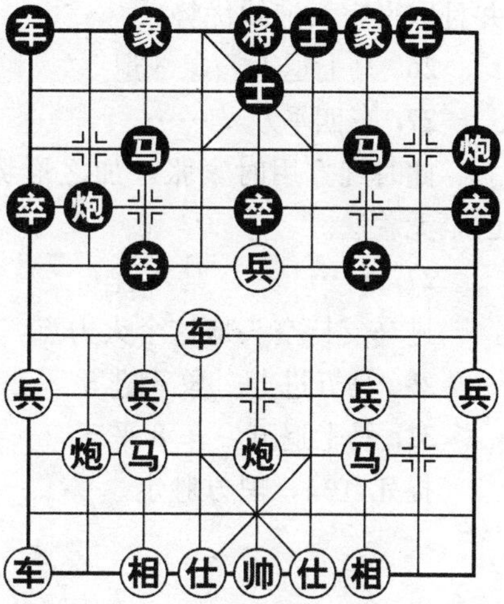

图 166

9. ……　　　　　炮2进1

进炮要着，如卒5进1，车六进二，红方满意。

10. 兵七进一　……

不如兵五进一，马7进5，车六进二，红方先手。

10. ……　　　　　象3进5

11. 兵七进一　炮2平5　　　　**12. 马七进五　象5进3**

13. 炮八平七　……

这里红方也可考虑兵三进一，车1平2，炮八平七，车8进4，炮五退一，红方先手。

13. ……　　　　　车1平2　　　　**14. 车九进一　……**

红方被迫出起横车，黑方已经取得反先之势。

14. ……　　　　　炮5进3　　　　**15. 相七进五　卒5进1**

16. 车九平四　车8进3　　　　**17. 车四进三　……**

进车巡河，红方已经处于守势。

17. ……　　　　　车2平4　　　　**18. 车六进五　士5退4**

19. 马五进七　马7进5　　　　**20. 马七进五　炮9平5**

21. 车四进一（图167）　……

败着。应走炮七进五，马5退3，仕四进五，马3进5，车四进一，炮5

平 9，车四退一，双方大体均势。

21. ……　　　　马 5 退 7

退马踏车，攻杀感觉敏锐。

22. 车四进二　马 3 进 5

23. 马五进七　士 4 进 5

24. 车四进一　炮 5 进 5

25. 车四退五　炮 5 退 2

黑方连消带打，不仅消灭红方一相并且取得空头炮的优势。

26. 马七退五　象 3 退 5

27. 车四平八　……

此时红方用时紧张，加之形势被动，已全无着法。

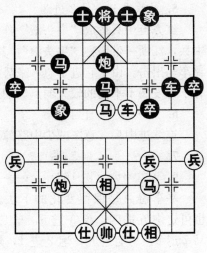

图 167

27. ……　　　　马 7 进 6

进马支持空头炮这个火力点，要着。

29. 马五进七　象 5 进 3

31. 马七退五　车 8 平 5

捉死红马，黑方胜定。

28. 车八进一　马 6 进 7

30. 炮七平九　马 5 退 3

第十八轮 2012年8月29日弈于各队主场

第86局 北京蒋川 胜 黑龙江聂铁文

1. 炮二平五　马8进7　　　　**2.** 兵三进一 ……

先挺三兵把布局纳入自己预先准备的方案中，避开黑方选择进7卒的布局体系。

2. ……　　卒3进1　　　　**3.** 马二进三　马2进3

4. 车一平二　车9平8　　　　**5.** 马八进九　卒1进1

6. 炮八平七　马3进2　　　　**7.** 车九进一　卒1进1

8. 兵九进一　车1进5

9. 车二进四　象7进5（图168）

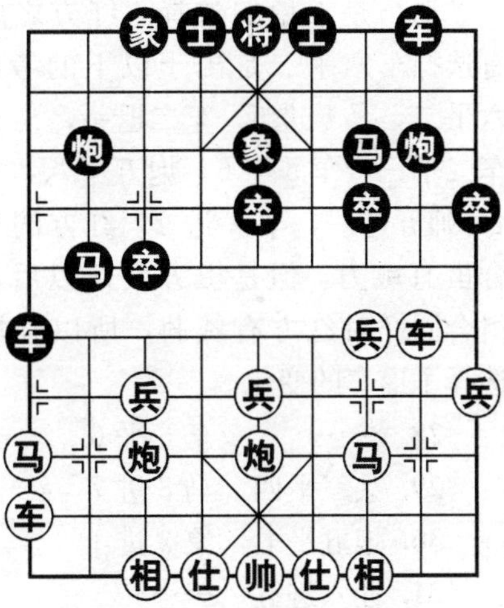

双方轻车熟路布局五七炮进三兵对屏风马挺3卒的阵型。黑方飞左象是久经考验的经典下法。如果选择象3进5则右翼空虚。试演一例：象3进5，车九平四，士4进5，车四进三，车1平6，马三进四，炮8平9，车二进五，马7退8，炮五进四，炮9进4，炮七进三，红方先手。

10. 车九平四　车1平4

11. 马三进四 ……

进马窥视黑方中卒和7卒，求变的下法。

图168

11. ……　　士6进5　　　　**12.** 马四进三　炮8进2

13. 车四进三　车4进1　　　　**14.** 车四平五 ……

临场蒋特大已经判断出黑方炮8进2的战术目的，平中车，好棋。

14. ……　　炮8平5　　　　**15.** 车二进五　马7退8

· 187 ·

16. 马三退五　卒5进1　　　**17. 车五进一　……**

红方净多双兵，子力位置较佳，稍好。

17. ……　马2进3　　　**18. 车五进一　……**

进车好棋，进一步控制局面的手段。

18. ……　马8进7　　　**19. 车五平八　……**

正确，不能让黑方有沉底助攻的机会。

19. ……　炮2平4　　　**20. 兵五进一　马3进1**

21. 相七进九　车4平5

平中车欠细。应走车4平3，炮七退二，马7进8，兵三进一，马8进9，双方大体均势。

22. 兵三进一　车5退1　　　**23. 炮五退一　……**

退炮保留强攻中路的手段。

23. ……　卒3进1　　　**24. 兵三进一　马7退8**

退马示弱，应先走卒3进1，炮七平一，车5平6，炮五平七，将5平6，双方仍是胶着状态，局面复杂。

25. 车八平六　卒3进1　　　**26. 炮七进七　象5退3**

27. 车六进一　将5平6　　　**28. 车六退一（图169）　……**

退车是求稳的选择。红方之所以没有选择车六平二是出于以下的考虑：车六平二，马8进6，车二退一，马6进7，车二平三，车5平6，炮五平八，车6进4，帅五进一，卒3进1，红方的车炮组合虽有威力，但是黑方破仕以后，车卒组合同样对红方有威胁，所以临场蒋川选择了退车的变化。

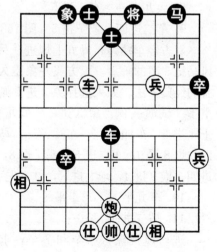

图169

28. ……　车5平6

29. 兵三平四　马8进7

30. 炮五平七　象3进1

31. 仕六进五　……

支仕先补上弱点，稳健。

31. ……　马7进6　　　**32. 车六平七　车6进1**

可以考虑马6进4，以攻代守。

33. 炮七平九　象1退3　　　**34. 车七进三　马6进7**

35. 兵四平三　马7退8

败着。应走卒 3 平 2，车七退五，将 6 平 5，相九退七，卒 2 平 1，红方仍然没有太多进攻的机会。

36. 相九退七

退相以后，黑方无法阻止红炮九进八底沉。以下红方车炮兵三子联攻，黑方无法防御，投子认负。

第 87 局　北京王天一 胜 黑龙江陶汉明

1. 兵七进一　象 3 进 5

以飞象对仙人指路意在形成散手布局，避开流行的布局阵势，意在同红方较量中残局的功力。像陶汉明这种棋风狂野的功力型棋手经常会选择这类散手局作为开局，以便增加抗衡的机会。

2. 炮八平五　马 2 进 3　　**3. 马八进七　车 1 平 2**

4. 车九平八　马 8 进 7　　**5. 马二进一　卒 7 进 1**

6. 车一进一　卒 9 进 1　　**7. 炮二平三　马 7 进 8**

这样双方形成反向的五七炮进三兵对屏风马挺 3 卒的阵势。

8. 马七进六　车 9 进 3　　**9. 车一平四　……**

平车卡肋正着，如果让黑方抢占 6 路线，红方先手不易展开。

9. ……　　　马 8 进 9（图 170）

进马略急，可以考虑士 4 进 5 先稳一着，以下马六进七，马 8 进 9，炮三退一，卒 9 进 1，车八进三，炮 2 进 2，形成一个半封闭的局面，红方也不好突破。

10. 炮三退一　士 6 进 5

11. 马六进七　卒 9 进 1

12. 兵五进一　炮 8 平 6

13. 车四进四　炮 2 进 1

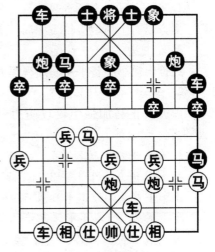

图 170

进炮是一步很隐晦的着法。黑方计划下一着卒 5 进 1，马七退五，炮 2 进 2，这样不仅让 9 路车占据一条通线，而且炮 2 进 2 以后红方中路形成牵制。

14. 兵七进一　……

冲七兵紧着，也是针对炮 2 进 1 所下出的一着棋。

14. ……　　　卒 9 平 8　　**15. 车八进三　马 9 退 8**

坏棋，黑方应走卒 1 进 1，暂时不打破这样互缠的局面。

16. 马一进二　车 9 进 2

17. 马二退一　……

退马暗藏杀机！

17. ……　　　马 8 退 7

18. 车四退二　象 5 进 3（图 171）

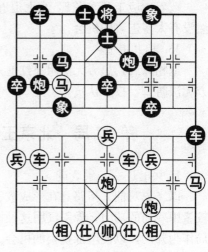

图 171

败着。应走马 7 进 8，炮三平五，车 9 退 2，兵五进一，卒 7 进 1，兵三进一，炮 6 平 7，后炮平三，卒 5 进 1，马七退五，炮 2 平 5，车八进六，马 3 退 2，黑方尚可周旋。

19. 炮三平一

打死黑车，胜定。

第88局　广东许银川 胜 山东卜凤波

1. 相三进五　炮 2 平 4

黑方以右士角炮应付飞相局，是继左士角炮后发展起来的开局阵势。

2. 车九进一　……

红抢出横车准备平左肋窥视黑方士角炮，起到牵制黑子力的作用。

2. ……　　　马 2 进 3

黑进右正马加强中攻攻防力量，着法坚实。

3. 车九平六　马 8 进 7

4. 马八进九　车 1 平 2（图 172）

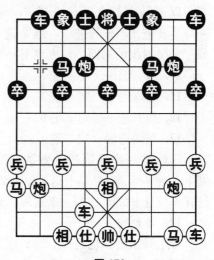

图 172

出车正着，如改走士 6 进 5，兵三进一，车 1 平 2，炮八平七，车 2 进 4，车六进五，炮 4 平 6，车六平七，象 7 进 5，兵七进一，红方先手。

5. 兵九进一　车 2 进 4

6. 车六进三　车 2 平 6

7. 马九进八　卒 3 进 1

8. 马二进一　……

红方右马屯边，形成"担子炮"防御，这是一种很别致的着法。

8. ……　　　卒 7 进 1 **9. 兵一进一　士 6 进 5**

补士是寻求厚实的选择。这里黑方也可走车 6 退 2，马一进二，炮 8 进 5，炮八平二，士 6 进 5，双方大体均势。

10. 马一进二　炮 8 进 5 **11. 马二进四　马 7 进 6**

12. 车六平四　炮 8 平 2 **13. 车四进一　……**

黑方一车换二以后，仍然没有缓解被动受制的局面。

13. ……　　　象 7 进 5

同样补象，不如象 3 进 5 更好一些。

14. 车一平二　炮 2 退 1 **15. 车二进四　炮 2 平 5**

16. 仕六进五　炮 5 退 2 **17. 马八进七　卒 9 进 1**

此时，黑方如果在第 13 回合选择象 3 进 5，则可以选择车 9 进 2 底车离线参战，这就是象 3 进 5 和象 7 进 5 的主要区别。

18. 车二平六　象 5 退 7 **19. 马七退五　卒 5 进 1**

20. 车四平三　卒 9 进 1 **21. 车三平五　炮 4 平 6**

22. 车五平七　……

红车连续扫卒，优势进一步扩大。

22. ……　　　象 7 进 5 **23. 车七平二　车 9 进 3**

24. 兵七进一　炮 6 平 7 **25. 兵三进一　车 9 平 7**

26. 车六进四　……

进车塞住象眼，准备强过七兵。

26. ……　　　炮 7 退 1 **27. 车二进四　炮 7 退 1**

28. 兵七进一　象 5 进 3 **29. 车六平七　车 7 退 1**

30. 车七进一　……

吃掉底象，黑方立时陷入苦守。而这种蚕食风格正是许银川所擅长的。

30. ……　　　象 3 退 1 **31. 车七退一　马 3 进 5**

32. 车七退四　……

红方不急于进攻，退车占据要点，把局面的选择权交黑方。此时，黑方车炮受牵制，只有动马，红方则以不变应万变。

32. ……　　　马 5 进 3 **33. 车二退四　车 7 进 1**

34. 仕五进六　炮 7 进 2 **35. 仕四进五　……**

红方通过调整双仕的位置，消除了阵型中的唯一弱点。

35. ……　　　士 5 退 6 **36. 车七平八　士 6 进 5（图 173）**

支士是一步败着，犯了方向性的错误。应走炮 7 退 1，车八平四，士 4 进

5，车二平五，马3退4，车五进二，象1退3，车五平二，炮7进1，黑方尚可周旋。

37. 车八平四　炮7退2

38. 兵三进一　车7平9

39. 兵三平四　炮7平6

40. 车四平七　……

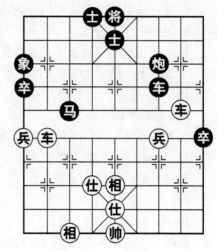

图173

冲兵以后再平车控制黑马，许银川对棋局的掌控能力之强，由此可见。

40. ……　　　马3退4

41. 车七平五　马4进3

42. 车五平八　马3退4

43. 兵四平五　卒9进1

44. 兵五平六　卒9平8

45. 仕五退四　卒8平7

46. 仕六退五　……

已经逼退黑马，红方的羊角仕作用不大。在黑卒已经过河参战的情况下，再次调整双仕，消除黑方可能利用的弱点，正确。

46. ……　　　卒7平6

47. 车二退一　车9平7

48. 车二平六　卒6平5

49. 兵六进一　马4退6

50. 车六进一　……

进车，仍是控制局面的好棋。红方没有明显的攻着，但是却是步步紧逼，每一步棋走得都非常厚实，这对黑方来讲无疑是一种折磨。

50. ……　　　炮6平8

51. 车八平二　炮8进3

52. 车六平四　马6进8

53. 兵六进一　士5进4

只好弃士吃兵，别无他法。

54. 车四进二　马8进6

55. 车四平二　炮8平9

56. 前车进二　将5进1

57. 前车平六　……

吃士以后，红方双车的威力就展现出来。

57. ……　　　卒5进1

58. 车二进四　马6退7

59. 相七进五　炮9进6

60. 车二退八　炮9退3

61. 车六退二

黑方九宫之中已经无防守子力，投子认负。

第89局 湖北汪洋 胜 浙江程吉俊

1. 兵七进一 卒7进1 　　　2. 炮二平三 象7进5

3. 马二进一 马8进7 　　　4. 车一平二 ……

红方右翼形成三步虎阵势，简洁明快。

4. …… 车9平8 　　　5. 车二进六 炮8平9

平炮兑车延缓红方的进攻节奏，正着。

6. 车二进三 马7退8

7. 炮八平五 车1进1（图174）

实战证明，黑方车1进1这手棋很难实现平车过宫的战术部署。这里可以选择马2进3更为工整。试演一例：马2进3，车九进一，车1进1，车九平二，马8进6，马八进七，车1平4，兵一进一，车4进3，双方大体均势。

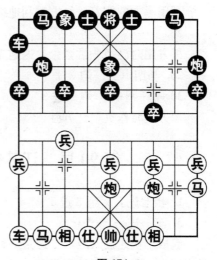

图 174

8. 炮五进四 ……

炮中打卒也是针对性很强的应着。

8. …… 士4进5

9. 马八进七 马2进3

从布局节奏来看，这着也在开动大子，看似无可厚非，但是从实战效率来看，黑方这着棋效率不佳。可以选择卒3进1，以下兵七进一，车1平3，炮五平七，象5进3，车九平八，车3进2，车八进七，马2进3，马七进八，炮9平2，马八进七，马3进5，双方大体均势。

10. 炮五退一 车1平4 　　　11. 车九平八 炮2平1

红方出车以后，黑炮还要作相应的调整，明显慢了一步棋。

12. 车八进六 马8进7 　　　13. 车八平七 马7进5

14. 相三进五 ……

红方一时也没有好的进攻点选择，飞相先把棋补厚实，稳健。

14. …… 炮9平8 　　　15. 车七平八 车4进3

16. 兵五进一 车4平2 　　　17. 车八平六 车2平4

18. 车六退一 马3进4

兑车以后，双方大体均势。

19. 兵一进一　马4进3　　　　**20. 马一进二　炮8平9**

平炮准备打边兵，正着。如马3退5，马七进五，黑方受制，如黑方续走前马进7，马五进六，红方子力活跃，形势较优。

21. 仕六进五　炮9进3　　　　**22. 马二进三　炮1平4**

软着。应走将5平4，以炮三平一，炮9平8，炮五平八，马5进4，黑方足可抗衡。

23. 马三进四　马5退7　　　　**24. 炮三进三　马3退5**

25. 兵三进一　炮4平3　　　　**26. 马七进五　……**

利用黑方的软着，红方顺利地组织起攻击，节节紧逼，形势主动。

26. ……　　　将5平4　　　　**27. 炮三进一　炮3退1**

黑方用时已经非常紧张，退炮先打一着，否则就有超时的危险。

28. 马四退二　炮3平1　　　　**29. 马五退七　炮1平2**

30. 炮三平六　炮2进3　　　　**31. 马七进六**

黑方超时作负，红方胜。

第90局　江苏徐超 胜 河南黄丹青

1. 相七进五　卒3进1　　　　**2. 马二进三　马2进3**

3. 车一进一　……

起横车快速投入战术，这是一种急攻型着法。此外红方另有兵三进一的选择，这是一路稳健型的变化。

3. ……　　　马8进7

4. 兵三进一　车9进1

5. 车一平六（图175）　……

平肋车控制黑右马的出路，稳健。这里红方也可走车一平七，以下马3进2，炮八进五，炮8平2，兵七进一，象3进5，兵七进一，车1平3，马八进九，车3进4，车七进四，象5进3，车九平七，象3退5，双方大体均势。

5. ……　　　车9平6

6. 车六进五　车6进3

进车巡河准备抢7卒活马，也是稳步进取的选择。

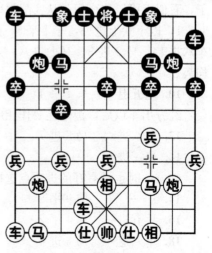

图175

7. 马八进六 卒7进1 | **8. 马六进四 马7退5**

退马似先实后，窝心马的位置以后还要调整，看似踏车抢先，实则亏了一步棋。这时黑方还应走卒7进1，马四进三，车6进4，仕六进五，马7进6，车六进二，士6进5，双方大体均势。

9. 车六进二 炮8平6 | **10. 兵三进一 车6平7**

11. 马四进五 车7平8 | **12. 马三进四 车8平6**

13. 马四退三 车6平4 | **14. 车六退三 马3进4**

兑车以后，红方子力出动的效率明显要好于黑方。

15. 马三进二 马5进7 | **16. 车九进一 象3进5**

17. 车九平六 卒5进1 | **18. 车六进四 ……**

交换正确，这样红方不仅可以谋得中卒，而且六路车骑河便于控制黑棋。

18. …… 卒5进1

19. 兵五进一 士4进5（图176）

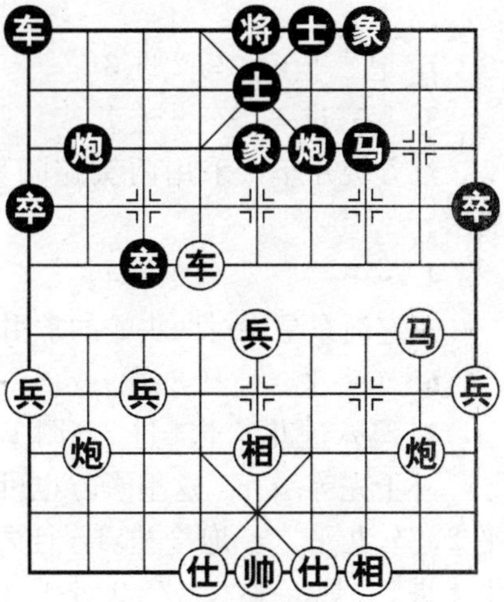

败着。应走炮2平1，车六进一，车1平2，兵五进一，车2进5，马二进三，炮1进4，兵五进一，象5退3，车六平九，炮1平9，黑方尚可周旋。

20. 车六进一 ……

进车是必要的调整，否则车1平4兑红车，局势趋向平稳。

图176

20. …… 车1平4

21. 车六平三 炮6退1

22. 兵五进一 卒1进1

黑方如选择炮6平7，则车三平八，炮2进5，炮二平八，车4进5，车八平二，红方优势很大。

23. 炮二平三 炮6平7 | **24. 车三平八 炮7进6**

25. 炮八进五 车4平2 | **26. 马二退三**

红方多子胜定，黑方投子认负。

第十九轮 2012年8月29日弈于各队主场

第91局 河南李晓晖 负 湖北洪智

1. 炮二平五　马2进3　　　　**2.** 马二进三　炮8平6

3. 兵三进一　车9进1　　　　**4.** 兵七进一　……

红方缓开车，采用两头蛇阵势，这是20世纪80年代后期出现的缓攻战术。

4. ……　　　车9平4

进巡河车是应对两头蛇的常用办法。

6. 车一平二　马8进9

7. 马八进九　士4进5（图177）

补士先等一着。这里黑方也可走车1平2，车九平八，炮2进4，仕六进五，士4进5，炮五平六，卒9进1，相七进五，马9进8，双方大体均势，黑方易走。由于是团体赛制，洪智没有选择先出右车这路急攻型下法，而是先补士，静观其变。

8. 车九平八　车1平2

9. 车八进三　……

实战中李晓晖大师选择进车兵线准

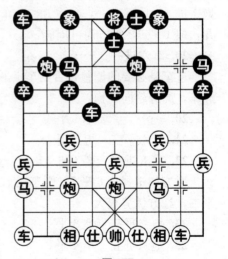

图177

备强化中路攻势，否则再让黑方走到炮2进4这着棋，红方阵型难以舒展。这里红方也可走车八进六，象3进5，炮五平四，炮2平1，车八平七，车4进1，相三进五，红方稍好。

9. ……　　　象3进5　　　　**10.** 车二进三　……

看起来红方这两着棋效率不高，但是红方这两着棋确有深意。以后红方伺机挺中兵以后，阵型厚实。这也说明了李大师面对以攻杀见长的洪特大，做了持久战的心理准备。

　　10. ……　　　　炮2进3

进炮好棋，控制住红方兵五进一的战术。

　　11. 仕四进五　卒1进1　　　　12. 炮五平四　……

平炮调整阵型，红方不求有攻，但求无过，仍以战略防御为主导思想。

　　12. ……　　　　卒7进1　　　　13. 兵三进一　车4平7

　　14. 相三进五　卒9进1　　　　15. 炮四进二　……

进炮失去耐心，应走炮四退二，马9进8，马九进七，车7平5，马七进五，炮6平7，车二平四，双方对峙，大体均势。

　　15. ……　　　　炮2平6　　　　16. 车八进六　马3退2

　　17. 马三进四　车7平6　　　　18. 马四退三　马2进1

　　19. 车二进三　……

空着。应走兵五进一发挥红车的策应能力为宜。

　　19. ……　　　　马1进2　　　　20. 炮七平六　车6平5

　　21. 车二退三　……

红车进而复退，有损步数，这在攻防紧张的中局阶段是非常致命的失误。

　　21. ……　　　　马9进8　　　　22. 兵五进一　车5平4

　　23. 马九退七　马8退6　　　　24. 车二进三　……

坏棋，应走马七进六，车4平7，马六进四，马2退4，炮六平七，马6进5，炮七进四，车7平6，车二进二，车6平8，马四进二，双方大体均势。

　　24. ……　　　　马6进5　　　　25. 车二平五　马5进4

　　26. 仕五进六　车4进3

黑方赚得一仕，至此红方防线出现漏洞。

　　27. 马七进八　车4退3　　　　28. 车五平七　车4进2

　　29. 兵七进一　马2进3　　　　30. 马八进九　……

红方虽然连吃双卒，但是这丝毫不能弥补缺仕的弱点。后防依旧要承受很大的压力。

　　30. ……　　　　车4平7　　　　31. 马三退四　马3退5

　　32. 仕六进五　马5退7　　　　33. 马九退七　马7进6

　　34. 车七平六　车7进2　　　　35. 兵七进一（图178）　……

败着。红方虽然放弃中仕，但是被黑方带将吃仕非常不好。应走帅五平六，车7平5，马四进三，车5平8，兵七进一，马6进7，马七进八，士5进4，兵七进一，黑方也是颇有顾忌。

35. ······　　　车7平5

36. 帅五平六　　炮6进7

炮打底仕，好棋，黑方由此奠定胜势。

37. 马七进八　　士5进4

38. 马八进七　　将5进1

39. 车六进一　　将5平6

40. 车六退六　　车5平4

41. 帅六进一　　······

退车只有解燃眉之急，是治标不治本的下法，但是除此之外，红方也别无良策。

41. ······　　　象5退3

42. 兵七平八　　马6退4

43. 帅六退一　　炮6退6

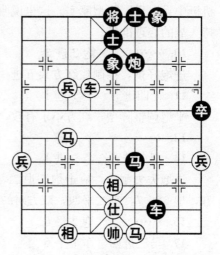

图 178

退炮准备消灭红方边兵，形成马炮卒单缺士对马双兵双相的例胜残局。

44. 兵九进一　　马4进2

好棋，先控制住红方边兵，不让红兵过河参战，正确。

45. 兵八平七　　炮6平9　　　　**46.** 兵七平六　　炮9进3

红方认负。

第 92 局　黑龙江陶汉明 负 广东张学潮

1. 兵七进一　　炮2平3　　　　**2.** 炮二平五　　象3进5

3. 马八进九　　······

左马屯边，避开黑方冲3卒的变化，这是先手方流行的一种稳健走法。

3. ······　　　车9进1　　　　**4.** 马二进三　　车9平4

5. 车一平二　　士4进5　　　　**6.** 车九平八　　车4进3

面对擅长野战的陶汉明特级大师，张学潮选择黑进巡河车稳健下法。

7. 仕六进五　　马2进4　　　　**8.** 炮八平六　　马8进9

9. 炮六进六（图179）　　······

交换是比较冷僻的下法。通常认为红方仕角炮的效率明显要高于黑方拐角马的效率。因此这里多走兵五进一，卒9进1，车二进六，炮3平4，马三进五，车4进2，马五进三，炮8平7，炮六进五，炮7平4，车八进八，车1平4，马三进一，红方子力活跃，稍优。

9. ······　　　车4退3

10. 炮五进四　······

炮打中卒是上一回合用炮换马的后续手段。这样红方虽然多赚一个中卒，但是双马位置呆板，局面不容乐观。

10. ······　　　卒9进1

11. 车八进五　　车4进2

12. 炮五退二　　车1平4

13. 车八平一　······

平车杀卒，脱离主战场。红方应走车二进六较佳。

13. ······　　　炮8进2

进炮隔断，严厉。这着棋的好处在于不仅限制住红方边车，同时伏有左炮右移攻击红方相对空虚的左翼的手段。

14. 兵三进一　　后车平2

平车也是为了强攻左翼做准备。

15. 相三进五　　炮8平2

16. 车一平五　　将5平4

也可接走车4进5，炮五平四，车4平1，黑方优势。

17. 炮五平四（图180）　······

败着。应走炮五进三，炮2进4，马三进四，象7进5，车五平六，车4退2，马九进七，炮2进1，仕五退六，炮3平4，车二进一，红方尚可周旋。

17. ······　　　炮2进4

18. 炮四退一　　车2进7

19. 炮四退一　　炮3平2

弃车叫杀，紧凑有力。

20. 仕五进六　······

无奈，如炮四平八，则前炮进1，马九退八，炮2进7，红方如相七进九，则车4进6绝杀，红方又如改走仕五退六，则车4进7再车4退1，仍是绝杀。

20. ······　　　前炮平1　　　21. 仕四进五　　炮2平4

红方失子失势，投子认负。

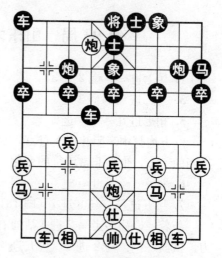

图 179

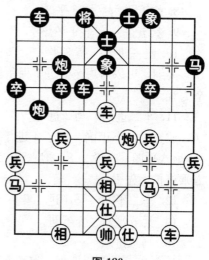

图 180

第93局　山东才溢 胜 广西黄海林

1. 兵七进一　炮 2 平 3　　　　**2.** 炮二平五　象 3 进 5

3. 马二进三　卒 3 进 1　　　　**4.** 车一平二　卒 3 进 1

5. 相七进九　车 9 进 1　　　　**6.** 炮五进四　……

红方炮打中卒阻止黑车过宫，是一种比较积极的下法。这里红方另有车二进四的走法，也是非常流行的变化。

6. ……　　　　士 4 进 5

7. 兵五进一　马 8 进 7（图181）

新着。以往多走马 2 进 4 活通右翼子力。试演一例：马 2 进 4，兵五进一，车 1 平 2，马八进六，卒 3 进 1，炮八平五，卒 3 平 4，仕六进五，车 9 平 6，双方大体均势。

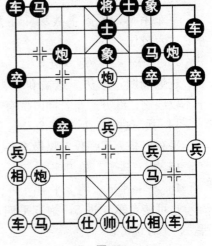

图 181

8. 炮五平六　炮 8 平 9

9. 兵五进一　车 9 平 6

10. 马三进五　卒 3 平 4

欠细，可以考虑卒 3 进 1 保留住过河卒为宜。

11. 车二进四　马 2 进 1

放弃过河卒正确。如卒 4 进 1，马五进四，车 6 进 2，车二平六，卒 7 进 1，炮八平四，车 6 平 8，炮六退三，黑方不仅没能保留住过河卒，反而被红方乘机扩大先手。

12. 车二平六　马 1 进 3　　　　**13.** 车六平五　车 1 平 4

14. 兵五平六　车 6 进 3　　　　**15.** 车五平二　车 6 进 2

16. 马八进六　……

黑方几次试探性进攻，都被红方化解于无形之中，反倒是红方顺势出动大子，加强子力之间的协调性，先手进一步扩大。

16. ……　　　　车 4 平 2　　　　**17.** 车九平八　车 2 进 6

18. 炮六平九　炮 9 进 4　　　　**19.** 兵六进一　马 3 进 2

20. 炮九进三　……

略急，改走炮八进二较好。以下车 2 进 3，炮九进三，炮 3 平 2，马六退八，车 6 平 5，仕六进五，车 5 平 2，马八进七，黑方子力受困，红方主动。

20. ……　　　马2进4　　　　**21.** 车八平七　炮3进6

非常及时的一着棋，双方形成"敌中有我，我中有敌"的互缠局面，双方又回到同一起跑线上。

22. 炮八平五　车2平1　　　　**23.** 炮九平八　车1平2

24. 炮八平九　车2平1　　　　**25.** 炮九平八　车1平2

可以考虑车1退6把红炮驱离底线，这样后防可以更安全一些。

26. 炮八平九　炮9退2（图182）

退炮准备策应右翼的防守，从实战的过程来看，这是一个错误的行棋计划，也是本局失利的根源所在。这里黑方应走车6平5，马六进五，炮9平5，炮五平六，炮3平1，车七进九，士5退4，车二平五，士6进5，车七退五，炮1退8，车五退一，卒7进1，黑方尚可坚持。

27. 车二平七　炮9平3

黑方没有意识到危机，平炮仍是原定的防守策略。

28. 前车进一　……

一车换二是红方打破僵局的唯一手段，由此，红方步入佳境。

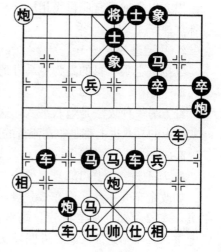

图182

28. ……　　　马4退3　　　　**29.** 车七进一　车2退2

30. 马五进六　车6平4　　　　**31.** 后马进五　卒7进1

32. 兵六平五　……

平兵是很严厉的手段。

32. ……　　　马7进6　　　　**33.** 马五进四　车4退2

34. 马四进六　车2退3　　　　**35.** 仕四进五　将5平4

36. 车七进三　……

进车顶马又是一着很有力的攻击手段。

36. ……　　　车2平1　　　　**37.** 炮九平八　车1进4

38. 炮八退四　……

精巧，借炮打车的叫杀手段，蹩住马脚。

38. ……　　　车4退1　　　　**39.** 车七进九　车4平5

40. 车九进五　将4进1　　　　**41.** 炮八退四　……

红方赚得一子，退炮二路准备利用红仕做炮架，继续攻击。

41. ······ 　　　车5平1　　　　**42.** 炮八平六

绝杀，黑方认负。

第94局　四川郑惟桐 负 北京王天一

1. 相三进五　　炮2平6

黑方以右炮过宫应付飞相局，与左炮过宫相似，但攻守重点迥异，各有其特殊规律。

2. 兵七进一　　······

红抢进七兵，目的是为左马开通道路，是红方一种主要的攻法。

2. ······ 　　　马2进3

红方另一种攻法是炮八平六，这着棋与实战中的马八进七都是非常流行的下法。

3. ······ 　　　车1平2

4. 马七进六（图183）　　······

如改走车九平八，则车2进4，炮八平九，车2平6，马二进三，马8进7，马七进八，卒7进1，炮二进四，车6退1，炮二退二，象7进5，双方大体均势。

3. 马八进七　　······

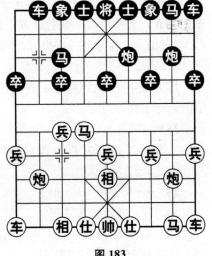

图 183

4. ······ 　　　马8进9

5. 车九进一　　······

起横车这着棋和上一回合中的马七进六有些脱节。红起横车以后车九平四过宫，则左翼显得空虚。

5. ······ 　　　士4进5

6. 兵一进一　车2进4

7. 车九平四　炮8进4

进炮好棋，抓住了红方中兵无根的弱点。

8. 仕四进五　炮8平5　　**9.** 马二进一　　······

稍缓，应走车四进四及时兑车，不给黑方过多的调整机会。

9. ······ 　　　卒3进1

10. 兵七进一　车2平3

11. 车四进三　卒9进1

12. 车四进一　车3进5

顺手牵羊，吃掉红方底相，好棋。

13. 车四退二　　······

退车不如平炮封车，以下车9平8，兵一进一，车3退1，车一平二，车3

平4，炮八平六，车8进6，车四退二，炮5退1，兵一进一，红方足可抗衡。

13. …… 炮5退2   **14. 炮八平七** 卒9进1

15. 马六进七 炮6平5

平中炮强硬，确保黑方中路的攻击力量。

16. 车四平七 车9平8   **17. 车一平二** ……

平车受制，造成局势恶化。

17. …… 卒9进1   **18. 马七退五** 炮5进2

19. 车七进四 象3进5

20. 炮二进四（图184）……

红方进炮虽然压缩黑车的空间，但是从进攻速度上看，红方仍是慢了一步棋。这里红方顽强的走法是炮二平三，卒9进1，车二进九，马9退8，炮三进四，将5平4，帅五平四，红方尚可周旋。

20. …… 卒9进1

21. 车二进四 ……

进车伏有炮二平五打卒叫杀的手段。

21. …… 卒7进1

及时消除危机，稳健。

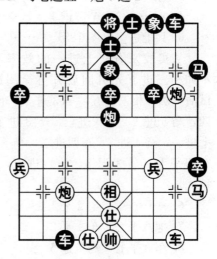

图184

22. 车七退一 车8进2   **23. 炮七进二** 车3退2

24. 车七平五 车3平5   **25. 炮七平五** 炮5平3

平炮叫杀巧着，黑方车炮顺利摆脱牵制。

26. 帅五平四 车8平6   **27. 炮二平四** 卒7进1

弃卒引离红车，紧凑有力。

28. 车二平三 马9进8   **29. 炮四退四** 马8进9

30. 车五平七 炮3平5

至此黑方有马9退7捉车和车6进5砍炮的双重手段，红方必失一子，黑胜。

第95局　浙江陈寒峰 负 上海万春林

1. 马八进九 ……

首着跳边马，不落常套，被认为是"冷门"的开局，它的特点是没有固定的阵势，变化的跨度往往很大，双方要凭借自己的实战和临场经验进行角斗。

1. ……　　　炮 8 平 5

还中炮是符合棋理的选择，因为红方跳起边马以后，中路空虚，架中炮直取中路，简洁明快。

2. 马二进三　马 8 进 7　　　　**3. 车一平二　车 9 平 8**

4. 炮二进四　……

进炮封车力争主动，着法积极。

4. ……　　　卒 7 进 1　　　　**5. 车九进一　马 2 进 3**

6. 兵七进一（图 185）　……

从实战来看兵七进一的效率不高。不如相三进五先巩固后方再徐图进取。试演一例：相三进五，卒 3 进 1，车九平四，马 3 进 4，炮八进三，卒 3 进 1，兵七进一，马 4 进 5，车四进二，马 5 退 3，车四平七，马 3 退 5，仕六进五，红方稍优。

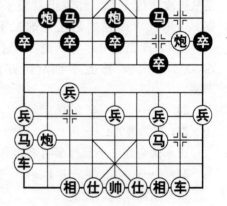

图 185

6. ……　　　炮 2 平 1

7. 炮八平五　车 1 平 2

8. 车九平七　马 7 进 6

面对红方兵七进一的攻击，黑方没有退缩，左马盘河准备形成对攻的局势。

9. 兵七进一　卒 7 进 1　　　　**10. 炮二进一　马 3 退 5**

11. 炮二平九　车 8 进 9　　　　**12. 马三退二　象 3 进 1**

13. 兵三进一　卒 3 进 1　　　　**14. 炮五进四**　……

进炮打马必然，否则黑方顺利跳出窝心马，黑方易走。

14. ……　　　车 2 进 3　　　　**15. 炮五退一**　……

这时红方应走炮五退二，以下马 6 进 5，相三进五，前马退 7，仕六进五，红方阵型稳固，足可抗衡。

15. ……　　　马 6 进 5　　　　**16. 仕六进五　前马退 7**

先手吃兵捉马，由此看出第 15 回合红方炮五退一的不妥之处。

17. 炮五退三　车 2 平 4

至此，黑方形势非常满意。

18. 相三进一　马 7 进 6　　　　**19. 马二进四　马 6 退 5**

20. 炮五进五　……

交换不好，应走车七进一静观其变为宜。

20. …… 象 7 进 5　　　**21. 马四进五** 象 5 进 7

22. 车七平六 车 4 进 5　　**23. 马五退六** ……

兑车以后，双方大子相等，但黑方 3 路卒位置极佳，红棋陷入苦守。

23. …… 卒 3 进 1　　　**24. 马六进五** 后马进 4

25. 相七进五 卒 3 平 2

平卒先控制住红方边兵，老练。

26. 马九退七 卒 1 进 1　　**27. 相一退三** 士 4 进 5

28. 马五退三 马 5 退 3

退马准备谋卒，着法积极。

29. 马三进二 卒 2 进 1

30. 马二进一 马 4 进 5

31. 相五进七 卒 2 平 1（图 186）

这样双方形成红方双马兵仕相全对黑方双马双卒士象全的局面，红方守和办法有两个：一是兑掉一马；二是一马换双卒。

32. 马七进六 马 3 退 4

33. 相三进五 后卒进 1

34. 马一退二 前卒平 2

35. 马二退四 ……

退马加强防守，正确。

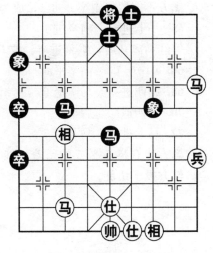

图 186

35. …… 卒 2 平 3　　　**36. 马六进五** 马 4 进 6

37. 兵一进一 卒 1 平 2　　**38. 相七退九** 马 6 进 4

39. 兵一进一 象 1 退 3　　**40. 兵一平二** 象 3 进 5

41. 相九退七 卒 3 平 4　　**42. 兵二进一** 卒 2 进 1

43. 马四进六 卒 2 平 3　　**44. 兵二平三** 马 5 进 7

45. 相五进三 马 7 进 6

进马准备调整马位，奔马卧槽，让红方帅位不安，以方便黑方进攻。

46. 相三退五 马 6 退 8　　**47. 仕五进四** 马 8 进 9

48. 仕四进五 卒 4 平 5　　**49. 帅五平四** 马 9 退 7

50. 兵三平四 卒 3 平 4　　**51. 马六进八** 象 5 进 3

52. 马八退九 马 4 进 3

进马准备马 3 进 4 塞相眼，迫使红方已经组合好的阵势散开。

53. 马九进七	马3进4	**54.** 相五退三	卒4平3
55. 兵四平三	卒5平6	**56.** 马五退三	马4退2
57. 相七进五	马2退4	**58.** 马七进五	马4退6
59. 马三退二	卒6平5		

黑方此时也没有太好的进攻机会，平卒先活通马路，静观其变。

60. 相五退七	将5平4	**61.** 兵三平四	卒3进1
62. 马五退七	卒5平4	**63.** 相七进五	马7退8
64. 帅四平五	卒4平3		

黑方不能贸然走卒3进1，成为低卒以后不利于展开进攻。

65. 马七进五	前卒进1	**66.** 相五进三	……

等红马离开后，立刻进卒，要着。

66. ……	前卒平4	**67.** 帅五平四	马6进7
68. 帅四进一	马7退6	**69.** 马二进四	卒3平4
70. 马四退二	后卒平5	**71.** 马五退七	马6退4
72. 马七进五	马8退6	**73.** 马二进一	马6进7

黑方伏有卒5平6的杀着，红方只有相三退五弃相，黑棋吃相以后，胜定，红方投子认负。

第二十轮 2012年8月29日弈于各队主场

第96局 北京王天一 胜 广东张学潮

1. 炮二平五	马8进7	2. 马二进三	车9平8
3. 车一平二	卒7进1	4. 车二进六	马2进3
5. 马八进七	卒3进1	6. 车九进一	士4进5

黑方先补士是一种新颖的着法，是对炮2进1逐车变例的改进和突破。

7. 车九平六	马7进6	8. 兵五进一（图187）	……

红冲中兵紧凑，其主要的战术意图是削弱黑方盘河马的效率。但是这里红方如急走车二平四反而不好。试演一例：车二平四，马6进7，车六进五，象3进5，炮五平六，炮8平7，相七进五，炮2进2，红方难有作为。

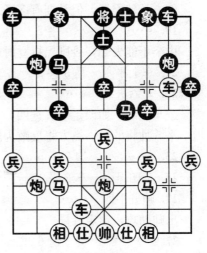

图187

8. ……	卒7进1

9. 车二平四	马6进7

进马相对稳健。如卒7进1，车四退一，卒7进1，车四平二，车8进1，兵七进一，卒7平6，兵七进一，卒6平5，兵七进一，红棋弃子有攻势。

10. 马三进五	炮2进3

进炮形成牵制，这是保持对攻的着法。

11. 炮五平三	……

新着，在2012年首届"武工杯"大武汉职工象棋邀请赛孙勇征对张学潮时，孙曾走车四平二，以下卒7平6，兵五进一，炮2平5，炮五进二，马7退5，马七退五，卒5进1，炮八平二，红方先手。

11. ……　　　炮 8 进 5

13. 马五进三　马 7 退 5

弃车抢攻，勇气可嘉。黑方如车 8 平 9，马三进四，车 9 进 1，车二平一，车 9 平 6，车一平三，红方连续攻击，形势大优。

15. 车二进三　象 3 进 5（图 188）

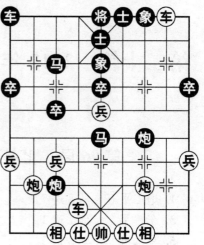

图 188

这着棋与上一着弃子相脱节，应走炮 7 进 4，仕四进五，车 1 平 2，炮三平五，象 3 进 5，兵五进一，马 3 进 5，炮五进四，车 2 进 7，黑方足可抗衡。实战中这着补象，给红方多种进攻的选择，是黑方陷入被动的根源。

16. 仕四进五　卒 5 进 1

17. 车六平七　卒 3 进 1

18. 车七进一　卒 3 进 1

红方虽然委屈，但是拥有多子之利，形势占优。

19. ……　　　车 1 平 2

中卒不能失守，否则黑棋立时崩溃。

21. 车七平六　马 3 进 5

23. 车六进五　……

进车正确，如误走炮五进四，马 7 退 5，红方不能车二平五吃马，黑方有炮 7 平 5 抽将的棋，黑方将反败为胜。

23. ……　　　炮 7 平 5

25. 车四退一　车 2 平 1

27. 帅五平四　……

出帅助攻，锁定胜局。

27. ……　　　马 7 退 6

黑方必失一子，投子认负。

12. 兵五进一　炮 8 平 3

14. 车四平二　炮 2 平 7

19. 车七退一　……

20. 炮八平五　车 2 进 4

22. 车二退三　前马退 7

24. 车二平四　炮 5 进 1

26. 兵九进一　车 1 进 1

28. 炮五进三

第 97 局　湖北洪智 胜 河北阎文清

1. 兵七进一　象 3 进 5

2. 炮八平五　马 8 进 7

3. 马八进七　卒 7 进 1

4. 马二进一　马 2 进 4

黑方跳拐马是飞右象后的常见阵势，以后黑车1可以选择车1平3从3路线上开出来。

5. 车九进一　车1平3

6. 车九平六　车9进1

7. 车六进六（图189）……

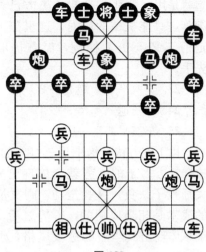

图 189

车六进六是寻求变化的下法，不给黑方过多的腾挪机会。如果欲求稳健，可以选择车六进四进车骑河，以下卒3进1，兵七进一，炮8进2，车六进二，炮8平3，相七进九，炮3退2，车六退一，马7进6，黑方可以获得一系列的反击手段，黑棋满意。

7. ……　　　卒3进1　　　　　　**8.** 兵三进一　……

冲三兵是非常强硬的手段，意图通过弃兵来攻击黑方的7路线。

8. ……　　　卒7进1　　　　　　**9.** 炮二平三　马7进8

软着，应走卒7平8，车一进一，卒3进1，车一平六，卒3进1，马七退九，卒8进1，前车进一，车9平4，车六进七，士6进5，黑方虽弃一子，但双卒过河助战，仍是黑方主动的局势。

10. 炮五进四　士6进5　　　　　　**11.** 车六进一　马8进6

12. 炮三平五　车9平6　　　　　　**13.** 前炮退二　卒3进1

黑方再冲3卒，虽然损失一子，但是双卒过河占据要道，足以弥补少子的不足，整体局势仍是黑方易走。

14. 仕四进五　卒3进1　　　　　　**15.** 马七退九　卒7进1

略急，应走马6进7，车六退二，车6平7，车六平五，车3进2，车五平九，卒7平6，前炮平九，车3进2，黑方优势更大。

16. 车六退二　车3进4　　　　　　**17.** 后炮平九　炮8进4

18. 相三进五　炮8平5

这里黑方应先走卒1进1，把黑卒置于黑车的保护之下，避免红方炮九进四的反击。

19. 车一平四　车3平6　　　　　　**20.** 炮九进四　炮2平1

21. 车六平三　后车退1　　　　　　**22.** 炮九平八　炮1平2（图190）

就棋而论，阎文清大师取得非常满意的局面，其弃子抢攻的战术也是非常成功的。但是从临场比赛的用时来看，阎大师一再陷入"时间恐慌"。平炮拦炮就是用时紧张的恶果，黑方已经无暇细算，只能机械的应对，这里黑方可以走前车平5更为稳健，黑方仍旧稳持先手。

23. 炮八平七　炮2平3
24. 车三退三　卒3平4
25. 车三平四　……

以下红方伏有炮七退二打马的手段，这样红方多子的优势就会体现出来，阎大师投子认负。纵观全局，阎文清大师的战术是相当成功的，得势之后，运子细腻体现出其华丽的进攻风格，可惜功亏一篑，殊为可惜。

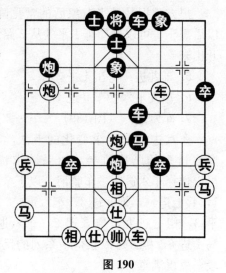

图 190

第 98 局　湖北李雪松 负 河北申鹏

1. 相三进五　炮8平5

飞相对左中炮，在20世纪70年代到80年代曾经流行一时，近年的使用频率下降了很多，多数棋手会选择过宫炮（炮8平4或炮2平6）、士角炮（炮2平4或炮8平6）来应对飞相局。

2. 马二进三　马8进7

平士角炮，形成"54"炮阵势，是黑方一种稳健的选择。

4. 兵三进一（图191）……

挺三兵活马，正常出动子力。但是大多数棋手会选择马八进七，马2进3，车九平八，车1平2，兵七进一，车9平8，炮二进四，车2进4，仕六进五，红方主动。

3. 车一平二　炮2平4

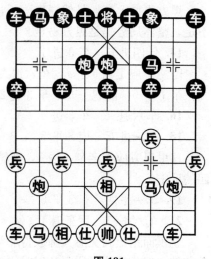

图 191

4. ……　　　马2进3
5. 炮八平六　车1平2
6. 马八进七　车9平8
7. 炮二进四　……

红方虽然左车晚出，但是阵型非常

厚实，这也是李雪松大师棋风的体现。

7. ……　　　马7退9　　　8. 炮二进二　车2进1

9. 炮二退三　车2进3　　　10. 炮二进三　卒7进1

11. 车九平八　……

兑车正确的选择，否则黑方的反击机会大增。

11. ……　　　车2进5　　　12. 马七退八　卒7进1

13. 相五进三　炮4进1

进炮准备掩护9路马前进，是黑方打开局面的关键。

14. 相三退五　马9进8　　　15. 炮二平七　马3退5

退马不给红炮调整的机会。

16. 马八进七　……

缓着。此时红方忽略七路炮孤子的弱点，应走兵七进一，炮5平8，车二平三，马5进7，炮七平八，车8进1，炮八退四，红方全力防守，双方仍是胶着状态。

16. ……　　　马5进7　　　17. 兵七进一　车8进1

18. 炮七平六　……

这样红方已经失去平炮的机会，只有利用黑炮做炮架，形势被动。

18. ……　　　马7进6　　　19. 前炮退一　车8平3

20. 仕四进五　士4进5

21. 前炮进一（图192）　……

坏棋，应走前炮平八，以下卒3进1，相七进九，卒3进1，相五进七，炮5平8，车二平三，炮8平3，马七进八，车3平2，炮六平八，红方全力防守，尚可周旋。

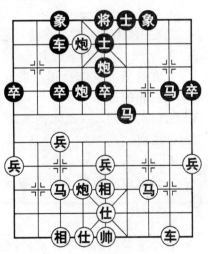

图192

21. ……　　　炮5平8

以上几个回合黑车通过红炮的打击，先手扩大，现在平炮打车，把红方又打到一个"背"着中来，优势明显。

22. 车二平三　卒3进1

23. 兵七进一　车3进3

24. 马七进八　车3平2　　　25. 马八退六　马8退6

退马是变的选择。这里也可走炮4进4，炮六退六，炮8平6，兵五进一，象3进5，黑方优势。

26. 后炮进四　前马退4　　　**27.** 炮六平九　马6进7

28. 车三平四　炮8平9　　　**29.** 马三进四　⋯⋯

车三平四和这一着马三进四自相矛盾。这里红方可以考虑车四进四，以下炮9平4，炮九进一，象3进5，马六进八，红方足可抗衡。

29. ⋯⋯　　　车2平6　　　**30.** 兵五进一　⋯⋯

败着。应走马四退三，车6平4，马六进八，车4平2，车四进四，红方足可抗衡。

30. ⋯⋯　　　马4进5　　　**31.** 车四平三　炮9平7

32. 车三平二　炮7平6　　　**33.** 车二进五　象3进5

飞象保马，简明。

34. 马四退二　车6进2　　　**35.** 马六进四　炮6进2

36. 马二进三　象5进7　　　**37.** 车二退一　炮6平5

绝杀，黑胜。

第99局　湖北汪洋 胜 河北陈翀

1. 兵七进一　卒7进1　　　**2.** 炮二平三　炮8平5

黑方平中炮，易形成激烈的对攻变化。

3. 马八进七　⋯⋯

进左正马保中兵稳健多变，是目前流行的着法。

3. ⋯⋯　　　马8进7　　　**4.** 相七进五　⋯⋯

红方这里可以选择相三进五，飞左相和飞右相的战略大体相同，但是由于飞相方向的不同，在战术的实施上会有微妙的区别。

4. ⋯⋯　　　马2进1

右马屯边求两翼子力平衡发展，稳健多变。

5. 仕六进五　⋯⋯

补仕准备出贴帅车，这是红方一路主要变例。

5. ⋯⋯　　　炮2平4

6. 车九平六　车1平2（图193）

强硬，这也是黑方保持局面均衡的

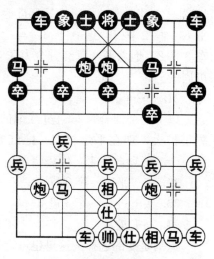

图193

必走之着。如士6进5，则马七进八，马7进6，炮三进三，炮4进3，兵七进一，卒3进1，炮三平七，红方先手。

7. 车六进七　车2进7　　　　　　**8.** 车六退二　象7进9

飞象不给红方炮三进三打卒的机会。

9. 兵三进一　卒7进1　　　　　　**10.** 马七退六　车2退1

11. 炮三进五　车9平7　　　　　　**12.** 炮三平九　象3进1

13. 马二进一　炮5进4

黑方通过弃子取得快速出动大子，抢占要点的战术思想得以实现，而红方则是要稳步进取利用多子之利与黑方周旋，形成黑方得势、红方多子的两分之势。

14. 车一平二　炮5平1　　　　　　**15.** 马六进七　车2进1

16. 帅五平六　……

出帅好棋，攻守兼备。

16. ……　　　　　士6进5　　　　**17.** 马七进五　车2进2

18. 帅六进一　卒7平6　　　　　　**19.** 车二进六　……

进车也是要点，黑方"单车炮"是做不成杀棋的，只要黑方7路底车不能助战，红方就有惊无险。

19. ……　　　　　炮1平9　　　　**20.** 车六退一　卒5进1

21. 车二平五　车2退9

黑方不能走将5平6，否则车六平四，将6平5，马五进三，红方攻势猛烈。

22. 车五退一　……

先平车叫杀，逼退黑车，再退车吃卒，次序正确。

22. ……　　　　　车7进2

23. 马五进四　车7平6

24. 马四进二　车6进1（图194）

败着。应走车6退1，车六进三，车6平8，马二进四，车8平6，黑方尚可周旋。

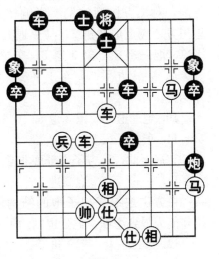

图194

25. 车五进一　车6退2　　　　　　**26.** 车六进三　……

进车精妙，入局的精华。

26. ……　　　　　将5平6　　　　**27.** 车六平二　车2进8

28. 帅六退一　车2进1　　　**29.** 帅六进一　炮9平8

30. 车二平一

黑方认负。

第100局　上海万春林 胜 河南李林

1. 炮二平五　马8进7　　　**2.** 马二进三　车9平8

3. 车一平二　卒3进1　　　**4.** 马八进九　马2进3

5. 车二进四　……

李林虽然不是象棋大师，但是多次获得河南省象棋冠军，棋风泼辣，擅长攻杀。面对这样的对手，万春林特级大师避其锋芒，选择稳健的中炮边马巡河车的阵势，意图用深厚的中残局功力磨倒对手，战略思想非常正确。

5. ……　　　象3进5　　　**6.** 兵七进一　士4进5

7. 兵七进一　象5进3　　　**8.** 炮八进四　……

进炮不仅伏有平炮压马的先手，而且可以高效率的出动左车。

8. ……　　　卒7进1

9. 炮八平一　炮8进1 （图195）

进炮别出心裁，显然这着棋的效率不高，对黑方棋型的发展影响很大。这里黑方还应走炮2进5，马三退五，炮8平9，炮一平三，象3退5，车二进五，马7退8，车九平八，车1平2，双方大体均势。

10. 炮一退一　象3退5

11. 车九平八　……

布局至此，红方子力舒展非常满意。

11. ……　　　炮2进1

黑方进炮形成担子炮的结构，虽然防守能力得到增加，但是也制约了本方子力的展开，得失参半。

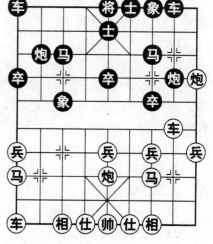

图195

12. 车二平七　车1进2

进车保马这是一个很差的位置，但是黑方已经别无他选。

13. 炮五平七　马3退4　　　**14.** 相七进五　……

补相静观其变，好棋。

14. ……　　　炮8平7　　　**15.** 仕六进五　车1平4

16. 兵九进一　车8进7　　　**17.** 车七进四　……

临枰万春林特级大师通过判断，决定强攻黑方右翼，进车下二路拉开战幕。

17. ……　　　炮2平3　　　**18.** 车八进九　……

底沉车先控制黑马，要着。

18. ……　　　炮3退1　　　**19.** 马九进八　卒7进1

20. 炮一平六　马7进9　　　**21.** 炮七平六　炮7退2

22. 后炮进五　炮7平3

同样的交换掉一车，但是对双方的作用却是截然不同。红方消灭了黑方右翼防守作用极大的黑车，对战局起到至关重要的作用。

23. 后炮退三　卒7进1

24. 前炮退四　后炮退1（图196）

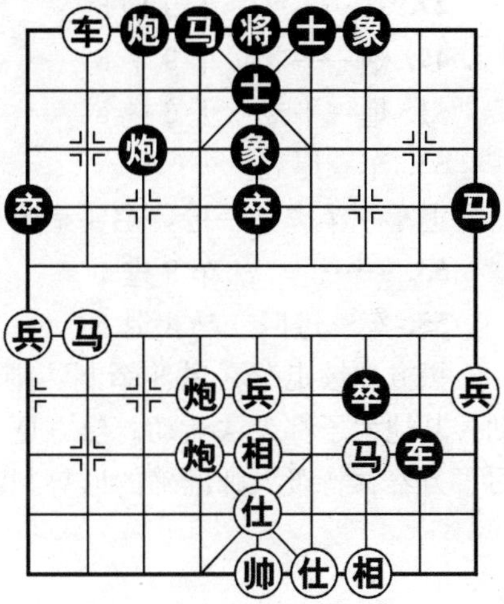

败着，应走后炮平2，以下后炮进七，士5退4，马八进六，炮3退2，车八退一，卒7进1，炮六退一，士6进5，黑方可战。

25. 马八进六　……

进马是势大力沉的一步攻着，这正是黑方忽视的妙手。

25. ……　　　前炮进2

26. 前炮平三　车8退4

可走车8退3，以下马六进四，车8退3，较实战顽强。

图196

27. 车八退三　马9进8　　　**28.** 炮三进一　马8进7

29. 炮六平三　士5进6　　　**30.** 车八平七　……

平车准备攻击黑方底象。

30. ……　　　后炮平2　　　**31.** 后炮进七　象5退7

32. 车七退一　车8进1　　　**33.** 车七进四　……

在红方的强攻之下，黑方防守已经全无章法。红方进车又是一步脱身的佳着。

33. ……　　　车8平4　　　**34.** 车七平八　车4进2

35. 车八退三　车4平5　　　**36.** 兵一进一　……

保留边兵，增加攻击力量，老练。

36. ……　　　士6进5　　　**37.** 车八平九　马4进2

38. 车九平六　……

平肋车是控制黑马前进的绝佳位置。

38. ……　　　马2进4　　　　**39. 炮三平七　卒5进1**

40. 兵九进一　车5平9　　　　**41. 相五进三　卒5进1**

42. 相三退五　车9平6　　　　**43. 炮七进二　……**

进炮准备闪击，好棋。

43. ……　　　车6平9　　　　**44. 车六平三　车9退1**

45. 车三进三　士5退6　　　　**46. 车三退四　车9退2**

47. 炮七退三　……

退炮准备右炮左调，配合红车展开攻势，灵活。

47. ……　　　车9平5　　　　**48. 炮七平一　车5平9**

49. 炮一平二　车9平8　　　　**50. 炮二平一　车8平9**

51. 炮一平二　士6进5　　　　**52. 车三进四　士5退6**

53. 车三退五　……

退车吃卒虚晃一枪，主要是为了沉底炮展开攻势。

53. ……　　　车9进1　　　　**54. 炮二进六　将5进1**

55. 车三进四　马4退6　　　　**56. 炮二退一**

黑方如续走车9退3牵制，则红兵可以顺利助战，黑方只有一卒可以运动，其他大子都无法活动。黑方见大势已去，投子认负。从这盘棋中，我们学习了万春林特级大师准确的形势判断和超强的局面控制力。

第二十一轮　2012年8月29日弈于各队主场

第101局　广东庄玉庭 胜 广西李鸿嘉

1. 兵七进一　炮2平3　　　　**2.** 炮二平五　象3进5

3. 仕六进五　……

红方补仕既可巩固中防又可避免卒底炮的威胁。

3. ……　　　卒7进1

先挺7卒，破坏红方两头蛇的计划。

4. 马二进三　马8进7　　　　**5.** 车一平二　车9平8

6. 车二进四　炮8平9

7. 车二进五（图197）……

庄玉庭和李鸿嘉同是广东队的队友，两个摸爬滚打多年，互相知根知底，所以临场庄特大也没有选择车二平六避兑这路复杂的下法。这里红方如想保持局面的复杂性可以选择车二平六，以下车8进1，炮八平六，车1进2，马八进九，车1平2，车六进二，炮3进3，兵五进一，双方对峙，局面复杂。

7. ……　　　马7退8

8. 炮五进四　士4进5

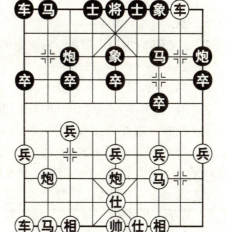

图197

通常认为这个局面下红方虽多中兵，但是出子速度较慢，双方各有所得，但是黑方满意的局面。

9. 兵五进一　马2进4　　　　**10.** 炮五平六　车1平2

11. 炮八平六　马4进2　　　　**12.** 马八进九　炮3退1

13. 前炮平九　……

炮打边卒先得实惠，这里红方也保留变化的选择。如车九平八，炮3平2，后炮平八，卒3进1，兵七进一，炮2进6，车八进二，车2平3，车八进四，马2进4，车八平六，车3进4，相三进五，双方兑子以后，局面平稳健。

| 13. …… | 车2平1 | 14. 炮九退二 | 车1平4 |

| 15. 兵五进一 | 车4进6 | 16. 兵三进一 | 炮3平1 |

平炮牵制红方九路线，准备伺机发动攻击。

| 17. 兵三进一 | 车4平1 | 18. 炮九平八 | 象5进7 |

黑方这着棋走得不坚决，应走炮1进3，车九平八，车1平7，相三进五，炮1平7，黑方在红方右翼集结攻击力量，蓄势待发。

| 19. 车九平八 | 车1平7 | 20. 相三进五 | 象7退5 |

| 21. 炮八进二 | 炮1进5 | | |

这里黑方错走了一个次序，导致局面恶化。应先走炮9平7，马三退一，炮1进5，兵五进一，马8进9，炮八平九，炮1平2，黑方足可抗衡。

| 22. 炮八平九 | 炮9平7 | 23. 兵五进一 | 马8进9 |

此时黑方已经不能走炮1平2拦车，因为红方有炮九退三打车的手段，黑方立时崩溃。

| 24. 车八进五 | 马9进7 | 25. 炮六平八 | 马2退3 |

| 26. 炮九进三 | 士5退4 | 27. 马三退一 | 炮1平9 |

| 28. 兵五平四 | …… | | |

红兵适时出击，形成左右夹击的钳形攻势。

| 28. …… | 马7进6 | 29. 兵四进一 | 炮7平8 |

| 30. 兵四进一 | 车7平1 | | |

31. 炮九平八　炮9平6（图198）

败着。黑方应走炮8进7，马一退三，马6退7，兵四进一，将5平6，车八平六，车1平2，车六进四，将6进1，车六退一，马3进5，后炮平六，车2退6，黑方尚可周旋。

32. 马一进三　炮6进2

33. 车八平五　……

平车捉象，迫使黑车回援，好棋。

33. ……　　车1退4

34. 车五退一　马6进8

35. 车五平六　车1平4

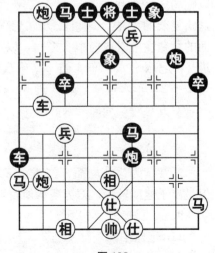

图198

36. 车六进三 ……

兑车简明，消除黑方的反击力量。

36. ……　　　炮8平4 　　**37. 后炮进一　象5进7**

38. 后炮平三 ……

平炮攻击底象，攻守兼备。

38. ……　　　象7进9 　　**39. 马九进八　炮4平6**

40. 马八进七　前炮退7 　　**41. 马七退五　士6进5**

42. 炮三平七　象7退5 　　**43. 马五进三**

面对红方马三进五攻击手段，黑方为解杀走士5进4，则前马进四红方得子也是胜定。

第102局　河南金波　负　四川郑一泓

1. 炮二平五　马8进7 　　**2. 马二进三　卒3进1**

3. 车一平二　车9平8 　　**4. 兵三进一　马2进3**

5. 马八进九　卒1进1 　　**6. 炮八平七　马3进2**

7. 车九进一　马2进1

至此双方形成五七炮进三兵对屏风马挺3卒的常见阵型。黑方马踏边兵是求攻的下法，这路变例多为攻杀型棋手所喜爱。

8. 炮七退一　车1进3

进车守住卒林，稳健。

9. 车九平八（图199） ……

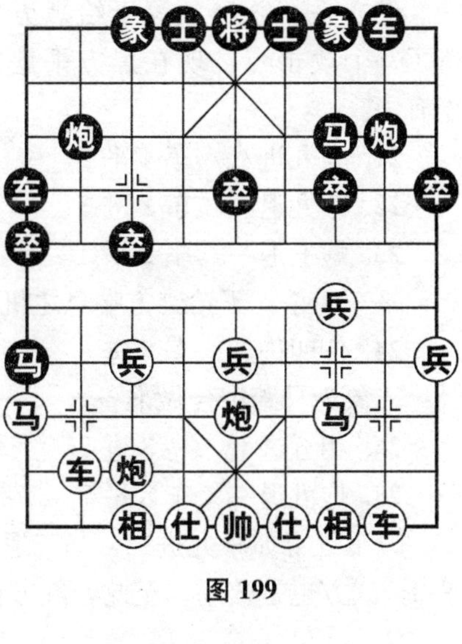

红方先走车九进一，再走车九平八亮车，属于开局的"二次出车"，对于这种二次出车，本身从行棋效率上来分析，已经浪费了一步棋，所以这种出车方式一定要取得立竿见影的效果，才能取得步数损失的补偿。红方这时平车出车就是一步好棋，迅速占领八路线。

图199

9. ……　　　炮2平3

这里黑方如选择卒1进1，则车二进五，炮2平4，车二平七，象7进5，车七平六，士4进5，车八进二，红方先手。

10. 车二进六　车1平4 　　**11. 车八进六　车4进2**

12. 车二平三　　炮 3 进 1　　**13. 车三进一　　炮 8 平 2**

14. 车三平八　　……

红方一车换二并没有松透局势，反倒是黑方子力活跃，红棋已经陷入被动。

14. ……　　　　象 7 进 5　　**15. 炮五进四　　士 6 进 5**

黑方顺势补好士象，这时我们可以清楚地看到，红车被挤在黑方厚实的右翼，难有作为。

16. 车八平七　　炮 3 平 4　　**17. 车七退二　　马 1 进 3**

18. 相七进五　　……

飞相坏棋，红方应走马九退八主动邀兑，以简化局面。试演一例：马九退八，车 8 进 3，车七平五，车 4 进 3，马八进七，车 4 平 3，马七进九，红方足可抗衡。

18. ……　　　　车 8 进 3　　**19. 炮五退二　　炮 4 进 6**

20. 车七平九（图 200）　……

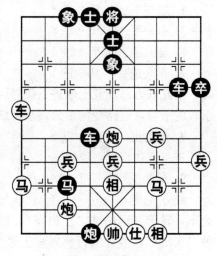

图 200

速败。还应走马九退八，车 4 平 5，兵五进一，象 5 进 3，马八进七，炮 4 退 2，马三进五，车 8 平 5，兵三进一，车 5 进 2，马五进三，红方尚可周旋。

20. ……　　　　炮 4 平 1

红方平车杀卒，等于给黑方主动制造了一个攻击点，现在黑方平炮打车紧凑有力。

21. 马九进八　　车 4 平 2

22. 车九退五　　车 2 进 3

23. 炮七退一　　车 2 平 4

平车叫杀，不给红方喘息之机。

24. 仕四进五　　车 8 进 5　　**25. 帅五平四　　象 3 进 1**

飞象为马踏中仕做准备。

26. 相五进七　　马 3 进 5　　**27. 炮五退三　　车 4 进 1**

28. 炮五退一　　车 8 平 7

以下红方如车九进二（马三退五，车 7 平 5），车 7 进 1，帅四进一，车 4 平 3，红方也是败局，至此，红方投子认负。

第 103 局 河南李晓晖 负 四川孙浩宇

1. 炮二平五	马8进7	**2.** 马二进三	车9平8
3. 兵三进一	卒3进1	**4.** 车一平二	马2进3
5. 炮八平七	车1进1	**6.** 车九进一	……

红方不跳左马，先起横车是李晓晖大师比较喜欢的下法。这着棋最早是在2011年网络赛事中出现的着法，但是因为开局阶段红方弃马有弃子过早的嫌疑，所以流行一段后，就沉寂下来。今年象甲联赛中的李晓晖大师再次启用，在第15轮时曾经战和赵国荣特级大师，本场比赛对阵以乱战见长的孙浩宇大师，不知道孙大师有什么应对的办法。

6. …… 马3进2

7. 兵七进一 炮2进7（图201）

李赵之战时，赵国荣选择卒3进1的下法，以下炮七进七，士4进5，车二进五，马2进4，车二平六，象7进5，炮七退二，马4进5，相七进五，车1平3，双方激战成和。这盘棋孙浩宇选择吃马，对攻激烈。

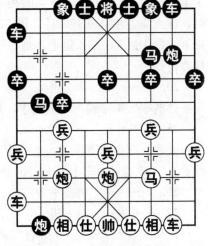

图 201

8. 兵七进一	车1平4		
9. 炮七进七	士4进5		
10. 仕四进五	车4平3		
11. 车九平八	车3退1		
12. 车八进四	炮2平1		

至此，双方的布局战术都得到贯彻实施。形成红方占势，黑方多子的两分局面。

13. 车二进六	象7进5	**14.** 车八退五	……

退车捉炮略缓，可以考虑车二平三，车8平7，马三进二，红方优势更大。

14. ……	炮1退1	**15.** 兵七平六	炮8平9
16. 车二平三	车8进2	**17.** 兵五进一	……

冲中兵紧凑有力，是红方取势的佳着。

17. ……	炮9退2	**18.** 兵五进一	炮9平7
19. 车三平四	马7进8	**20.** 兵三进一	马8进7

21. 炮五进四 ……

炮打中卒以后，红方已经控制住局面。

21. ……　　车8进5

22. 车八进七 ……

进车捉马弃还一子，着法明快。

22. ……　　车8平7

除此之外，黑方也别无选择。

23. 车八平五（图202） ……

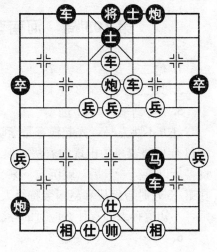

图 202

杀象过急，忽略黑方的反击力量，"棋胜不顾家"的悲剧在晓晖大师身上再次上演。这是红方由优转劣的根源。此时，红方应走相三进五，马7进5，相七进五，炮1进1，车八退七，炮1退1，兵六进一，红棋可抢先发难，对攻中红方占优。

23. ……　　车7进2　　24. 仕五退四　　马7进9

孙浩宇大师不愧为乱战高手，进马有力，反击及时。

25. 车四退五 ……

败着。应走车五平七，士5退4，车七进二，炮1平9，车四退五（解围妙手），车7退1，车七退七，炮9平6，车七平一，红方仍有先手。

25. ……　　将5平4　　26. 炮五进二　　士6进5

27. 车五进一　　马9进7

进马锁住红车，红方虽有三兵过河，无奈鞭长莫及，黑方由此夺得主动权。

28. 兵六进一　　炮7平5　　29. 兵六进一　　车3进1

30. 车五退一　　车3进8　　31. 兵五进一　　车7平6

杀仕入局，红方认负。

第104局　山东李翰林 负 湖北柳大华

1. 兵七进一　　象3进5

以顺手象应进兵，是一种稳健型开局，给双方棋手较多的选择空间，为棋手们的创造性思维提供了用武之地。

2. 马八进七 ……

跳七路马开动子力，随机应变。

2.……　　　　卒7进1（图203）

这里黑方有较多的选择，除实战的卒7进1以外另有马8进7的选择，以下炮二平五，卒7进1，马二进三，马2进3，车一平二，车9平8，则形成中炮对屏风马的阵势，由此也证明了以飞象应对仙人指路布局的灵活多变之处。

3. 马七进六　……

进河口马着法积极主动。

3.……　　　　马8进7

4. 炮二平六　……

通常红方马七进六以后，多会选择

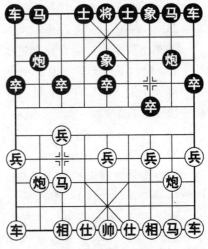

图 203

炮二平五平中炮助攻，现在红方平仕角炮，防御攻能大大增强，看来小将李翰林准备打一场防守反击的战役。

4.……　　　　车9平8　　　　**5. 相三进五　炮8进3**

进炮伏有卒7进1的手段，这是黑方打破僵持局面的好棋。

6. 炮八平七　马2进1

黑方此时不能走卒3进1，红方有马六进七的手段，以下卒3进1，车九平八，黑方右翼阵型还没有来得及展开就已经处在红方的炮火之下，红优。

7. 车九平八　车1平2　　　　**8. 马六进七　……**

再不跳马黑就有卒7进1的攻击手段。

8.……　　　　炮2平3　　　　**9. 车八进九　马1退2**

10. 马二进三　马2进1　　　　**11. 马七退六　炮3平2**

平炮避兑，保持攻击力量。

12. 车一进一　炮8进3　　　　**13. 炮七退一　炮2进3**

进炮打马是一个良好的过门，抓住红方的弱点。

14. 马六退七　炮2进3

精妙，迫使红方子力退回原位，可见柳特大深厚的运子功力。

15. 车一退一　卒1进1

挺卒活马从容不迫。

16. 炮七平三　马7进6　　　　**17. 兵三进一　卒7进1**

18. 炮三进三　炮8平4

再平肋炮控制红方马七进六的路线。

223

19. 仕四进五　马1进2　　**20.** 车一平四　马6进7

21. 车四进三　马7进9　　**22.** 相五退三　车8进8

进车出现误算，应走马9进8交换为易。

23. 炮六平一　车8退1　　**24.** 车四退一　马2进3

柳大华失子以后并没有慌乱，进马继续给红方施加压力。这一点尤其值得初中级爱好者学习。

25. 马七退八　炮4退7　　**26.** 马三进四　车8进2

27. 马四退三　……

红方得子之后仍然患得患失。这里应走仕五退四，车8退3（车8平7，则炮一平三，红大优），车四平八，车8平7，马四进六，车7退1，马六退七，炮2平9，相七进五，红方大优。

27. ……　　　　车8退2　　**28.** 帅五平四　士4进5

29. 车四平八　……

红棋这种消极战术迟早要付出代价，这时红方应走炮三平六，马3进4，炮六退二，士5进6，帅四平五，马4进2，炮六平五，红方仍持先手。

29. ……　　　　炮4平3

平炮暗伏杀机，柳大华通过不懈的努力，终于找到反攻的机会。

30. 炮一进四　马3进4　　**31.** 车八退一　炮3进8

32. 帅四进一　车8进1

33. 帅四进一　马4退5

34. 车八进八　士5退4

35. 车八退六（图204）　……

败着，应走炮三平六，马5进7，车八退六，炮3平7，炮六退三，车8退3，炮六进一，车8平6，帅四平五，红方尚可周旋。

35. ……　　　　马5退7

36. 车八平三　炮3平7

37. 马三退一　车8平7

红车必失，投子认负。这盘棋柳特大给我们上演一盘精彩的绝地反击的同

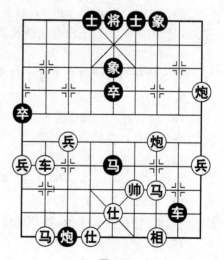

图204

时，我们更要借鉴李翰林的失误，象棋是对抗的艺术，光靠守是守不和一盘棋的，面对强手应该敢打敢冲，不能畏首畏尾。

第105局 浙江赵鑫鑫 胜 北京王天一

1. 炮二平五	马8进7	**2.** 马二进三	车9平8
3. 兵七进一	卒7进1	**4.** 马八进七	马2进3
5. 炮八进二	……		

进炮形成常见的中炮巡河炮对屏风马的阵势，面对近来风头正劲且以攻杀见长的王天一大师，赵鑫鑫特级大师的布局战术还是非常灵活的。

5. …… 马7进8

进外马可以起到封车的作用，但中路显薄弱，这是黑方应注意的。

6. 马七进六 ……

红进河口马威胁黑方中卒，伺机卸中炮变换阵势，是缓开车巡河炮的特征。

6. …… 象3进5

飞右象，巩固中路，必然。

7. 车一进一 ……

红方起右横车，开动右翼主力，是近年来流行的变例之一。如改走马六进五，马3进5，炮五进四，士4进5，红方虽多得一中卒，但大子出动缓慢，难讨便宜。

7. …… 车8进1

黑方高车准备策应右翼，是灵活性较强的应法。

8. 车九进一 马8进7

如车8平6，则车一平四，车1进1，炮五平七，红方易走。

9. 炮五平七 ……

卸中炮控制黑方3路线，保持变化。

9. …… 车1进1

10. 相七进五 炮2退2（图205）

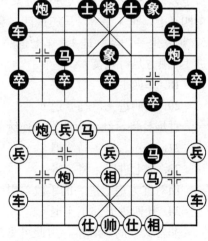

图205

退炮是一步新着，旧式的变化是炮8平7，车一平四，车8平6，车四进七，车1平6，车九平二，车6进2，车二进六，炮7平6，炮八退一，马7退6，马六进七，士4进5，车二退三，红方子力灵活，易走。

11. 车一平四	炮2平3	**12.** 炮八退一	……

退炮打马，守护要冲。

12. ……　　　　马7退8　　　　**13.** 马六进四　车1平2

14. 车九平八　车8平4　　　　**15.** 马四进五　……

进马踏象是步冷着。

15. ……　　　　车4进6

临场王天一大师经过长考选择了进车捉炮，意在寻求对攻。这里黑方如象7进5，车四进六，炮8平9，马三进四，卒7进1，车四平五，士4进5，车五平七，马8进6，相五进三，炮9进4，车七进二，士5退4，黑方少象但子力灵活，更主要的是双方经过大量的兑子，局势易趋于平稳。

16. 车四进八　……

进车吃士当仁不让。

16. ……　　　　将5进1

17. 车四退三　……

弃马准备平车捉双，正确。

17. ……　　　　将5进1（图206）

败着，应走象7进5，车四进一（如车四平二，炮8平6，车二退一，车4平3，红方车炮受制且右车位置欠佳，黑棋易走），炮8平7，炮八进四，象5退7，车四平七，车4平3，马三进四，象7进5，炮八退一，卒5进1，车七退一，卒7进1，黑方足可抗衡。

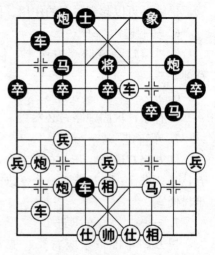

图 206

18. 车四平二　炮8平6　　　　**19.** 马三进四　卒7进1

20. 马四进三　马8退6　　　　**21.** 炮八进四　……

进炮打将，红方由此发动连续的进攻。

21. ……　　　　马3退2　　　　**22.** 车二进一　士4进5

23. 炮七进四　将5平4

面对红方炮七进一的手段，黑方唯有出将以求暂避锋芒。

24. 仕四进五　车4退4　　　　**25.** 炮八平四　……

非常大气的一着棋，由此可见赵鑫鑫犀利的棋风。

25. ……　　　　车2进7　　　　**26.** 炮四进一　士5进6

27. 车二平四　将4退1　　　　**28.** 炮四平一　炮3平5

如改走将4退1，兵七进一，象7进5，马三进四，将4平5，车四平五，将5平6，车五平四，红方也是胜势。

29. 车四退一　车2退6　　　30. 炮七退一　车4进1

31. 马三进四　炮5进1　　　32. 马四退三　……

改走马四退五更佳。

32. ……　　将4退1　　　33. 车四进三

以下炮5退1，马三进四绝杀。黑方投子认负。

第二十二轮　2012年8月29日弈于各队主场

第106局　北京蒋川 负 广西黄仕清

1. 兵七进一　象7进5　　　　　**2. 炮八平五……**

在通常情况下，红方针对黑方飞左象，相应会选择炮二平五平右中炮，针锋相对的加快右翼子力的出动。现在蒋川特级大师选择平左中炮，加快左翼子力出动速度，以便攻击黑方子力出动相对缓慢的右翼，也是可行之策。

2. ……　　马2进3　　　　　**3. 马八进七　车1进1**

起横车灵活，如果车1平2，车九平八，炮2进4，马七进六或马二进一，红方在出子速度上要领先黑方。

4. 车九平八　炮2退1

退2路炮准备右炮左调，攻击红方出子滞后的右翼，灵活。

5. 马二进一（图207）……

红方跳边马保留炮二平三对抗的机会。如果选择马二进三，则炮2平7，兵五进一，车1平6，兵五进一，卒5进1，马三进五，车4进5，红方右翼将承担很重的防守压力。

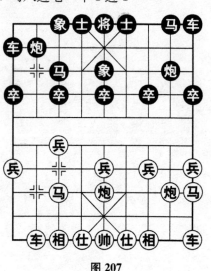

图207

5. ……　　炮2平7

6. 炮二平三……

平炮是对抗味道很浓的一着棋。

6. ……　　车1平6　　　　　**7. 车一平二　车9进2**

进车保炮以后，黑方棋型很呆板，红方布局满意。

8. 车二进四　卒7进1

228

冲7卒准备攻击红方三路线，意图借此调整子力结构。

9. 车二平六　……

平车意在避实击虚。但是从实战效果来看不是很理想，这里红方可以考虑炮五平六，通过内线运子协调阵型，而主力车在右翼加强防守，红方仍是先手。试演一例：炮五平六，马8进7，相七进五，马7进8，车二平五，红方先手。

9. ……	卒9进1	**10. 仕六进五**	马8进7

11. 炮五平六　马7进8

至此形成双方各攻一翼的局面。

12. 相七进五	马8进9	**13. 炮三退一**	卒9进1

进兵巩固前沿阵地，紧凑。

14. 车八进七　士6进5

补士稳健，先把阵型补厚，再徐图进取，老练。

15. 马七进八	车6进5	**16. 车六平五**	炮7进2

进炮守住3卒，好棋。至此，黑方的阵型已经大大改善。

17. 炮六平七　卒7进1

冲卒是一步渗透式的进攻。

18. 炮七进一	车6进2	**19. 炮七退二**	车6退2
20. 炮七进二	车6进2	**21. 兵三进一**	炮7进5
22. 炮七退二	车6退4		

退车河口正着，以后可以通过车9进2兑掉红方效率最佳着八路车，巩固优势。

23. 马一退三	车9进2	**24. 马八进九**	……

红方一时没有好的进攻选择，马踏边兵先得实惠。

24. ……	车6平2	**25. 车八退二**	车9平2
26. 马九进七	卒5进1		

冲卒欺车，步步为营。

27. 车五平六	炮8平3	**28. 马三进四**	……

这里红方可走兵三进一做试探性进攻，黑方如马9进7，兵三平四贴住中卒，延缓黑方攻击速度。

28. ……	马9进7	**29. 兵三进一**	马7退5

黑方退马吃兵的同时守住了兵三平四的点。

30. 车六平一	马5进3	**31. 兵三平四**	卒5进1
32. 马四进五	炮3退1	**33. 车一平五**	车2进5

34. 仕五退六 ……

退仕软着，被黑方利用，应走炮七退一更为稳健。

34. ……　　车 2 退 1　　　　　　**35. 炮七退一　车 2 平 4**

由于第 34 个回合红方的失误，现在被黑方连续抢先，红棋辛苦积累起来的优势荡然无存。

36. 仕四进五　炮 3 平 2

37. 车五平二　象 5 退 7

38. 车二退一（图 208）　……

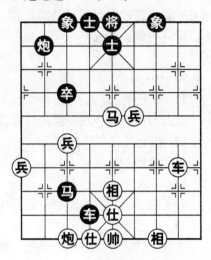

图 208

败着。应走马五退四，炮 2 进 8，兵七进一，卒 3 进 1，车二进二，象 3 进 5，车二平八，红方可战。

38. ……　　炮 2 进 8

39. 马五退六　象 3 进 5

40. 车二平三 ……

速败，应走帅五平四，红方足可抗衡。

40. ……　　马 3 进 1　　　　　　**41. 马六退八　马 1 退 3**

42. 车三退二　车 4 平 2　　　　　　**43. 马八进九　马 3 进 4**

进马踏仕，一剑封喉。

44. 车三进五　马 4 退 3

红方认负。

第 107 局　北京王天一 胜 广西潘振波

1. 兵七进一　卒 7 进 1　　　　　　**2. 炮八平五　马 8 进 7**

3. 马八进七　马 2 进 3　　　　　　**4. 车九平八　车 1 平 2**

5. 马二进一（图 209）　……

红方选择马二进一是侧重两翼均衡出动子力的选择。这里红方也可以选择炮二进四，马 7 进 8，马二进三，车 9 进 1，炮二平七，象 3 进 5，车八进五，红方先手，这着棋同马二进一相比，进攻的味道较浓。

5. ……　　卒 9 进 1　　　　　　**6. 炮二平三　马 7 进 8**

7. 车一进一　马 8 进 9　　　　　　**8. 炮三退一　车 9 进 3**

进车卒林，以后平车占肋，这也是针对红方炮三退一以后设计出来的一种走法。

9. 车一平二　炮8平7

10. 车八进六　车9平6

11. 车八平七　象3进5

12. 兵七进一　……

冲七兵紧凑有力。这着棋是当前最为有力的攻击手段，黑棋如果车6进1提兵，则车二进六，炮7平6，马七进六，红方有一连串的攻击手段，形势大优。

12. ……　　士4进5

冷静，为3路马留出退路。

13. 车二进三　……

进车巡河准备右车左调，加强攻势。

13. ……　　车6进5

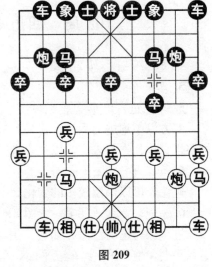

图 209

14. 车二平八　马9进7　　　15. 仕六进五　……

补仕以后，把厚实的右翼留给黑方，红棋尽全力攻击黑方右翼，战术思想明确。

15. ……　　炮7平9　　　16. 炮五平六　马7退5

17. 炮六进一　马5进4　　　18. 炮三进一　车6退2

退车捉炮正确，这是黑方当前较为顽强的应着。

19. 炮六退一　卒9进1

20. 马七进六　车6退1

21. 帅五平六　卒9进1

冲卒是一步很有力量的反击手段。

22. 马一退三　车6进3

23. 马六退五　卒9平8

24. 炮三平一　卒8进1

25. 炮一进二　马3退4（图210）

败着，应走卒8进1，马三进二，马4进2，车八退四，炮2进4，炮六进六，车6退4，黑方尚可周旋。

26. 炮一平六

红方得子占势，黑方认负。

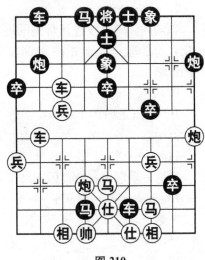

图 210

第108局 四川郑惟桐 胜 河北阎文清

1. 炮二平五 马2进3　　　2. 马二进三 炮8平6
3. 车一平二 马8进7　　　4. 兵七进一 卒7进1
5. 车二进六 车9平8

双方以中炮进七兵对反宫马开局。黑方先走车9平8是近年改进的着法，这着棋直接让红方表态。以往多走车9进2高左车，严阵以待，伺机反击。

6. 车二平三 ……

避兑，可以保留较多的变化。

6. …… 车8进2（图211）

进车保马正确。黑方如炮6退1，则炮八平七，炮6平7，车三平四，车8进5，兵七进一，车8平3，兵七平六，红方易走。

7. 炮八进四 ……

红方左炮过河，双方阵型确定成五八炮对反宫马的布局格局。

7. …… 士4进5

临场阎大师也没选择常见的炮6退1变化，而是选择补士先稳固后方再图进取的策略。

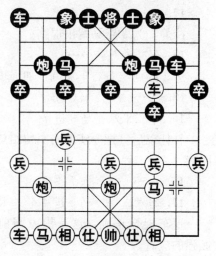

图211

8. 马八进七 象3进5　　　9. 炮八平五 马3进5
10. 炮五进四 车1平4　　　11. 兵五进一 ……

挺中兵准备盘活双马，要着。

11. …… 车8进3　　　12. 兵五进一 炮6退1

退炮一着两用，既可闪击红车，又为消除中炮做准备。

13. 车九平八 炮6平7　　　14. 车三平四 炮2平4

平炮正确，如马7进5，兵五进一，炮2退1，马七进五，红方先手。

15. 马三进五 马7进5　　　16. 兵五进一 车8平5
17. 兵五平六 炮4平3

可以考虑炮4平1，更为舒展一些。

18. 相七进五 炮7进5　　　19. 车八进七 炮3退2
20. 车四平五 ……

兑车迫使黑方离开防守要点。

20. ……　　　　车5平6（图212）

败着。临场阎文清大师过于用强，避兑以后红方控制着非常理想的进攻通道，黑棋完全陷入被动。这里应走车5退2，兵六平五，卒3进1，车八平七，炮7平8，兵七进一，炮3进4，黑方足可抗衡。

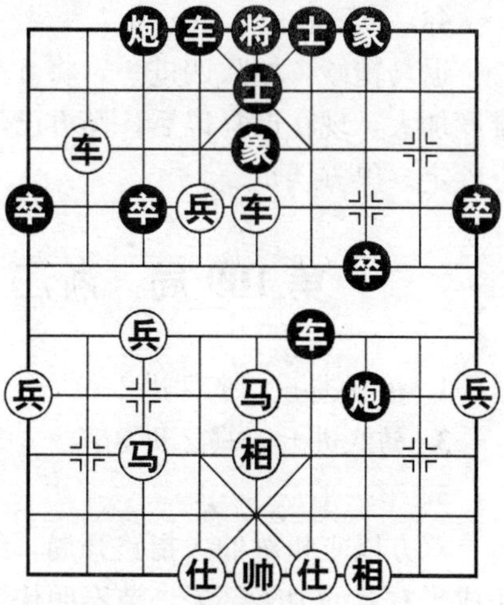

21. 仕六进五　　……

补仕是先守己再攻人的选择。

21. ……　　　　卒3进1

22. 兵七进一　炮3进7

23. 马五退七　车6进1

24. 兵七进一　　……

图 212

红方七双兵联手，稳控局势。

24. ……　　　　卒9进1　　　　　　　**25. 兵九进一　炮7平8**

26. 马七进八　炮8退4　　　　　　　**27. 车八退一　……**

退车以后在黑方卒林线形成"一字长蛇阵"，黑方防守压力很大。

27. ……　　　　车6平9　　　　　　　**28. 马八进六　车4平1**

29. 车五退二　……

退车准备平中兵冲击黑象，打散黑方防御阵型。

29. ……　　　　车9平4　　　　　　　**30. 马六进四　炮8平6**

31. 兵六平五　象5退3　　　　　　　**32. 马四进二　……**

再次迫使黑方飞边象，至此，红方第一波攻击已经得手。

32. ……　　　　象7进9　　　　　　　**33. 马二进一　卒1进1**

34. 马一退三　将5平4　　　　　　　**35. 兵五平四　炮6退1**

36. 车五平八　卒1进1　　　　　　　**37. 前车进三　……**

红方攻击子力已经到位，进车是一步非常简明的构思。

37. ……　　　　卒1平2　　　　　　　**38. 车八平九　将4平5**

39. 车九平七　车4退6　　　　　　　**40. 车七退二　车4进2**

41. 车七平六　士5进4

同样兑车，红方处理的非常老练，黑方支士以后又为红方提供了一个攻击点。

42. 兵四进一　将5进1　　　　　　　**43. 兵七平六　卒7进1**

44. 马三退一 ……

退马精妙，如兵四进一，将 5 平 6，兵六进一，象 9 进 7，红方低兵取胜难度加大，现在退马以后，黑方已经是左右难顾，如果闪炮，则兵六进一，红方胜定。黑方认负。

第 109 局　浙江于幼华 负 河南武俊强

1. 相三进五　卒 7 进 1	**2. 兵七进一　马 8 进 7**
3. 马八进七　马 2 进 3	**4. 马二进四　车 1 进 1**
5. 车一平三 ……	

双方以飞相对仙人指路开局，红方在前五个回合中，通过内线运子，快速完成了右翼的力子部署，节奏明快。

5. ……　　　马 7 进 6（图 213）

进马是对旧式车 1 平 6 的改进。以往多走车 1 平 6，车九进一，炮 8 平 9，兵三进一，卒 7 进 1，车三进四，车 9 平 8，马七进八，炮 2 进 5，炮二平八，红方先手。

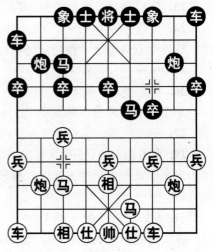

图 213

6. 炮八平九　象 7 进 5

7. 车九平八　炮 2 退 1

退炮拙中藏巧，伺机平炮控制红方三路线。

8. 炮二进三　卒 7 进 1

9. 兵三进一　炮 2 平 7

10. 车三平一　车 1 平 6

黑方这几着棋走得非常紧凑有力，已经反先。

11. 车八进一　马 6 进 8	**12. 马七进六　车 6 进 4**
13. 车八平六 ……	

红方车要"照顾"双马，局面较为呆板，棋局发展也易陷入停顿，攻防失去流畅感。

13. ……　　　士 6 进 5

红方不好调整，黑棋补士准备出贴将车，以不变应万变。

14. 炮二平八　车 9 平 6	**15. 炮八退四　炮 7 进 2**

进炮不给红马过多的选择机会，是控制局面的好棋。

16. 炮九平七　卒5进1　　　　**17.** 马六进七　卒5进1

18. 兵五进一　……

吃卒造成局势恶化，黑车吃兵以后先手捉相，这是红方的失误。这里应走兵七进一，象5进3，马七退五，后车进4，兵五进一，前车平5，车六进五，车6进4，炮八平五，红方有攻势。

18. ……　　　　　前车平5　　　**19.** 车六进四　车6进8

20. 仕四进五　车6退8

过于求稳，可以考虑车6退5，继续对红方施加压力。

21. 炮八进七（图214）　……

临场于特大错失反击的机会，殊为可惜。这里应走车六平二，炮7平5，车二进二，马8退7，车二平三，车5平3，车三退一，车3进2，马七退六，车3进2，马六进五，车3退6，马五退四，车3进5，车一平四，车3平2，车三平七，红方稍优。

21. ……　　　　　车6进3

显然武大师意识到上一回失误，进车亡羊补牢。

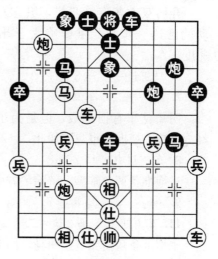

图 214

22. 炮八退二　车6进3　　　**23.** 炮八平三　马8退7

24. 车一平二　炮8进4　　　**25.** 兵三进一　马7退8

26. 车六平四　车6退2　　　**27.** 兵三平四　车5进1

28. 兵九进一　……

红方用时紧张，挺边兵先度过时间危机，就棋而论应走兵四进一，控制黑方8路马。

28. ……　　　　　车5平3　　　**29.** 炮七平六　马8退6

红方超时，黑胜。

第110局　浙江赵鑫鑫 胜 河南李林

1. 兵七进一　卒7进1　　　　**2.** 炮二平三　炮8平5

3. 炮八平五　炮5进4（图215）

黑方炮打中兵，影响本方的出子速度，虽得一兵的实惠，但是从全局来看，黑炮一子多动，得不偿失。这里黑方易走马8进7，马八进七，马2进1，车九平八，车1平2，马二进一，车9平8，双方对抢先手。

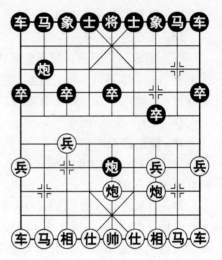

图 215

4. 仕六进五　　象 3 进 5

5. 马八进七　　炮 5 退 2

开局双方各有五步棋，黑方左炮移动就已达三步，严重影响大子出动的速度。

6. 马二进一　　马 8 进 7

7. 车一平二　　车 9 平 8

明知兑车有损步数，但是为了延缓红方的攻击速度，也只好如此。

8. 车二进九　　马 7 退 8　　**9.** 炮五进一　　……

进炮准备调整阵型，解除黑方中路的牵制。

9. ……　　　　马 8 进 7　　**10.** 相七进五　　士 4 进 5

11. 车九平八　　马 2 进 4　　**12.** 炮五平四　　……

平炮准备攻击黑方拐角马，简明。

12. ……　　　　车 1 平 3　　**13.** 炮四进五　　士 5 退 4

14. 兵三进一　　卒 3 进 1

黑方冲卒看似欲与红方展开对攻，其实是一步坏棋。这里黑方应走卒7进1，车八平六，马4退2，车六平八，炮2平4，黑方虽然委曲，但是红方没有好的进攻手段，从防御角度来看，黑方防守得很成功。

15. 兵三进一　　卒 3 进 1　　**16.** 兵三进一　　马 7 退 9

17. 马一进三　　卒 3 进 1

上一回合，红方兵三进一把黑马"挤退"回边路，现在黑方卒3进1，却是帮助红马盘头而上，由此也可以看出，第14回合，黑方卒3进1的战术并非上策。

18. 马七进五　　炮 2 进 4　　**19.** 马三进四　　马 4 进 3

20. 车八平六　　炮 2 平 5

以炮换马非常及时。

21. 马四退五　　马 3 进 2　　**22.** 车六进六　　车 3 进 1

坏棋，这里黑方应走卒3平4，车六平五，车3进4，炮三进三，炮5进3，相三进五，卒4平5，黑方足可抗衡。

23. 车六平五　　车 3 平 6　　　　**24.** 车五退一　　车 6 进 5

25. 马五进四　　马 2 进 4　　　　**26.** 车五平六　　……

平车好棋，守中有攻。

26. ……　　　士 6 进 5　　　　**27.** 炮三平一　　……

平炮略缓，应马四进六发动攻势为宜。

27. ……　　　马 4 退 6　　　　**28.** 车六平八　　马 6 进 4

29. 炮一退一　　卒 3 进 1　　　　**30.** 马四进六　　士 5 进 4

31. 兵一进一　　象 5 退 3（图 216）

退象败着，黑方应走士 4 进 5 补牢后
防，再徐图进取。试演一例：士 4 进 5，
车八进四，士 5 退 4，炮一平二，象 7 进
9，车八退二，马 4 退 5，黑方足可抗衡。

32. 车八平四　　……

兑车抢占要道，这是黑方退象时没
有计算到的。

32. ……　　　车 6 平 9

33. 马六进四　　将 5 进 1

34. 炮一平四　　车 9 平 7

35. 车四进一　　……

进车好棋，准备下一着车四平五叫
杀，紧凑有力。

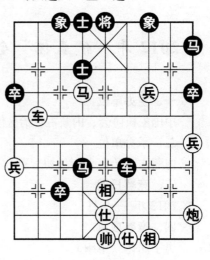

图 216

35. ……　　　卒 1 进 1　　　　**36.** 车四平五　　象 7 进 5

37. 车五平七　　象 5 进 3　　　　**38.** 车七进二　　将 5 进 1

39. 马四进五　　马 4 进 3　　　　**40.** 炮四平七

黑方认负。

附　录

2012 年 "伊泰杯" 全国象棋甲级联赛竞赛规程

一、主办单位

中国象棋协会、内蒙古自治区伊泰集团有限公司、内蒙古自治区体育总会。

二、承办单位

内蒙古自治区老年体协、鄂尔多斯市体育总会、鄂尔多斯市象棋协会。

三、竞赛日期

2012 年 5～9 月。

四、竞赛项目

男子团体（甲组）。

五、参赛单位

（一）获得 2011 年全国象棋甲级联赛前十名的单位：北京、浙江、广东、湖北、黑龙江、江苏、四川、上海、山东、河北。

（二）获得 2011 年全国象棋锦标赛（团体）男子乙组比赛升组资格的单位：广西、火车头体协。

（三）如有不参赛者，则参赛资格按甲、乙组名次依次递补。

六、参赛办法

（一）每单位可报领队 1 名，教练 1 名，棋手 6 名（允许报女棋手）。每场上场队员 4 名。

（二）参赛棋手须为 2012 年度注册棋手。

（三）参赛棋手在同一竞赛年度内只能代表一个注册单位参赛。

七、竞赛办法

（一）执行《象棋竞赛规则》2011（试行）。

（二）比赛采用双循环制，共赛 22 轮。首、尾各 5 轮赛会制，其余 12 轮进行主客场。

（三）每场比赛均需分出胜负。如慢棋场分打平，则加赛快棋。

（四）比赛用时：

1. 每方基本用时为 60 分钟，每走一步加 30 秒。

2. 快棋用时：每方基本用时 10 分钟，每走一步加 10 秒。

（五）计分办法：

1. 团体场分：胜方计 2 分，负方计 0 分。

2. 慢棋场分、局分：胜方计 2 分，负方计 0 分，打平各计 1 分。

（六）先后手的确定：第一循环序号在前的队为主场队，主场队执红先行；第二循环双方换先。

（七）名次计算：团体场分多者名次列前。如团体场分相同，则按以下顺序区分：慢棋场分、全队慢棋总局分、全队慢棋胜场、全队慢棋胜局、全队慢棋犯规。仍无法区分者，名次并列；不宜并列的进行附加赛。

（八）比赛计算等级分。

（九）中国象棋协会对各主场的筹备、比赛和宣传等均有明确的要求，请各队参照《实施细则》严格执行，以保证联赛的有序进行。

八、录取名次和奖励

（一）录取前六名。

（二）联赛前 10 名和 2012 年全国象棋锦标赛（团体）男子乙组前 2 名获得参加 2013 年全国象棋甲级联赛资格。

（三）其他奖项评奖办法另定。

九、报名

（一）请于 3 月 20 日前，将加盖主管体育部门公章的报名表（报名表附后），邮寄至国家体育总局棋牌运动管理中心象棋部。逾期未报名，视为自动弃权。地址：北京市天坛东路 80 号，中国棋院象棋部。邮编：100061。

（二）已报名参赛或参赛后退出比赛的棋队，将取消其两年参加联赛及团体赛的资格。

十、裁判员、仲裁委员会和赛风赛纪委员会工作

（一）中国象棋协会选派各主场裁判长，各主场根据需要选派一级以上（含一级）裁判担任副裁判长、二级以上（含二级）裁判担任裁判员工作。

（二）设仲裁委员会，人员组成和职责范围按《仲裁委员会条例》执行。

（三）赛风赛纪委员会按《象棋比赛赛风赛纪管理办法（修订）》负责处理各赛区、参赛队、棋手和裁判员出现的赛风赛纪问题。

十一、器材和经费

（一）棋子、棋盘和棋钟须严格按照中国象棋协会器材标准和要求备齐。

（二）各队在比赛期间相关费用自理。

（三）主客场制比赛，客队旅费自理，食宿费由主队负责。

（四）主场负责大会裁判人员和竞赛工作人员的费用。在接待工作上，各队须秉承以诚相待、互利互惠的原则，为联赛创造一个和谐的氛围。

十二、其他

（一）各队须选派优秀棋手、教练员参加由中国象棋协会组织的公益活动。

（二）参赛人员须出席开、闭幕式。因故不能出席，需经协会批准。

（三）棋手着正装参赛并出席与比赛有关的各项活动。

（四）未尽事宜，另行通知。

十三、本规程解释权属中国象棋协会

2012 年"伊泰杯"全国象棋甲级联赛竞赛实施细则

一、竞赛日程与主场地

（一）各队于赛前 20 天确定主场承办地，书面报中国象棋协会。竞赛日程及主场承办地一经确定，不得擅自更改。主、客队须严格按照竞赛日程组织和参加比赛。

（二）需要变更主场城市或本队有 2 名以上（包括 2 名）棋手因中国象棋协会选派参加重大比赛活动而不能出场需变更竞赛日程时，须于赛前两周提出书面申请。是否予以变更，以中国象棋协会批复为准。

（三）主场队跨省办赛须有主场队和承办地体育部门于赛前 20 日提出书面申请，由协会组织检查场地合格后给予批复。承办单位须负担场地检查经费、国家体育总局棋牌运动管理中心竞赛管理费 1 万元，以及客队交通费用。

二、抽签办法

（一）按 2011 年象甲联赛前 10 名和乙组前 2 名顺序，抽签确定各队比赛序号。

（二）加赛抽签：

1. 主客队在慢棋场分打平后，立即同时上交加赛快棋棋手的出场名单和代号。

2. 裁判长宣读核对名单后，主持并监督主、客队互相抽取对方一名加赛棋手。

三、奖励办法

（一）前六名分别奖励：20 万元、10 万元、8 万元、6 万元、5 万元、4 万元。

（二）比赛设棋手"最高得分奖"，奖励1万元（得分相同则共同获得此称号）。

四、竞赛要求

（一）各主场裁判长由中国象棋协会从国际级、国家级裁判中择优选派，各主场负责选派副裁判长和裁判员，裁判员按每台1人配备。副裁判长应为国家级或资深一级象棋裁判，裁判员应为二级以上象棋裁判（注册棋手不能担当执台裁判工作）。

（二）裁判长报到后，主场须立即安排裁判长检查比赛场地，并积极听取裁判长意见，赛场安排不符合标准的须及时更改，比赛当天上午，主场须安排客队熟悉场地。

（三）开赛的前15分钟允许记者和双方领队、教练摄像、拍照。在比赛过程中，领队、教练只能观看比赛，不得与棋手进行任何形式的交流，更不得妨碍和干预裁判人员的工作。

（四）比赛进行中，各主场有义务主动配合裁判维护好赛场秩序，保持赛场安静，劝阻非比赛人员进入比赛区。并有义务教育主队带头尊重裁判、服从判决，及时、有效地防止各种违反竞赛纪律事件的发生。

（五）比赛结束后，主队负责向客队和裁判长提供《比赛成绩单》。

（六）每轮比赛结束后5天之内，主场竞委会、裁判长和客队须分别认真完成《主场竞赛工作小结》和《裁判执法情况报告》，并将电子版发送至中国象棋协会。

（七）比赛结束后，各主场裁判长须立即将《比赛成绩单》传真至中国象棋协会。

五、主场要求

（一）联络要求：

1. 各主场应将赛区竞委会负责人、主要联络人（为非参赛棋手）的姓名、通讯地址和电话（包括手机）报中国象棋协会备案。

2. 出现仲裁或赛风赛纪事件需申诉的情况，各主场须在次日17：00之前将申诉材料报至中国象棋协会。

3. 每轮比赛结束后1天之内（次日17：00之前），主队须将全部对局记录用打谱软件（象棋演播室）整理后，通过E-mail发送到中国象棋协会。

（二）场地要求：

1. 赛场内须布置联赛组委会统一要求的背景板，以及伊泰集团Logo标识，并提供与"象棋盛典"活动相关的印刷品及广告位14%～25%的版面权益。

2. 各赛场面积不小于 100 平方米，赛场需通风、保暖、遮阳、光照充足、无噪声干扰。比赛区与非比赛区之间须设立 3 米以上的隔离区。上场棋手须有专用卫生间。

3. 在不喧宾夺主的前提下，赛场可以适当摆放其他广告。凡有电视直播、转播以及挂盘讲解的，大棋盘的上端须明确标明联赛全称。

4. 赛场内应在醒目位置公示《赛场须知》。

5. 棋桌参考标准为：高 70cm、宽 65cm、长 130cm，椅子要高度适宜，坐感舒适。

6. 棋盘、棋子、电子棋钟须选用中国象棋协会指定产品，或经协会认可的产品。棋手名签、棋盘、记录纸上端须印有联赛全称。

7. 赛场内，须设组委会、竞委会、裁判长工作席，并为双方领队、教练设休息坐席。

（三）宣传要求：

1. 各主场队须拍摄含背景板的主场全景及运动员照片，并撰写新闻通稿。请于比赛当日（星期三）17:30 前，发送至中国象棋协会。

2. 各主场要认真制定赛区宣传工作方案，组织好当地报刊、电视、广播、网络等媒体广泛、及时地宣传联赛，以推进象棋在当地的普及和发展。宣传报导的形式要灵活多样，内容要丰富多彩，可以包括：联赛介绍、各队情况、棋手简历、教练专访、对局讲解、赛前分析、比赛结果、赛后评论等各个方面。

3. 有关宣传奖励办法另定。

4. 参赛各队所有成员（包括领队、教练、棋手）有义务接受主场安排的赛前、赛后的媒体采访和观众见面活动。

（四）接待要求：

1. 各主场应本着相互体谅、以诚相待、互利互惠、提供方便的原则，热情、主动地做好联系、接送、食宿、订票等各项接待工作。

2. 为客队提供不低于三星级宾馆客房 3 间和 2 天的免费食宿，往返赛场的市内交通费用由主队负担。如有特殊要求，由主客队协商解决。

3. 裁判长往返赛区的交通费（汽车或火车）、比赛期间的食宿费（3 天）和劳务费均由主场负担。协会选派的外省、市裁判长劳务费标准每场不低于1000 元，本市裁判长每场不低于 600 元。

4. 客队须在比赛结束后两日内将《赛区印象表》传真或电子邮件发送至中国象棋协会。

（五）接待要求：

各参赛队须制定安全保障、医疗卫生、突发情况等主场应急预案，请于

2012 年 4 月 20 日前，发送至中国象棋协会。

六、申诉要求

对于比赛中的分歧，各队均有权申诉。依分歧的原因可分别向仲裁委员会或赛风赛纪委员会提出申诉。

1. 主诉人必须是该队的领队或教练。

2. 申诉必须采用书面形式，并于对局结束后 2 小时内递交主场组委会、仲裁委员会或赛风赛纪委员会，并缴纳 500 元申诉费。

3. 经裁决后，申诉费由败诉方支付。

七、协会联络方式

地址：北京市天坛东路 80 号

邮编：100061

电话：010－87559133、87559137

传真：010－87559133

邮箱：zgxqxh@163.com

八、未尽事宜，另行通知

九、本实施细则解释权在中国象棋协会

十、未尽事宜，另行通知

2012 年"伊泰杯"全国象棋甲级联赛参赛名单

北京威凯建设象棋队（卫冕冠军）

名誉领队：陈晓智，领队：窦长明，教练：张强（兼）

棋手：张强、蒋川、王天一、王跃飞、靳玉砚、唐丹（女）

浙江波尔轴承象棋队

名誉领队：胡森权、吴建强，领队：吴敏茜，教练：于幼华（兼）、张闽

棋手：于幼华、赵鑫鑫、陈寒峰、黄竹风、程吉俊、陈卓

广东碧桂园象棋队

名誉领队：杨志成，领队、教练：吕钦（兼）

棋手：吕钦、许银川、庄玉庭、许国义、张学潮

湖北三环象棋队

名誉领队：彭建军，领队：谭东旗，教练：柳大华（兼）

棋手：柳大华、洪智、汪洋、李雪松、左文静（女）

黑龙江省农村信用社象棋队

领队、教练：赵国荣（兼）

棋手：赵国荣、陶汉明、聂铁文、郝继超、王琳娜（女）

江苏句容茅山象棋队

名誉领队：张布克，领队：邵震中，教练：徐天红（兼）

棋手：徐天红、朱晓虎、程鸣、孙逸阳、徐超、王斌

四川双流黄龙溪象棋队

名誉领队：谢祖瑞，领队：蒋全胜，教练：李艾东（兼）

棋手：李艾东、郑一泓、郑惟桐、李少庚、孙浩宇、杨辉

上海金外滩象棋队

名誉领队：王政，领队：欧阳琦琳，教练：胡荣华

棋手：孙勇征、万春林、陈鸿盛、钟少鸿、张兰天、谢靖

山东中国重汽象棋队

领队：马纯潇，教练：谢岿（兼）

棋手：谢岿、才溢、张申宏、卜凤波、孟辰、李翰林

河北金环钢构象棋队

名誉领队：刘保忠，领队：胡明，教练：阎文清（兼）

棋手：阎文清、李智屏、申鹏、陆伟韬、陈翀、王瑞祥

广西跨世纪象棋队

名誉领队：黄道伟，领队、教练：莫洋

棋手：黄仕清、潘振波、李鸿嘉、黄海林、党斐、邓桂林

河南启福象棋队

领队：王珂，教练：李林（兼）

棋手：武俊强、李晓辉、金波、李林、黄丹青

2012年"伊泰杯"全国象棋甲级联赛个人胜率榜

2012年"伊泰杯"全国象棋甲级联赛暨全国象棋锦标赛（男子团体甲组）慢棋个人胜率表（上场次数≥17，前20名）

单位	姓名	称号	总得分	上场次数	胜局	平局	后走胜局	胜率（%）	排名
北京	王天一	大	33.0	22	12	9	3	75.0	1
湖北	汪洋	大	32.0	22	12	8	5	72.7	2
广东	许银川	特	30.0	22	8	14	4	68.2	3

续表

单位	姓名	称号	总得分	上场次数	胜局	平局	后走胜局	胜率（％）	排名
浙江	黄竹风	大	27.0	22	7	13	3	61.4	4
湖北	洪 智	特	27.0	22	6	15	2	61.4	5
广东	许国义		24.0	20	6	12	2	60.0	6
河北	申 鹏	大	26.0	22	7	12	5	59.1	7
黑龙江	郝继超	大	26.0	22	7	12	2	59.1	8
北京	王跃飞	大	26.0	22	6	14	3	59.1	9
山东	谢 岿	大	20.0	17	4	12	1	58.8	10
江苏	徐 超	大	24.0	21	5	14	1	57.1	11
河北	陆伟韬	大	25.0	22	7	11	3	56.8	12
浙江	赵鑫鑫	特	25.0	22	6	13	3	56.8	13
北京	张 强	大	25.0	22	6	13	2	56.8	14
山东	才 溢	大	19.0	17	5	9	2	55.9	15
黑龙江	赵国荣	特	24.0	22	3	18	1	54.5	16
广西	黄仕清	大	19.0	18	6	7	4	52.8	17
广西	李鸿嘉	大	22.0	21	6	10	1	52.4	18
广东	张学潮		22.0	21	4	14	3	52.4	19
黑龙江	聂铁文	大	23.0	22	6	11	1	52.3	20

排名区分顺序为：胜率、总得分、胜局、后走胜局 2012 年 9 月 9 日

2012 年"伊泰杯"全国象棋甲级联赛成绩表

名次	单 位	团体场分	慢棋		备注
	2012 年"伊泰杯"全国象棋甲级联赛排名				
			场分	局分	
1	广东碧桂园象棋队	36	33	103	
2	湖北三环象棋队	32	33	99	
3	北京威凯建设象棋队	30	30	105	
4	黑龙江省农村信用社象棋队	26	24	93	
5	江苏句容茅山象棋队	22	22	88	
6	山东中国重汽象棋队	22	21	92	

续表

名次	单 位	团体场分	慢棋		备注
			场分	局分	
7	河北金环钢构象棋队	20	19	83	
8	上海金外滩象棋队	20	15	80	
9	广西跨世纪象棋队	18	19	82	
10	四川双流黄龙溪象棋队	18	17	81	
11	浙江波尔轴承象棋队	14	20	85	
12	河南启福象棋队	6	11	65	

裁判长：蔡伟林 2012 年 5 月 8 日—9 月 9 日

2012 年"伊泰杯"全国象棋甲级联赛暨全国象棋锦标赛获奖名单

奖 项		单位或姓名
团体前六名	第一名	广东碧桂园象棋队
	第二名	湖北三环象棋队
	第三名	北京威凯建设象棋队
	第四名	黑龙江省农村信用社象棋队
	第五名	江苏句容茅山象棋队
	第六名	山东中国重汽象棋队
最高得分棋手		王天一（北京威凯建设象棋队）
体育道德风尚奖		浙江波尔轴承象棋队、河南启福象棋队、广东碧桂园象棋队、广西跨世纪象棋队
优秀主场		河北金环钢构象棋队主场、江苏昆山主场、浙江波尔轴承象棋队主场、广东碧桂园象棋队主场
优秀组织奖		北京威凯建设象棋队、黑龙江省农村信用社象棋队、上海金外滩象棋队、山东中国重汽象棋队、湖北三环象棋队、四川双流黄龙溪象棋队
积极宣传奖	综合	人民日报陈晨曦、新华社体育部李晴扬、中央电视台体育部李金玉、中国体育报葛会忠、中国棋院在线、新浪体育棋牌频道
	北京	搜狐体育、北京晚报体育部、北京日报体育部

续表

奖　项		单位或姓名
积极宣传奖	河北	燕赵都市报、石家庄日报、燕赵晚报
	黑龙江	黑龙江日报、生活报、哈尔滨新晚报、哈尔滨晨报
	上海	东方体育日报、上海电视台、新民晚报
	江苏	金陵晚报
	浙江	钱江晚报、秋雨夜论坛
	山东	生活日报邱建国、大众日报、齐鲁晚报
	河南	河南日报、大河报、郑州晚报
	湖北	武汉晚报、湖北日报、长江日报、长江商报
	广东	广州日报、羊城晚报、广东电视台
	广西	南国早报、广西日报、广西电视台、南宁电视台
	四川	成都日报、华西都市报
优秀工作者		常婉华、尤颖钦、韩红、管钢、王顺国、吴敏茜、马纯潇、王柯、谭东旗、宗永生、刘吉伟、郭瑞霞
优秀裁判员		郭瑞霞、贺进、苗燕林、张晓霞